感情の天才

直感力を鍛えるエンパス・エクササイズ

カーラ・マクラーレン 著　住友 進 訳
Karla McLaren

The
Language of
Emotions

WHAT YOUR FEELINGS
ARE TRYING TO TELL YOU

目次

序文

二〇〇九年七月三日金曜日の朝。本書の初稿の締め切り三日前のこと、友人のエスメから、私の母が目を覚まさないと電話があった。胸がどきりと大きな音を鳴らした。しかし、それは想定していた事態だった。母は末期の腎不全で、この五年間、入退院を繰り返していたからだ。エスメにはすぐそちらに行くと告げた。何かしらあった場合に備えて、息子のエリにも同行してもらった。

母のアパートに車で向かう間、私は落ち着いていて、うろたえてはいなかった。これから起こるであろう出来事を思い浮かべ、誰に電話をすればいいか考えたり、母の常用薬を間違えないように確認したりしていた。エスメにもこれから考えられる状況を伝えておき、心構えもできていた。しかし、二十分後、アパートに到着したとき、ベットの中で青ざめ、身動きできずにいる母の姿を見て、すすり泣いてしまった。これからどうなるのか頭で考えてはいたが、身体が現実に直面したのだ。たちまち深い悲しみに襲われた。しかし、本書の執筆に熱心に取り組んでいたおかげで、無理に悲しみに抵抗したり、平気なふりをせずにすんだ。自分の身体や感情に素直に従い、自分がやるべきことを実行に移した。

医師、ホスピス、家族に電話をかけた。食事を用意し、（ぎこちなかったが）昏睡状態の母の世話をした。それからは、昼も夜も泣いて過ごしていたが、一日中、泣きとおしていたわけではない。なぜなら、だらだらと泣いているだけなら、きちんと悲しむことはできないからだ。いわゆる寄せては返す波のようなリズムで、涙を流しては泣きやんだ。やるべきことをやりながら、泣いたり、眠ったり、食べたりしていた。泣いては薬を取り寄せ、ホスピスに報告した。いったん涙を止めて身のまわりの整理をし、見舞い客の応対をし、家に戻ってシャワーを浴び、そしてまた泣いた。

土曜日の夜（昏睡状態になって二十時間ほどたっていた）、母のアパートのバルコニーから七月四日の独立記念日に上がる花火をみんなで眺めたあと、母とふたりきりの時間を過ごした。ずっと見守るために、母のベッドのそばの床にクッションを置いて、眠ることにした。

疲れきっていたが、眠れなかった。母の人生の絶望と喪失、例えば疎遠になってしまった人たちのことや、わかり合えず修復もできなかった人間関係。そんな母の抱いていた後悔が浮かび上がってきたのだ。しかしそのとき、ふと気づくものがあった。眠れないのは私の悲しみのせいではなく、母の悲しみのせいだと。緊張を解けずにいたのは、母の人生の悲しみについて考え続けていたせいなのである。「この悲しみは母のものだ」。自分の悲しみで、苦しんでいたわけではないのだ。

この気づきの瞬間、私は片肘をついて身を起こすと、大声で叫んだ。「ねえお母さん、私はものすごくがんばったよ。これ以上、お母さんが抑えてきた悲しみまで背負い込めない。愛しているけど、お母さんの悲しみまで癒やせないの。今はちゃんと眠らなきゃ」。言葉にしたとたん、身体の緊張がすっと消えていった。私は再び横になり、寝返りを打って、眠りについた。昏睡状態の母の身体はケアが必要だったため、それほど長い時間ではなかったが、深く眠ることができた。あの惨めな、自分にはいわれのない悲しみに襲われることはもうなくなった。すると、私自身の悲しみにしっかりと浸れるようになった。この週末のかなりの時間、私は健全に泣き、悲しむことができた。

七月六日、月曜日に母は亡くなった。義理の姉ジャネス、ホスピスの看護師カーメン、そしてエスメに手伝ってもらって、母の身体を清め、服を着せた。死化粧をしてあげたのは、母は外出するときにはかならずお化粧していたからだ。葬儀場に向かう車を待つ間、私の感情はすっきりしていた。もうなんのわだかまりもなくなり、泣く必要すらなくなっていた。そのような状態でいられたことに、自分で驚いていた。何年間も、私は母親の死を覚悟していた。死んでしまったらきっと悲嘆にくれ、怒り、疲労困憊《こんぱい》してしまうはずだと思っていた。数週間、いや数カ月も引きこもって、人とかかわらず、完全に孤立してしまうだろうと考えていた。しかし間違いだった。感情がそんな考えを否定し、私の世話をしてくれていたのである。

数日間、しっかりと睡眠を取ったあと、私は本書の執筆に再び取り組み、二週間後に原稿を提出した。「母親の死に取り乱してしまうだろう」というまわりの予想通りにはならなかった。母が死に向かっている間、私は取り乱した感情にまっすぐ向き合っていたからだ。感情の領域の中に潜んでいる驚くべき秘密がまさにそこにある。自分の感情を信頼し、そのメッセージにじっくりと耳を傾ければ、そこからかならず解決策が生まれてくる。あのとき、感情にきちんと向き合っていなければ、母が亡くなったあともずっと取り乱し、惨めなままで、人に迷惑をかけることになっただろう。

感情は私にぴったり寄り添い、人生の中でとりわけつらい週末をなんとか乗り越えられるように守ってくれた。私はそんな感情に感謝し、愛情さえ抱いている。感情はあなたを驚かせ、力を与え、癒やしてくれる。しかも、ユーモアまで交えて。ようこそ、感情の世界に。

本書をお読みいただく前に。

私の研究は、神聖かつ個人的な領域で培ったものであり、ケーススタディや複合的な過去の事例の寄せ集めではない。あなたに私と同じような神聖な空間をつくりだしてもらえるように、ストーリーテリング、類推、個人的経験といった手法に基づいて執筆している。

自分自身の経験を一番よく知っているのはあなた自身にほかならない。どの書物、システム、イデオロギーでも、あなたの持つ英知の代わりにはならない。本書で紹介する考えやエクササイズを理解してもらえるなら、ぜひ実際に活用してもらいたい。理解できないのなら、もちろん無視しても構わない。また、不安、抑うつ状態、パニック、怒りなど自分にとってマイナスになる感情に繰り返し苦しんでいるなら、医師やセラピストなど専門家に相談することをお勧めする。

重要なのは、本書を読み始める前に、あなたを安全で、快適な状態にしておくことです。自分を大切にすることが何よりも大切です。どうか自分の個性や感情を尊重し、自分なりのペースで変化を起こし（または変わらないままにして）、注意深く、誠実さを見失わず、本書に取り組んでください。

カーラ・マクラーレン

祝福と平安を

二〇〇九年十二月十八日

第1部

本来の感情を取り戻す

彫刻、交響曲
優れた作品、歴史に残る傑作
それらをはるかに超える芸術は
人生を意識的につくりだすこと
天才はいたるところに現れるが
充実した人生の素晴らしさには遠く及ばない

これまでの社会は、感情を表に出してまわりの人を不快にしないように、人間を教育してきた。しかし、それでは充実した人生などつくりだせない。人間にとって、肝心なのは感情を人生に役立てる方法を学ぶことなのである。

第1部では、このような社会の誤った考えを正し、感情に含まれている素晴らしい要素を指摘していく。そして、第2部では、一つひとつの感情をどう役立てるか、具体的に説明していく。

第1章

意識的人生をつくりだす

――イントロダクション

人に流されないようにきちんと他人との境界線を引きながら、親しく健全な人間関係を築く能力があったら、どんなに素敵だろう？　自分にもまわりの人たちにも役立てる直感を持てたらどんなにいいだろう？　もしこの世界に、ほんとうの生き方を教え、本来の自分を取り戻してくれる羅針盤があるなら、あなたはどんなことを成し遂げられるだろう？　活力、回復力、決断力が湧いてくる泉に自由に行けるとしたら？

これらの能力はすべて、今この瞬間、あなたの心の中に存在している。すなわち、あなたの感情の中で働いている力なのだ。感情の力を使えば、自分とはどのような存在なのか自覚できるし、人間関係も驚くほどうまくいく。意識を集中し、一つひとつの感情に隠された情報にきちんと取り組めば、自分のもっとも深い部分から響いてくる声が聞こえるようになり、心の一番深い場所にある傷を癒やすことができる。自分の抱く感情を、問題を解決するための大切な道具にすれば、あなたは自分とも他人ともうまくやっていける、適応力が高い人へと成長していけるだろう。これは素晴らしいことだ。

ところが、人間が築き上げてきた文化は、感情をそれとは正反対に扱ってきた。その結果、この真実はほとんど受け入れられなくなっているのが実情なのである。

現在、感情はあまり理解されていない。宇宙を研究し、原子を分裂させることができても、生まれてくる感情を理解し、対処できているようには見えない。人間は栄養や運動によってエネルギーを蓄積しているのに、もっとも豊かなエネルギー源には見向きもしない。その無視されている供給源こそ、感情にほかならない。人間には優秀な知性、優れた身体、創造力に富む霊性が備わっているが、感情は十分に開発されているとは言えない。自分を認識し、対人関係を学び、心の傷を癒やすために不可欠な活力の源なのに、感情はごく稀に「敬意を払われる」程度だ。ましてや、治癒力があるなどと考えられることはまずない。

私はエンパス、すなわち感情を解読し、理解する直感能力の持ち主である。だが、実はあなたも私と同じエンパスなのだ。私は幼いころから自分の能力に気づき、さまざまな感情が独自の個性を持っていることを学んできた。どの感情にもその感情なりの声、特徴、目的、用途があるのだ。私にとって感情は、画家にとっての色や影と同様、現実的で、当たり前に存在しているものだった。

◇私たちはみなエンパスである

エンパシー（共感・感情移入）は特殊な能力ではなく、誰にも備わっているごくふつうの性質である。それは非言語コミュニケーション能力であり、エンパシーによって人は言葉では言い表せない意味を聞き取り、相手が無意識に抑え込んでいるメッセージを解読し、心の状態を理解する。エンパシーの能力は、ミラーニューロンと呼ばれる神経細胞がつかさどると考えられている。一九九〇年代にマカクザルの脳の運動前野に発見されたが、すぐに人間にも同じ細胞があるとわかった。この発見が研究者の知的好奇心を刺激したのは、霊長類の社会で情報がどのように共有されるかを知る手がかりとなったからである。

私たちが自分自身、他人、想像力、そして目的を前進させ、理解を深め、結びつける助けとなるのは、感受性や敏感性や共感力——エンパシーという能力——なのである。神経学者のアントニオ・R・ダマシオによれば、感情をつかさどる脳中枢と、(外科手術や脳損傷によって)理性をつかさどる中枢が切り離されてしまった患者は、決断できず、他人を理解できなくなってしまうことまで、実際にあるという(彼の著書『デカルトの誤り 情動、理性、人間の脳』[筑摩書房]参照)。人間を賢くしてくれるのは、言語能力と純粋な合理性かもしれない。ところが、人間を才智があり、決断力に富み、思いやりのある優れた性格に育ててくれるのは感情であり、エンパシーの役割なのである。

人間にとってごくふつうの能力であるエンパシーを、ほとんどの人は言語能力を獲得する過程で失っていく。四歳か五歳になると人間関係において自分の感情を隠したり、抑えたり、ごまかしたりするすべを身につけてしまい、相手が真実を言っていないことに気づいてしまう——感情を偽ったり、大切な言葉を口にしなかったり、相手のしぐさが語っているものを見て見ぬふりをするようになる。言語を学ぶということは、真実を話さないことを学ぶ過程であり、ほとんどの人間関係を見せかけのものにしてしまう。文化やサブカルチャーのすべてが、感情に関してさまざまな暗黙の了解をつくっているが、いずれも感情を隠したり、乱用したり、無視したりするように仕向けているのだ。すべての子どもはエンパスとして生まれてくるのに、ほとんどの場合、この能力を徐々に衰退させながら大人になってしまうのである。

私は三歳のころに深刻なトラウマとなる事件に遭遇し、この不幸な出来事によって、ふつうの子どものようにエンパシーを衰退させずにすんだ。繰り返し性的虐待を受け、心に深い痛手を負い、人間の主要な意思伝達装置である「言語能力」を身につけられなくなってしまったのである。エンパシーが無傷のままでいる人間は、周囲の人たちが心の底に隠している感情につねに気づいてしまう（この状況が続くと、生きづらくなってしまうことが多い）。

それでも、感情の研究に没頭できたのは、エンパシーが邪魔されずにすんだおかげだ。これまでの人生で、私は偽りのない本心から生まれてくる、具体的で正確な伝達者である「感情に関する情報」を探究してきた。しかし、従来の情報の多くは賢明で役に立つものとは思えなかった。それは「怒り＝悪いもの」「喜び＝良いもの」といった具合に、いとも簡単に善悪で感情を決めつけているせいだった。

十代になると、私の探究は自己啓発、精神世界、エネルギー療法へと向かっていった。エンパシーの活用のしかたについて、役立つ知見もいくつか得ることはできたが、感情をきちんと理解するところにまでには至らなかった。多くの精神世界の教えでは、身体に病気、世界に天変地異、精神に偏見があるように、感情には欲望という克服すべき障害物があるとされている。しかし、この考え方では私たち全員に備わった感情の豊かな側面が切り捨てられてしまう。

例えば、〝良い感情〟とされているのは喜びくらいのものだが、怒りは他人との間に一線を画し、自分を保護してくれる。〝悪い感情〟とされている抑うつ状態は「休息を取りなさい」と促してくれるし、恐怖がなければ、いつ危機に陥るかわからない。要するに、感情について教えられていることは、たんに間違っているばかりではなく、まったくの見当はずれであることが多い。

前述したように、私たちの文化は感情を隠すことを強いている。私はエンパスとして育ったので、感情を抑圧される社会で生き残るために、自分なりの方法を見つけださなくてはならなかった。感情を知的、歴史的、心理学的に研究するだけでなく、心、精神、身体、魂など全面的な研究を、感情という豊かなテーマに向けることにした。エンパシーにそっぽを向いてきた文化の中で、エンパスとして生きていこうとするなら、数学や物理などの「知的天才」ではなく、「感情の天才」にならなくてはいけないと気づいたのだ。

本書は、私が生涯にわたって、感情を深く、実用的に理解しようとしてきた探究の成果である。その情報と一連のスキルは、特殊な文化や教育ではなく、感情それ自体の領域からじかに生みだされた。たしかに、私は手に入れられる資料はすべて研究してきたが、本書は従来とは異なる方法で書き上げた。感情を言葉で無理やり説明するのではなく、感情にじっくり耳を傾け、じかに感情と対話することを心がけてきた。

これは難しいことではない。難しく思えてしまうのは、対話のツールを使っていないからにすぎない。エンパシーが使えるようになれば、世の中は知識や価値に満ちあふれていることがわかってくる。言葉以外のメッセージの意味にも耳を傾け、すべての生命そして自然を理解し、周囲の世界と自分を感情的に結びつけることができる。エンパシーを使って感情と会話するのは、音楽を聞くのと似ている。私たちの誰もが、実はその方法を知っているのだ。感情それ自体に耳を傾けるといった、普段とは違う手段を使って実行すればいい。それは道路標識のように感情に名前をつけたり、病気の兆候のように扱うやり方とは違う。感情との対話は、感情の奏でる音楽にじっと耳を傾けることだ。この新しい手法で感情をとらえることができれば、感情をわずらわしいものとして忌み嫌う、「これまでの考え方」を改められる。感情を「素晴らしいメッセージを届けてくれるもの」とみなすなら、人生を意識的によい方向に向かわせる、あらゆるエネルギーと情報を手に入れられるだろう。

「感情は正しい判断を妨げるもの」という考えは過去のものだ。感情から目を背けてはいけない。感情は人生をプラスの方向に向ける準備をしてくれるのだから。注意を払いさえすれば、誰もが自分のエンパシーを使って、一つひとつの感情の中に含まれている素晴らしいメッセージを汲み取ることができるようになる。

第2章

エンパシーとは何か?

——感情によるコミュニケーション

一九六〇年代、私は天才や芸術家たちに囲まれて育った。父は作家でアマチュア発明家だった。母と叔母のキンバリーは絵の才能があり、兄のマイケルとマシューは作曲家で雑学博士でもあった。マシューには数学や語学の才もあった。妹のジェニファーは動物を育てる名人だった。

当時、社会で天才と認められていたのは知的能力に優れた人々だったが、わが家では、知性、言語、音楽、数学、芸術に優れていることは、すべて同等に天才の名に値すると考えられていた。私も兄弟姉妹たちも芸術や言葉遊び、数学や絵画、雑学や論理学、映画、音楽、喜劇に夢中になって成長していった。家族はいつも「天才」と心地よい関係を保っていたのである。きょうだいは（スタンフォード・ビネー式知能検査で測定されるような）知的な面においても天才だったが、母の影響で天才という言葉の定義は広くなった。

私たちは、父はいびきの天才、母は物忘れの天才、ジェニファーは誰も使ったことのないジョークを思いつく天才などと言っては笑っていたものだ。その一環で生まれたのが「感情の天才」という言葉である。感情の激しい人間を天才だなんて考える人はおらず、「感情」と「天才」を結びつけたこのふたつの言葉は、矛盾しているように思えた。しかし、このふたつの言葉が奇妙だったから、生涯消えずに心に引っかかっている理由ともなった。知識や芸術を探究するのと同じように、感情を探究すれば、素晴らしい人生を送れるのだろうか？　感情を抑圧したり、爆発させたりせずに、もっと健全に働かせるようにすることはできないのだろうか？

三歳のとき、私の人生は一転してしまった。向かいの家の男に繰り返し性的虐待を受けていたのだ。それを機に、私は思いもよらない天才の領域に一直線に踏み込むことになった。このおぞましい出来事のせいで、私の感情は抑えがきかなくなった。だが、それが原因で他人の感情を見抜くエンパシーという力も失われずにすんだのである。

ほとんどの子どもは、話し言葉を習得すると、エンパシーの力を失ってしまう。ところが話し言葉を学ぶ段階で虐待された私は、人間の悪の面にさらされた。その影響で、ふつうの子どものようにエンパシーが衰えず、それどころかいっそう高まっていったのである。こうして、私は一瞬にして、ふつうの子どもとは逆方向に成長していった。私にとって話し言葉の習得は難しく、吃音《きつおん》になり、簡単な言葉も忘れ、軽い失読症に陥り、ひどく落ち着きのない子どもに育ってしまった。うまく話せず、人が何を考えているのか言葉で理解できない場合は、エンパシーに頼っていた。そのため、自分の内界と外界にとてつもない変化を起こす結果となったのである。

私はエンパシー能力によって——相手が求めているかどうかはお構いなしに——他人が感じていることに気づけるようになった。相手の家族が喧嘩していることも、嘘をついていることにも気づけるようになったのだ。誰かに言われなくても、ほかの子どもが私を嫌っている理由もわかっていたし、教師がろくに教科の内容を理解していないことや校長が子ども嫌いなことまでお見通しだった。性的虐待をしている向かいの家の男が近所をうろついていることもわかるようになった。だからこの男を遠ざけたり、ほかの少女が被害にあわないように自ら虐待の餌食になることもあった。

それ以外にも私に多くの情報が入ってきたが、残念ながらその情報にどう対処すればいいのかまではわからなかった。ほとんどの人は、友人から真実を聞かされるのは嫌なものだ。ましてや、子どもから真実をずけずけと言われたい大人など皆無である。それなのに幼い私は、(誰にも望まれてはいない)真実をうっかり口に出してしまった。言葉の端々に隠されている本音を包み隠さず指摘したり、正論に思える言葉の背後に潜む愚かな考えを見つけだしたりすることで、自分のまわりの人間をいたずらに刺激していたのである。

二年もの間、家族は私が性的虐待を受けていることに気づかなかったが、私の不思議な能力や欠点を個性として受け入れてくれた。検査を勧めはしたが、薬物療法や心理療法などを無理強いすることはなかった(今の時代は、虐待、学習障害、発達障害などの子どものために数多くの支援があるが、一九六〇年代にはごく限られた方法しかなかった)。常識にとらわれない家族のおかげで、私は芸術や音楽に打ち込み、想像を自由に膨らませて、自分が見て、感じたものについてある程度、言語化できるようにもなった。

それでも近所の子どもたちとはうまくつき合えなかった。言わなくていいことまで言う子どもだったからだ。あなたのパパとママは憎み合っているのに、なんで仲良しのふりをしているの?　なぜ宿題のことで先生に嘘をつくの？　ばかにされているのになぜ平気な顔でいられるの？

さらに、すぐカッとなるという欠点もあり、私は多くの時間を動物たちと過ごすようになった。動物といっしょなら、エンパシーを隠す必要などなかった。ふかふかした友だちになら、見て見ぬふりも、知らないふりもしなくていい。何より動物は自分らしく振る舞い、自分の感情に嘘をつかない。当時、私にとっての真の〝友だち〟は動物だった。

家の庭に出ると、向かいのあの男の家が見えることで、私はいっそう孤立することになった。恐怖と吐き気をこらえて芝生に水をまくとき、私は奇妙な振る舞いをしていたため、家族はその滑稽な態度を笑っていた。

そんな折、トミー・タイガーという長毛種の茶色のトラネコがやってきた。このネコのおかげで、私は安心できるようになったのだ。

トミーはほんとうに変わったネコだった。賢くて自信家だったが、喜んで愚かなこともしてくれた。気性が荒い相手とは距離を置いていたが、私にはとても辛抱強く、やさしく接してくれた。その後も素敵なネコに出会ったが、トミーに匹敵する素晴らしいネコは一匹も現れなかった。彼は私の保護者、先生、一番の親友で、いつも安心感を抱かせてくれた。怖いイヌは追い払い、嫌な記憶は忘れさせてくれた。私は毎朝芝生に寝転び、トミーに秘密を打ち明けていた。

トミーとたくさんの時間を分かち合ったおかげで、ネコの目を通して世界を眺められるようになった。ネコと意思疎通することが、（なんと）話し言葉の面においても大きな改善につながっていった。人間や人間の奇妙な行動についても考えられるようになったからだ。

とてつもない苦しみや恐怖を味わった幼年期は、深く感謝すべき日々でもある。心に深い傷を負い、日常の世界から逃避しようとしていたが、それは人間や人間との意思疎通を、独自の方法で眺める機会にほかならなかったのだ。

◇心の傷と通過儀礼

作家で神話学者のマイケル・ミードは、「性的虐待は通過儀礼である」と講演で述べている。たしかにこの犯罪は、間違ったとき、間違った手段で、間違った人間により、間違った意図で行われる忌まわしい出来事である。それでも通過儀礼だと言えるのは、この心的外傷が人間を日常の世界から切り離し、その日を境に、以前の人生を決定的に変えてしまうからである。私の子ども時代も人生も、この出来事を境に一瞬にして変わってしまった。ある日の午後、一気に千年も年齢を重ねてしまったのである。三歳までに、私は暴力と弱さ、愛と恐怖、怒りと許しを学び、空疎《くうそ》な感情からつくられてしまった〝怪物〟までも知ることになった。人間の性質の中でもっとも醜悪な部分を見てしまったのだ。それでもトミーをはじめとする動物たち、芸術と音楽、家族、エンパシー能力などを得ることはできた。私の通過儀礼は、薬物依存、狂気、病気、投獄、自殺といった、よくある悲しい結末に陥ることはなかった。魂の暗闇に落とされてしまったが、そこで絶望的な苦しみ——そして奇妙なことだがどきりとする美しさ——を理解したのだ。エンパシーという私の持つ力は、頭をおかしくしてしまうどころか、子ども時代をうまく切り抜ける力ともなってくれたのである。

私はエンパシーを活用する方法を学んできたが、正直に言うと、最初のころはなんの役にも立たなかった。もし選択肢があったなら、それ以外の力が欲しかった。しかし、私には選択の余地などなかったのだ。繰り返し性的虐待を受けていたため、自尊心はずたずたにされ、魂の周囲に築かれた境界線は破壊され、安心感も奪われてしまった。平常の能力の多くが失われ、〝むきだしの肌〟で世の中の騒動や怒号にさらされた。危険な状態に陥った私を守ってくれたのは、怒りだけだった。子ども時代にいつも癇癪《かんしゃく》を起こしていたのは、ひどい目にあったというサインであり、それは危機にさらされた小さな自我のまわりに境界線を引くための〝緊急手段〟でもあったのである。

要するに、私にとってのエンパシーは、自分を守るための適切な反応として生まれてくるものだった。今では、この能力はトラウマに反応し、自分を保護するためにあることはわかっている。しかし、エンパシーについて理解する前は、自分の感情が自分を守ってくれることはなく、相手の感情はまるで凶器のように、私に襲いかかってきた。あなたも似たような体験をしたことがあるかもしれない。

たしかに、感情は私たちを巻き込み、驚かしたり、困らせたり、励ましたり、ひどい打撃を与えたりする。他人のしぐさや感情に敏感な人なら、相手がたとえ隠そうとしていても、その人物に影響され、自分も同じような気分になってしまうかもしれない。怒った親、落ち込んだ友人、興奮した子ども、驚いた動物が自分のそばにいたなら、自分がどうなってしまうのか気づいているはずだ――感情は伝わってくるのである。もちろん、人の感情に影響されやすいのは、他者の苦痛や喜びを分かち合う能力があるからであり、あなた自身も人に同じような影響を及ぼしているというのが論理的な説明だ。表情や態度や合図もなしに、いきなり他人の感情を、まるでわがことのように読み取ってしまうことが誰にでもあるものだ。

幼いころの私には、このような影響はなんの助けにもならなかった。感情の乱れは、ADHD（注意欠如・多動症）、脳損傷などさまざまな病名で呼ばれてはいたが、治療法はなかった。多くの感情が突然浮かんできてしまう原因は何か、答えてくれる人は誰もいなかったのである。ある神経学者は、私には社会的、感覚的な〝感情のフィルター〟がなくなっていることに気づいてくれたが、「暗くした部屋の中でひとりで過ごすように」というアドバイスをしてもらえただけだった。もちろん、多動症の治療薬を飲むことを強く勧められたが、母は頑として受け入れなかった。私には多動となるようなありあまるエネルギーがあるのだから、治療にもそれだけ多くのエネルギーが必要だと考えていたからだ。「薬物療法でなく、ありあまるエネルギーを処理し、管理する方法を学ぶほうがいい」という母の考えは間違いではなかった。

◇解離という防衛機能

性的虐待を受けている間、私は〝解離〟を学んだ。すなわち、身体から自分を隔離し、心の傷を意識から取り除いてしまう方法である。自分の想像や関心を、部屋の中で起きている状況から追い払っていたのだ。事故やトラウマの犠牲者たちは、私と同じような解離の経験を報告している。ふわふわしたり、しびれたり、なんらかの方法で苦痛を取り除くのである。過酷な刺激にさらされた際、解離が起きるのはごくありふれた防御的神経反応だと言える。しかし、過酷な刺激が何度も繰り返されると、解離が癖になってしまう。何度も心に深い傷を負った子どもは、解離が頻繁になり、つねに自分の想像の世界へと逃避するようになってしまうのだ。

虐待の被害者の多くは、生き延びるためばかりでなく、強いストレスを軽減する手段として解離を利用している。エンパシーの力を持つ、私もそうだった。まわりの人たちから流れ込んでくるたくさんの不快な感情にさらされ、人とうまくつき合えなくなると、自ら解離状態をつくってプライバシーを守っていた。私は子ども時代のことはほとんど思い出すことができない。高校時代以降も曖昧な記憶しかない。実際、私に子ども時代は存在していないに等しかった。

しかし、解離が何か特別な恐ろしいスキルだと思わないでほしい。私たちの誰もが、毎日、意識を集中させたり、散漫になったりしながら過ごしている。夢想にふけることも言ってみれば解離のひとつであり、車の運転のように何度も繰り返される行為でも、解離現象が起きている。車線を変更したのかどうか記憶することもなく、家に戻ったり、職場に行ったりしたことはないだろうか？　身体はきちんと運転し、ギアをシフトさせているが、運転に集中していなかったことは？　それはあなたが解離状態にあったせいだ。解離はごくありふれた現象である。責任を本能に引き渡して、しばらくの間、精神をほかの場所に遊ばせているのだ――それはさほど難しいことではない。しかし、トラウマを受けた多くの人は、現実から逃避するためずっとこの状態を続けてしまい、日常生活に戻るスイッチがだんだんと消えていく。解離している人は、未来、過去、空想の中に生きていて、現実の地上にはなかなか舞い降りてこない。トラウマを抱えた人の中には、有能で、頭もよく、企業の経営者さえいるかもしれない（かならずしも本人は絶望的状態にいるわけではない）。しかし、自分の大部分を周囲の世界とは隔離させて生きているのである。

解離しているとき、私はこの地上の苦しみから抜けだすことができた。現実から逃避できるので、自分を傷つけるものは何もなくなる。この至福の時間、私は羽が生えたように軽やかで、満ち足りた気分を味わっていた。多くのトラウマ・サバイバーは「解離しているときは心が空白になった」と感じるだけだが、私の場合は現実とはまったく別の場所にいる感覚を味わえた。エンパシーと解離の力を使って、私はふたつの世界に踏み入っていた。ひとつは日常の身体を持った人生（家族、学校、食事など）もうひとつはエネルギーに満ちあふれた、幻想的な体外離脱の状態で暮らす人生である。

家族とのかかわりもあったが、繰り返された性的虐待——誰も助けてくれなかった事実——によって、人間なんて無駄に酸素を吸っているだけの存在だと考えるようになった。かなりの時間、現実逃避をして過ごした。私は人間を観察していたが、人間の一員になれることはなかった。

◇アニマルガール

私は——どう猛なイヌでも撫でられる——アニマルガールとして知られていた。七歳までには、傷ついた動物を落ち着かせ、痛みを軽くする方法を学んでいた。近所にいる救急獣医のような存在だった。近所の子どもたちがはぐれたトリ、傷ついたネコ、病気の子イヌを連れてくると、私はどこに悪いところがあるのか、理解しようとした。触れると、動物の心はその身体から遠く離れたところにあるのがわかった。彼らの感情は遠くかすかなささやきに感じられた。その状態は私がよく知っている解離の状態と同じだった！

動物たちのおかげで、私は解離という状態を理解していった。このような状況で、動物たちに、穏やかで静かな雰囲気をつくりだしてあげると、私自身の心と身体も再び合体できるようになった。自分の多動性に秘められている猛烈なエネルギーを熱と静寂に変換し、手や身体から流れだす熱で、動物を包んであげた。こうしてずっと切り離されていた動物の意識を身体という容器に戻してあげたのである。

最初のうちは、怪我をした動物の多くは、ゆっくり、深い息をすると死んでいった。私は自分がきちんと介抱できなかったせいで、動物を殺してしまったと思い込んでしまった。しかし、母は、動物たちはすでに死にかけていて、「あなたは本来あるべき安らかな場所（天国）に導いてあげたのよ」と言って、慰めてくれた。

治療を始める前に動物の心を落ち着かせ、意識が戻るのをじっと待つことを学んだ。再び意識を取り戻したとき、傷を消毒して包帯を巻き、病床をこしらえてあげた。七歳の私は治癒の過程を観察し、理解したのだ。しかし、解離した自分自身や心に受けた傷は、動物と同じように手当てすることはできなかった。それでも動物を癒やしてあげた経験は、その後の人生で役立つことになる。

◇「スピリチュアル」の限界

十歳のとき、母の関節炎がひどくなり、車椅子生活も避けられなくなってしまった。当時は、あまり効き目のない薬くらいしか治療法がなかったので、母は別の方法を探すことにした。ヨガを始めると、母の考え方、食事、態度、健康も変わっていった——症状を改善するため、いろいろなことを試し、精神世界、代替医療、瞑想などあらゆる種類の治癒療法を家族で学んだ。驚くほど元気になった母は、家族にもヨガを勧めるようになり、私も習うことになった。ヨガ教室には、解離状態に近い人がいるのに気づいた。彼らにとって解離とは精神世界の目標を達成した証拠になるもので、なんとかその状況に達するのに必死だったのである。その点、私は思いのままに解離状況をつくりだすことができた。こうして私はかなりの年月、体外離脱状態を称賛してくれる精神世界のコミュニティの中で過ごすことになった。そこでの私は打ちのめされた失意の人間ではなく、自在に心と身体を切り離せる特別な存在でいられた。快適な環境だったのだ。

それから数十年の間、精神世界や形而上学の分野が、トラウマ・サバイバーの関心を集める様子を目にしてきた（このような人たちは、一定数存在している）。精神世界の分野で行われる体外離脱の訓練は、トラウマ・サバイバーにはひじょうに魅力的に映るかもしれない（それは生身の人間としての惨めな経験が原因になっている）。精神世界や自己啓発を信奉する多くの集団は、トラウマ・サバイバーにとって唯一の共同体意識、帰属感、癒やしを提供してくれる場所となっているのである。

しかし、ここには問題があった。この種の集団の多くが、自分たちが置かれている立場が、実質的にトラウマ・サバイバーのための「事実上の」救急救命室になっていることに気づいていないことだ。彼らの多くはエンパスだが、余裕のない人が解離によって意識や感受性を消してしまうと、不必要な混乱やトラウマを再発させる恐れがあるのだ。解離する方法としては、幽体離脱、エネルギーワーク（霊気）、チャネリング、ある種の瞑想、呼吸法（ブレスワーク）などがあるが、これらの教えでは「身体は自由を求めている精神を閉じ込めている容器だ」と解釈されている場合が多い。こうした方法を試したトラウマ・サバイバーの中には、あまりに激しい解離に陥った結果、心の安定性を失い、抑うつ状態になる人もいるのだ。なぜなら、すでに解離を経験したことのある人間が、意識をさらに現実から逃避させてしまうと、日常生活に戻るための出口がなかなか見つけられなくなってしまうからである。

十六歳までに、私は解離状態から意識を再び身体に取り戻すための方法を学んだ。そしてそれが私の癒やしの練習のもっとも重要な課題となった。解離は有効なツールだからこそ、その副作用もそれだけ大きいからである。

解離に関する理解が深まるにつれて、再び人を現実に戻すには、意識の集中としっかりした「グラウンディング（地に足をつけることで、精神的エネルギーと身体的エネルギーのバランスを取ること）」のスキルが必要であることがわかり始めた。身体を「安全な容器」にし、解離のスキルを進化させなければならない。解離させた意識を再び身体に戻すにはどうしたらいいのか？　境界線を引く方法とは？　私は意識と身体とのバランスを取る方法を学ぶと、すぐに人にも教えるようになった。動物たちの治療をとおして学んだことを人間にも応用していったのである。この作業によって感情が湧いてくるのは、悪いことでも怖いことでもない。それどころか、心が自分を癒やそうと努力している証拠なのだ。感情とはおそらく言葉に出せない内面に潜む真実が、必然的に表に現れたものなのである。

さらに精神を鍛えるためにやっていたのが、偏見をなくし、全力を尽くして心の中を喜びだけで満たそうとする努力だった。しかし、それはあまりうまくはいかなかった。私の感情はひどく不安定なままで、つねに解離症状になってしまっていた。また、ほかの形而上学の学生たちが、感情をうまく消せないことを間近で見せられてきた。だが、そのおかげで「感情を抱くのは避けることができないこと」だと気づけたのだ。それが、感情を消すのではなく受け入れる努力をするようになる転機となった。元気だったり幸せだったりするふりをするのではなく、感情をあるがままに、とくに怒りを自由に浮かべられるようにした。そうしなくてはいけないと気づいたのだ。

自分の激しい感情と戦っている間も、私は相変わらずヒーリングについて学び、教え、多くのトラウマ・サバイバーと出会った。彼らが自分のまわりに境界線を引き、グラウンディングを使って解離状態から意識を現実に引き戻す訓練を続けるうちに、驚くべきケースを目撃することになった。トラウマ経験者を解離から現実に引き戻すと、突然、怒り、不安、抑うつといった感情を訴えることが多くなったのである。結局私は、ヒーリングをきっぱりやめようと決めた――これでは癒やしどころか逆に人を傷つけることにもなりかねないではないか? 「スピリチュアル」では感情を消すことを教えているが、それはかえって人をもっと惨めな状態に陥れてしまうことになりはしまいか?

悩んでいたとき、ふとアニマル・ガールだったころのことがよみがえった。かつて世話をした動物は、解離状態が解けて、意識を身体に戻すとき、蹴り上げたり、震えたり、もがいたりしていた。人間もこれと同じで、解離が解けるときには、激しい感情が急に湧き上がることに気がついた。こうして私は、憤怒、抑うつ、悲嘆、陽気さといった感情も自分のワークに取り入れることにした。

気分は絶えず移り変わっていく。このような流動性があるからこそ膨大な情報が伝えられるのである。感情にきちんと取り組めば、答えもきちんと返ってくる。敬意を表して扱っているかぎり、（苦痛があったとしても）深く、さまざまな視点を手に入れ、素晴らしい癒やしを数多く与えてくれるのである。

精神世界の研究で学んだ有効なテクニックと感情から伝えられてくるメッセージを組み合せる手段

を学んだことで、私は自分を癒やせるようになり、人にもその方法を教えることができるようになった。二十年にわたって感情を癒やしのワークに取り入れ、一九九七年から二〇〇三年の間に、実用的で、感情面でも理にかなった癒やしをテーマにする作品を次々に制作していった。長い間、私は解離状態を引き起こすトラウマを解消することを専門に研究してきた。身体や意識をしっかり保ちながら、瞑想のスキルを利用する、安全で理路整然とした方法を見つけだしたのである。

何より重要なのは、エンパシーと解離の能力を、もはや苦しめられることなく、「うまく扱う方法」を知ったことだ。つらい状況にあっても、関心を自分の身体にずっと集中させておくことを学んだのである。

◇感情を知的にとらえる

二〇〇三年、私がヒーリング医療をやめた理由のひとつは、信頼のおけないさまざまな情報によって人々が傷ついたり、混乱に陥ったりする姿を見ていられなくなったからである。例えば、二〇〇一年九月十一日のアメリカ同時多発テロ事件にたいする反応だ。この事件では、アメリカ人をはじめとする実に多くの人の感情やスピリチュアリティが、恐ろしい形で利用された。だからこそ精神世界から完全に距離を置き、これまで自分が実行したり考えたりしてきたスピリチュアリティ、感情、社会運動、代替治療、判断、知性、宗教について精査しなければいけないと感じた。私は学校に戻り、社会学という素晴らしい学問分野で人間社会や社会構造を研究する決意をした。カルト、致命的な暴力、感情に関する社会学、宗教社会学、神経学、認知心理学、社会心理学、犯罪学、殺人の構造、エリート学会の派閥などの研究も行った。また凶悪犯罪者用の刑務所でドラムや歌や演劇を教えたり、学術書の編集をしたり、社会学の研究に取り組んだり、怪しい共同社会の規則を評価したりして、魂、オーラ、チャクラ、超能力などそれまで信じてきたすべてとはっきりと袂を分かった。

長年続けたキャリアから離れるのは痛みを伴うことだったが、ひじょうに貴重な経験ともなった。なぜなら、子ども時代に引き裂かれた心を癒やす一助となったからである。若いころは、自分の意識を身体に取り戻す努力をし、精神世界を深く掘り下げ、一つひとつの感情を研究してきた。しかし、今回は、同じような努力と集中力を学問の分野に注ぎ込んだのである。すなわち、知性に焦点を当てて、新しい情報、意識、焦点から、この仕事――自分の研究――を深めることができた。

人間は誰もが、身体的、知的、直感的、感情的な存在である。自分の持つそのすべての部分を、感情の研究の中に取り入れていく必要があるのだ。人生の中心――思慮深い考え、快適な身体、栄えある感情、雄大な構想――のバランスを保ちながら、しっかりした足場を固めよう。そうすれば感情をより深く理解し、精神に平静をもたらし、もっとも重要な問題に新しい意識を持ち込んで、人間関係において新たなコミュニケーション方法を築くことができる。そうすれば、より素晴らしい世界をつくっていく、独創的で好奇心に満ちた探究者へと成長していけるのである。

第3章

良い感情・悪い感情はない

――私たちはなぜ混乱してしまうのか？

感情とはなんだろう？　とても単純な質問のように思えるが、心理学者、行動学者、神経学者、進化生物学者、社会学者の間では、はっきりした定義を下せずにいる。感情とは気分、感覚、衝動、神経化学的な出来事のいずれを指すのか、またはこのすべてから生まれてくるものなのか？　感情は思考と本能のどちらから生まれてくるのか、それとも思考と本能が感情から生まれてくるのか？　感情には主要な感情と二次的感情があるのか？　霊長類やほかの哺乳類はすべての感情を共有しているのか、それとも共有するのはその中のいくつかの感情にすぎないのか？

これは研究者にとってひじょうに重要な問いである。過去半世紀の間に、心理学や神経生物学は著しい進歩を遂げ、分類とか範疇といった体系をつくりだしてきた。科学にとってはそれが不可欠なものだが、残念ながら、そこには日常生活との結びつきはほとんど存在していない。私たちが望んでいるのは、感情を即座に理解し、日々の暮らしに役立てることなのである。

私は分類することに不安を抱いている。日常生活で利用される分類体系は、人間を厳密に区別するように仕向けているためだ。例えば、怒りは否定的な感情で、幸福は肯定的な感情であるとか、怒りは二次的な感情であり、怒りの根本には別の感情が隠されているとか（訳者注：怒りを二次感情とするのは、アドラーの説である）説いているのを耳にしてきた。あなたも「否定的」な感情を抑え、「肯定的」な感情を装ったことがあるはずだ。しかし、すべての感情を理解したいと思うなら、このような態度はやめるべきだ。たとえ感情をどれほど厳密に分類したとしても、感情にどのように対処すればいいのかという問いは、相変わらずまったく理解されてはいない。それが実情なのである。

良い感情と悪い感情があるという考えは、社会的に受け入れられている。分類に多少の違いはあるが、基本的に良い感情はまわりの空気を和ませ、悪い感情は物事を揺さぶるとされる。良い感情とは、幸福、心地よさ、喜び、またある種の悲しみ（適切に悲しめる状況がごく最近起こった場合）などである。怒りは、不正にたいして生まれてくるなら良い感情に分類されることもあるが、悲しみの感情に比べると、その状態が許される時間は限られている。仮に無意味な死であっても、人は怒るよりもはるかに長い時間、悲しんでくれるだろう。

悪い感情に数えられる項目はかなり多い。あまりに長い期間、悲しみに沈む（または失望や悲痛に陥る）のは間違いなく「よくないこと」に分類される。抑うつは悪い感情だが、自殺衝動にまで進んでしまうと救急処置室が必要なほど状況は悪化してしまう。怒りは不機嫌、復讐心などと同様に良い感情ではないが、激怒や憤怒などのさらに暴力的で強烈な怒りに発展してしまうと深刻な状況に陥ってしまう。憎悪はそこまでは悪くはない。嫉妬もひどく悪い感情で、恐怖も同様だ。不安、心配、狼《ろう》狽《ばい》も悪い感情に区分され、パニックは最悪となる。恥辱や罪の意識はもはや論外だ。私たちはつねに他人の気持ちを損なわないように、自分の感情を出すのではなく抑えるように教えられている。

私たちは感情をしっかり縫い合わせ、拘束衣に仕立て上げた。軽快で、さわやかな匂いのする感情以外の服を着ている人間はすべて悪人だと思われてしまう。このような単純な善悪の価値基準に、多くの人間ががんじがらめにされている。しかし、怒ったり、悲嘆にくれたり、恐れたり、恥をかいたりしても、それは不当な感情ではない。ところが、このような感情を抱いている人の多くが、活動的な人間やうわべだけを装っている人間に道を譲ってしまい、自分は隅に追いやられている。感情の豊かな人間のほとんどは末席に置かれ、惨めに暮らしているのだ。なぜなら、たとえ感情を従来の分類からはずしてみたところで、相変わらず感情――そして感情の豊かな人間――は、聡明な存在として扱われないからである。

私は従来とは違う方法で感情を眺めることを提案し、人々に歓迎されるようになった。子ども時代の影響は別にして、私のエンパシー能力を用いて作成した癒やしのエクササイズは、従来のやり方ではまったく効き目のなかった人たちにも効果があった。多くの場合、私のもとに訪れるのは、あらゆる方法を試したのち、最後の救いの手段を求める人たちである。彼らは、心理療法や従来の医療をすべて試し、さらには宗教にもすがっていたのに、すべからく効果は表れなかった。

私のクライアントの多くは、健全な感情とは喜びと幸福だけだと考えていたが、それはばかげた話である。ほんとうの喜びや幸福は、あらゆる感情との関連の中からしか生まれてこないからだ。感情は箱入りのセットであり、好きな感情だけ選ぶことはできない。それでは身体で好きな臓器だけを選んで、生きようとするようなものだ。あたかも両足の指の中でもっとも魅力的な二本の指だけを使って、歩きたいと言っているのに等しい。

喜びや幸福が、恐怖、怒り、悲しみより優れた感情だと断言することなど絶対にできない。それぞれの感情には、人生の中でそれなりに必要な場所が準備されているのである。喜びと幸福は、豊かで、素晴らしい感情の中にあるたったふたつの状態にすぎない。

私たちが抱くそれぞれの感情は、私たちに送られてくる特別かつ個人的なメッセージである。魂の中にある感情は、その感情なりの欲求や必要、そして目的がある。ある感情はほかの感情とは取り替えることができない。感情が浮かんでくるのは、私たちがその感情を表現したがっているからなのである。

感情を「変換する」とは、真実だが自分が望まない感情は抑えて、別の感情に変えてしまうことだ。それは、まるで手品のパーティーハットから、どこからともなくハトを取りだすようなものだ。感情の変換は、最初のうちは素晴らしいことのように思えるが、結局、人を混乱させて支離滅裂にしてしまう。助けを求めて私のもとに訪れる人たちは、「こう感じるべきで、こう感じてはいけない」といった固定観念に頭を占領されている。それでは自分の感情や生まれつきの知性から、完全に切り離されることになってしまう。

私はクライアントに、あらゆる考えや慣習、分類や体系、解決策や支援策をいったん取り払うことを勧めた。従来とは異なるが適切な手段で、人が人生の中で見て、感じて、経験する元来の状況に戻ってみることにした。まずは真実の自分に戻ってほっとした気分になり、そのうえでエンパシーの力を駆使して、自らの感情を観察してもらうのである。本来の状況に戻った瞬間、人は感情に関する知識を深められるようになる。

◇「感情的である」とは悪いことか？

人が「君は感情的だ！」と言い合っているのを耳にすると、私はつい笑ってしまうし、こう質問したくなる。「それはどの感情のこと？――だって感情の種類は二十もある！　それをわかって言っている？」

『ウェブスター辞典』と『ロジェ類語辞典』を調べてもらいたい。どちらの辞書にも「感情的」という言葉の定義といっしょにその同意語も示されている。なかにはひじょうに好ましい意味の同意語も含まれている。私たちが「感情的（emotional）」であると言うなら、辞書的には、「私たちは意識的で、鋭敏で、情熱的で、繊細で、敏感で、賢明でもある」ということだ。これは素晴らしい性質ではないだろうか！　しかし、どちらの辞書にも、このような定義に続き、「影響されやすい、怒りっぽい、大げさ、ヒステリー、芝居じみた、うろたえている」といった意味が載っている。こちらはあまりいい意味とは言えない。しかし、感情の反対語も調べてみると、「無関心、冷淡、無気力、客観的、平静、休息、安らか、静寂」という意味が掲載されている。いずれも社会的断絶と同意語であり、その中の三つは死すら匂わせてもいるのだ！　感情がなくなってしまうとは、人と人との関係を絶つことである。無関心になり、基本的に人間関係が成立しなくなってしまうのだ。感情をなくしてしまうのは、祝福すべきことではない。

感情は必要なものだ――たとえ不快だったり、社会的に不適切な場合でも、この事実に変わりはない。なぜなら、感情はあなたの魂の中に存在しているものであり、神経ネットワークの一部、さらには社会としてのあなたの一部でもあるからだ。あなたの敵ではないのである。ところが、感情が貶《おと》められているのは、エンパシー能力が無視されているせいである。私たちの文化は、一定の感情を踏みつけて、肯定的な感情に取り替えようとする。このような「感情の交換」に、エンパシーのスキルは無用だ。社会的に受け入れられていない感情を思いやる必要などない。泣く男性をばかにしたり、怒る女性は辱めてやるのが手っ取り早い。涙や怒りのような、社会的に受け入れられない感情は簡単に切り捨てられてしまう。だから、どんなに鈍感な人間に傷つけられても、文句を言ってやるより、なんでもないふりをするほうが楽なのだ。自分の正直な感情を押し殺して、他人に感情を見せないようにするのが無難だということだ。唯一の問題は、人間は絶対に感情をなくすことができないことである。感情を持たなければ、有意義な人生は送れない。感情なしに決断を下すことは到底無理だし、自分の夢や未来像を描くことすらできなくなってしまう。人と自分との間に適切な境界線を引くことも、人間関係を築くことも、きちんと振る舞うこともできなくなる。自分の希望をはっきり表明できず、他人の希望を後押ししてあげることもできない。最愛の人と連絡を取ることはおろか、そんな素晴らしい人と出会う機会さえなくなってしまうだろう。

私たちの文化では、人は感情の本質にアクセスすることなく育つ。まるで誤った土壌に植えられた樹木のように、高く伸びたとしても丈夫には育たず、年月を重ねても成熟しないだろう。子ども時代は身体、学問、芸術、経済、知識、宗教、運動などほかのあらゆる領域が成長していくのに、感情の能力は地下に埋もれてしまう。人はあらゆる領域で知識を身につけて成長していくのに、感情だけが例外なのである。人間は五歳ごろに感情を抑えるようになり、感情を理解する能力はこの段階で止まってしまう傾向がある。学習によって知的スキルが上昇するにつれて、感情のスキルは後退していくのである。

現在のセラピー、瞑想法、書籍、教師の多くは、知性と感情の著しいアンバランスを正そうと努力してきたし、たくさんの素晴らしい研究もある（ダニエル・ゴールマンの著作『ＥＱ　こころの知能指数』［講談社］は必読書である）。感情は脚光を浴びるようになっていき、自己認識に関する研究もトレンドとなっていった。お互いにもっと注意深く耳を傾け、感情を適切に表現し、きちんと助け合うことを学ぶ人々も増えてきた。ところが、残念なことにほとんどの場合、感情にたいする態度はつねに賛否が入れ替わってしまう。結局のところ、感情は人生を変える重要な力として扱われず、素晴らしいメッセンジャーとして尊重されることもなかったのである。

しかしエンパシー能力は、感情を中傷と称賛、表現と抑制という二者択一ではなく、この両極端の中間の立場を見つけだす方法を教えてくれる。すべての感情をひじょうに重要なツールと考えることで、私たちは意識的に感情ときちんとした対話ができるようになる。感情を「自分にとって不可欠な、母語のようなもの」として扱えるようになれば、感情に敬意を払い、しっかりと考えられるようになるだろう。

◇表現と抑圧の間を選ぶ

感情を表現するとは、自分の感情を外界に伝えることである。人は感情を表すことで、外の世界で注目され、尊重され、自分を変えたいと願っているのだ。そんなときは自分の感情を落ち着かせるために、友人、家族、セラピストなど外部の力に頼る。その結果、誰かの助けなしには、自分の感情に対処できなくなってしまう。相手がうまく自分の要求に応えてくれない場合、状況はいっそう、悪くなってしまう。感情に取り組むスキルがなければ、身動きできなくなり、気持ちが不安定になり、窮地に陥ってしまう。

感情に対処するためのもうひとつの方法が、感情を抑圧することである。この抑圧はすべての人が身につけている内面における唯一の感情処理方法である。相手に安全かつ適切に感情を表現できない場合、私たちは魂の中に感情を無理やり押し込めてしまう。悲しさや怒りのように、一般に歓迎されない感情が抑圧の対象になる。抑圧することで、その日一日をなんとかやり過ごそうと考えるのだ。しかし、問題は、この内面の世界こそ感情が現れてくる場所であることだ。生まれてきた感情から目をそらしたままでいると、やがて魂に大やけどを負うことになるだろう。

感情は魂から送られてくる重要なメッセージであり、（望まれないことも多い）絶対的な真実を伝えてくれる。多くの感情は歓迎されないが、すべての感情にはひじょうに重要な情報が含まれている。だから感情を無視したり、抑圧したりすれば、この大切な情報は消し去られてしまう――大切なメッセンジャーを射殺し、重要な行動を阻んでしまうのだ。

感情を表現することは、抑制よりはましだろう。少なくとも、人生を正直に生きていくことができる。泣いたり、怒ったりすれば、感情をずっと心に留めることなく、自然に流していくことができる。しかし、あまりに激しい感情を過剰に表現すると、自分にとっても周囲の人にとっても厄介だ。混乱を引き起こし、激しい感情を相手に全面的にぶつけて、自分の負うべき責任をその哀れな人物に負わせることになる。「怒ったのは君のせいだ。泣かせたのは君のせいだ！」といわれのない非難を浴びせることにもなりかねない。これでは、自分では何もできない操り人形となり、まわりの人間や状況に踊らされるようになってしまう。

精神的に不安定になったとき、人を傷つけたり、罵倒したり、脅したりして激しい感情をまき散らせば、気分がすっとするかもしれない。だが、人づき合いがうまくいかずに失望し、自分の振る舞いを恥じることにもなる。他人にぶつけた激しい感情は、自尊心への打撃となって返ってくるのである。こうして自尊心が低くなってしまえば、気持ちの整理はつかなくなる。

現在の神経学や心理学の研究でも、感情を爆発させると、脳溝《のうこう》が摩耗しやすくなることが証明されている。自分の怒りや不安を周囲にあたりかまわずぶちまけているなら、脳は興奮し、不安になる方法を学んでしまう。脳が持つ可塑性は、新しいスキルや新しい言語ばかりでなく、感情を操る方法も学習しているのである。

抑圧と表現のいずれも、状況によっては役に立つかもしれない。しかし、このふたつの手段であらゆる感情に対処するのは不可能である。感情の領域には、この両極端な手段よりもはるかに大きな中道地域が存在している。そこには感情にしっかりと丁寧に取り組む方法が潜んでおり、私はそれを「感情のチャネリング（交信）」と呼んでいる。精神世界で使われる、霊と交信するチャネリングとは異なり、文字通り「チャネル（伝えること）」である。すなわち、選ばれた通路に従って、入念に何かを導き、伝えるということだ。本書で言う「交信《チャネル》」を習得すれば、感情に適切に取り組めるようになる。人間には生まれながらに、感情のメッセージを解釈し、感情に含まれている本能を利用する力が備わっている。

感情を抑圧したり、他人にぶちまけるのをやめて、交信する方法を学べば、感情をしっかり理解できる。感情に耳を傾け、意識的に感じ取ろう。自己イメージや人間関係を改善する道を選ぶことだ。

感情と交信できるようになれば、ほとんどの人が気づかない重要な情報を見つけられるだろう。どの感情にも、自分が生きて成長していくのを助けてくれる、ひじょうに重要なスキルと能力が含まれている。あなたの感情は、意識的に感じていないときにはどこかに消えてしまっているわけではない。すべての感情はあなたを進化させ、具体的な贈り物と能力をかならずもたらしてくれる。

◇エンパシーの基本エクササイズ

エンパシー（感情移入）を経験してみよう。実際にやってみれば、感情と交信するのがどれほど簡単かわかってもらえると思う。まずは感情に流れを生みだすためのエクササイズを紹介する。立っても、座っても、横になって行ってもよい。

エクササイズ①　**悲しみの呼吸**

1．深呼吸します。多少の緊張を感じられるようにするため、胸とお腹をほんの少し膨らませてください。次に三秒間、息を止めます。息を吐くときは、両手、両腕、両足、首、胴体を、やさしくらせん状にくるくると動かし、身体の緊張をゆっくりと解いていきます。

2. もう一度、同じ動作を繰り返します。舌を出したり、ぬいぐるみになったように身体の力を抜いてください。

3. ふつうに呼吸をし、自分を点検します。身体の力が抜けて穏やかになり、少し疲れを感じるなら、感情のおかげで緊張が解けています。その感情に感謝しましょう。

このエクササイズで感じる感情は「悲しみ」です。悲しみにはあなたを解放し、流れを取り戻してくれる力があります。さまざまな感情は自由に心の中に流れてきて、悲しみと同様に、特別な贈り物を届けてくれます。人間ははっきりとした喜怒哀楽を感じたときだけ自分の感情を意識しますが、それ以外でも感情は存在しているのです。悲しくても泣く必要はありません。このエクササイズで緊張感が解けたのは、悲しみの感情が現れた証拠なのです。悲しみには、不要になったものを手放し、緊張を解き、本来の自分に戻してくれる効果があります。

悲しみは自分らしさを取り戻し、心の状態を知らせてくれる感情です。もちろん、悲しみは他人との境界線を守ってはくれないし、意識を集中して行動する準備もしてくれません。そのため、日常生活では「悲しみは避けるもの」とされてきたのです。

ここで視点を変えて、自分に流れを取り戻し、心を穏やかにし、抱え込んでいた不快なもの――筋肉の緊張、疲労、失意、失望など――を手放すために、悲しみを活用しましょう。人間は、定期的に何かを手放す必要があるのですから。

エクササイズ② 幸福の微笑み

1. 背筋を伸ばして座ります。目を薄めに開いて、親しい友人と挨拶しているように微笑んでください。「こんにちは」と声を出してもいいでしょう。
2. 両腕を伸ばし、背筋を伸ばし、微笑みを絶やさず、目をずっと開いたままで、ゆったりと呼吸をします。幸せな気分でいることに感謝しましょう。

このエクササイズで感じてほしいのは幸福です。幸福とは、楽しくて、役に立つものを見つけだしてくれる瞬間に浮かぶ感情です。目を開いて微笑むことで、幸せな気分が生まれてきます。顔の表情は感情とつながっていて、顔をしかめるだけで感情は変わってしまいます。自分がどんな表情をしているか注意しましょう。顔が怒っていたり、悲しんだり、幸せだったりするだけで、脳も同じように感じます。

幸福は人と分かち合える素晴らしい感情です。重大な作業を成し遂げれば、幸福は自然に生まれてきます。例えば、泣きたいだけ泣いてしまえば、笑いが浮かんできます。人との激しい対立が解決したら、大笑いしたり、微笑んだりしたくなるでしょう。幸福とは、ささやかで素晴らしい〝魂の休憩時間〟です。幸運を逃がさないように無理をしたり、ずっと幸せな状態を続けようとしたりしてはいけません。なぜなら、素晴らしい人生をつくりだすためには、幸福だけでなくあらゆる感情が必要となるからです。

エクササイズ③　恐怖の音

1. 楽に座ったり立ったりできる静かな場所を確保します。身体を少し前かがみにしてください。今いる静かな場所の中で、「一番静かな音」を探してください。
2. 肩の力を抜いて、耳と肩が離れるように体勢を整えます。よい姿勢をとると、音が聞き取りやすくなります。口も少し開くといいでしょう（顎の筋肉をゆるませると、耳の中の空間が広くなります）。
3. 静かな音が聞こえるのはどのあたりか位置を確認したら、それ以外の音を取り除き、頭をゆっくりと動かしていきます。目はずっと開けていて構いませんが、しばらく耳に集中します。
4. 静かな音のありかがわかったなら、一瞬、じっとしていてください。座りながら音のある場所を突き止めたなら、立ち上がります。次に、音のする方向に動き、音に近づいたら再度、音を確認します。

5. 時間がゆっくり流れているのを感じましょう。まるで空気を肌で感じられるように、皮膚が敏感になるかもしれません。この静かな音とは無関係なものはすべて心から追い払います。音を突き止めたなら、この音を見つけるのを助けてくれた感情に感謝しましょう。すなわち恐怖に感謝するのです。

自由に流れてくる健全な恐怖の感情は、あなたの本能、直感にほかなりません。必要になれば、恐怖はあなたのすべての感覚に焦点を当て、周囲の環境や蓄積されてきた記憶を調べ上げ、変化していく新たな状況に的確に対処できるようにしてくれます。感情が自然に流れてくるとき、恐怖の感情はあなたに焦点を当て、集中力を高め、もっと敏感にしてくれるでしょう。

混乱したり、動揺したりすると恐怖が生まれ、現実を冷静に理解するための情報が届けられます。何をやるべきかはっきりしなかったり、人間関係で気まずい思いをしているときに、恐怖の感情と交信できる状況が生まれます。悲しみは自分の内面に目を向けさせてくれますが、恐怖は環境や他人とのやり取りに役立ちます。恐怖の力を信頼できるようになれば、エンパシーを使って人間や状況を理解できるようになるでしょう。

感情を信頼し、敬意を払って対処することが、エンパシーのエクササイズの目指すところである。

感情に流されたり、抑えつけたりしてはいけない。大切なのはしっかりと会話することだ。

第4章
すべての感情には意味がある
――七つの知能と四元素を理解する

自然に浮かんでくる感情にたいして、危険だとも、時間の浪費だとも、バツが悪いとも感じる必要はない。流れている状態の感情はとても穏やかなので、最初のうちはごく漠然としか感じられない。感情は心の中のかなり深い部分に潜んでいるため、何が起きているのか気づかないことも多い。人間に生まれつき備わっているエンパシー能力が歓迎されたり、訓練されたり、尊重されたりしないのも、感情に気づかなくなってしまう原因である。エンパシーは人間が持つ多種多様な知能のひとつであるはずなのに。

私たちのほとんどは、そんな人間の多種多様な知能が理解されない世の中で育てられてきた。ハーバード大学の心理学者ハワード・ガードナーの「多重知能」に関する研究が知られるようになったのは、やっと一九八三年になってからのことだった。ガードナー博士は、当時、注目されていた論理的知能――数学と科学を研究したり、パターンの特定、論理と演繹的推論を駆使する知能――以外にも多くの知能が存在していることを発見した。論理的知能はIQテストで測定できるので、数十年にわたってそれが唯一の知能だった。

しかし、ガードナー博士は、従来とは異なる視点から、論理的知能以外に六種類の知能を付け加えたのである。

1. 言語的知能――書いたり、人に思いを伝えたり、外国語を習得できる。
2. 音楽的知能――音色、音調、リズムを認識し、音楽を鑑賞したり、作曲や演奏ができる。
3. 運動感覚的知能――身体を高度な技術を使って動かせる（ダンサー、スポーツ選手、体操選手など）。
4. 空間的知能――空間でのパターンを認識し、空間を新しい方法で利用できる（建築家、大工、幾何学に秀でた人、視覚芸術家）。
5. 対人的知能――他人の意志、動機、願望を理解できる（人間関係の構築とコミュニケーション）。
6. 内省的知能――自分自身の動機、意志、願望を理解できる（自己認識、内省、目標設定）。

最後のふたつは社会生活を送っていくうえできわめて重要な知能形態である。

有能なエンパスになるために重要なのも、対人的知能と内省的知能に重点を置くことだが、ほかのすべての知能も大切である。これらの知能はほかの知能がなければ成り立たない。例えばあなたが本書を読む際は、つねに論理的知能を利用しているし、関係ないように思える音楽的知能は、言語を利用し、理解する能力とも密接に結びついている。なぜなら、言語にはリズム、音調、言葉遣い、聞き取り能力が含まれているからである。さらにあなたは自分の対人的知能を信頼して、本書の言葉を解釈し、私が言いたいこと、理解してもらいたいことを判断している。そして、内省的知能によって内容に即座に反応し、対応し、感じているのである。

ガードナー博士の研究によると、知能は複数の能力の集合体である。つまり知能とはＩＱ検査で判定されるスキルとは異なるのだ。

◇四元素モデルとは？

エンパシー能力をもっと高めるために、四元素モデル（四分子モデル）を紹介しておこう（四元素とは、この世界の物質は、地・空気・水・火の四つの元素で構成されているという概念である）。「地」の元素は物理的世界と身体、「空気」の元素は精神と知性、「水」の元素は感情と芸術、「火」の元素が洞察的な知恵（幻視的、想像的、霊的領域）である。このモデルによって本書の概念を深く理解し、明確にすることができるだろう。

四元素モデルは科学的理論とは言えない。もともとは神話的、詩的な要素がもとになっていて、世界の成り立ちを理解する手段として、数世紀の間、多くの文化を超えて利用されてきたものだ。例えば火の元素は、「どこからともなく」現れてくるように思える夢やヴィジョンの領域に分類される。さらに脳や神経系との関係が研究からわかっており、この元素のあらゆる領域——夢、霊性、ヴィジョン——は、（超常現象ではない）神経理論と関連している。

感情を水の元素——流動性と流れを実現してくれる私たちの一部——として思い浮かべることがで

きるなら、対人的知能と内省的知能も明確に把握できるだろう。感情に備わる機能や特性、人生全般に占めている位置が明快になるのだ。

水は柔らかく、流れているが、巨岩や山を侵食する力もある。さらに、水は熱やエネルギーを伝え、重量を支え、浮力（回復力）も生みだしてくれる。流れの中に置かれているあらゆるものを動かしたり、押し流したりすることもできる。水の元素にエネルギーを注げば形も変えられる。蒸発すると水蒸気となり、氷点下になれば氷という固い塊にもなる。感情もこの水のような状態にしておかなくてはならない。水は植物を育て、生きとし生けるものを癒やし、地球全体の気温を調整している。この素晴らしい特質・特性が地球の生命を守っているのである。

水の元素である感情の素晴らしい性質と特性は、あなたの生命システムを――もしも望むなら――それと同じ状態にしておける。水は流れるものだと理解したなら、自分の魂の中に水が増えすぎたときも適切に対処できるようになる。水と同じように感情も流れている状態を保ち、きちんと反応すれば、自分自身の内面のバランスも取れるようになる。動きと流れが水、そして感情の主要な特性である。神話学、心理学的に言えば、水は無意識であり、あらゆる生命と衝動をつくりだす場所である。実は、「感情」という言葉自体が水に語源があるのだ。ラテン語の「emotus」または「emovere」が水の語源で、外部に動いて、流れだすという意味なのだ。感情を自然の流れに任せなさい。それが、感情を信頼できるようにする能力の基盤となる。感情がよどみなく流れる状態にしておくことができたなら――感情に気づいて、それ以後ずっと自由に流れる状態を保っていけるなら――あなたの心は癒やされていくことだろう。

◇エンパシーで心の中に「村」をつくる

四元素モデルの力を借りれば、私たちはもっと実用的な手段で、それぞれの元素の世界に分け入っていける。意識的にそれぞれの元素を全体と関連させれば、自分の各部分をどのように全体と調和させていけるか、思い描けるようになる。人生がどのように営まれているのか、魂の中のバランスに乱れが生じると人生がどうしてうまくいかなくなるのか、理解できるようになる。素晴らしい方法で、感情を満喫していきたいなら、全体のバランスを取ることが重要である。空気の元素の精神と知性、地の元素の物理的世界と身体、火の元素の洞察的な知恵、水の元素の感情と芸術を、意識的にしっかりと活用する必要がある。癒やされ、成長していきたいなら、自分自身のひとつかふたつの部分に注意を払うだけではいけない。賢い人間になるためには、地、空気、水、火の四元素と七つの知能すべてに敬意を払って自分の心の中に統合された「村」を築き、エンパシーについて学習していく必要があるのだ。

私が試みてきた方法は、感情のバランスの乱れに気づき、この混乱をどのように解決したらいいのか理解することだった。

例えば、悲しい気分になっているなら、無理に落ち着いて、すべて大丈夫だというふりをするのをやめることだ。悲しみに抵抗しようと無理をすれば、人生は完全に行き詰まる。しかし悲しみに敬意を払って向き合えば、どうすればこの状態を回復し、悲しみを癒やせるかの糸口がつかめる。また、怒っているなら、いらついたり、傷ついたり、気分を害したりしていないふりをするのはやめることだ。怒りの感情に抵抗していては、チャンスの芽はすべて摘まれ、結局、再び傷ついてしまう。それは、決着をつけないままで放置してしまうことになるからである。怒りに敬意を払い、感情に正面から向き合うことができるなら、破壊された村を再建することができる。怒りに含まれる火の元素である確実性を使えば、自分や他人を守る手段を学ぶことができる。バランスの乱れた状態を解決する唯一の方法は、意識的にじっくりと怒りに取り組むことである。自分のあらゆる部分の均衡が乱れていることに気づき、問題の全貌を把握できたなら、解決に向けて努力する態勢を整えることができる。

感情と身体が相互に影響を及ぼし合っている事実も知っておこう。感情を頭だけで処理しようとしてはいけない。感情と知性に関して自分がどのような考えを抱いているのか理解していることが肝心なのだ。同様に、自分の感情に洞察力や直感力を利用したいのなら、火の元素である霊性と水の元素である感情が関連しているという事実を知る必要がある。感情のバランスが崩れてしまったなら、安易な手段に頼ってはいけない。感情と適切に取り組むためには、健全な魂（すなわち心の中の村）にある深い知識を活用すべきだ。感情には強い力があるので、あれこれいじくりまわす必要はない。誰もが知っているとおり、感情という激しい流れの中にうかつに飛び込んでしまえば、危険に陥る恐れがある。

元素と知能が集まっている心の中の村、つまり魂の能力を総動員してエンパシーを利用するときは、一瞬立ち止まって、空気の元素である論理的知能と水の元素である感情的知能の間で勃発している不毛な争いについて調べることが大切だ。感情と理性は対立するものだという誤った考えに頷いてしまえば、自分の心の中で不幸な戦争が繰り広げられる。実のところ、感情と理性は健全な魂の中では一丸となって、働かなくてはいけない。

その鍵となるのが判断力である。

◇「判断すること」についての誤解

私が「判断」という言葉を定義するなら、個人として対応し、鋭い知性を自在に操る能力と答えるだろう。素晴らしい判断力の持ち主であれば、他人の意見に異議を唱えて、自分の考えにこだわったりせずに、独創的な発見の糸口を見いだすことができる。判断力は重要かつ信頼できるスキルだが、過去数十年間、この技術はあまりよく思われなくなってしまった。

最近、判断力は人生を味わうための大きな足かせと思われている。なぜなら、物事をあまりに分析し、考えすぎてしまうと、次々に現れてくる新たな事態に対処できなくなってしまうからである。「判断するな」という教えは、ほぼすべての聖人（キリスト、ブッダ、老子なども含む）も提唱しており、時に素晴らしい影響を及ぼすこともあるが、同時にかなりの混乱も引き起こす。判断する能力を禁じられると、四元素の中の空気の元素だけを選んで、それ以外の三つの元素はすべて排除されることになってしまうのだ。

判断力は監禁状態に置かれ、ひどく不当な扱いを受けている。この能力を救いだし、日の当たる場所に戻そう。エンパシー能力を賢明に発揮したいと思うなら、空気の元素である知能とエンパシー能力とをきちんとやり取りさせなくてはいけない。それには、「『判断』という言葉が『知能』という言葉と同意語であることをなぜ忘れてしまったのだろう？」と問いかけてみることだ。

もちろん、聖人たちは「判断」を判断主義（judgmentalism）と解釈し、誹謗中傷や「正しいか間違いか」といった単純な二者択一を非難していることは理解している。誹謗中傷についてはもちろん反対する。しかし、判断という言葉は誤って伝えられていることがあまりに多い。そのため多くの大人は、誹謗中傷や二者択一を避けるために、あらゆる判断もやめてしまった。そうなると、感情に取り組むことはほぼ不可能となる。やめる必要があるのは判断そのものではなく、判断のある側面だけなのである。

◇判断力の正しい使い方

ほんとうの意味での「判断」とは、あるものが何であるかを見極め、それがあなたにとって役に立つかどうかを教えてくれるものである。健全な判断は空気の元素である知性と水の元素である感情を兼ね備えていて、いろいろ検討したうえで意見をまとめるもので、誹謗中傷とも、単純な二者択一とも異なる。つまり、そのものが何であり、自分にとってふさわしいか、心の中で下す意思決定の過程にほかならない。ろくに考えずに——判断せずに——感情を表現しようとするなら、すぐにカッとなってしまうだろう。一方、感情をいっさい交えずにいたら、健全な判断は下せない。思考と感情は敵ではなく、仲間なのである。

健全な判断は、世の中で自分の本質を明らかにし、質の良し悪しを見抜く手助けとなる。目的に集中する力も生まれてくる。健全な判断は、あれかこれかといった考えや意見の中でどれを選ぶかを決定してくれる。こうして決断を下せば、選ばなかった選択肢を非難する必要もなくなる。判断をしないようにしても無駄なことだ。なぜなら、人間の心は揺れ動くようにできているからである。私たちは起きたことをつねに考え、感じている。どんなにたくさんの規則があっても、教師にどれほど権威があっても、私たちは自分の環境をかならず自分なりに判断し、対処している。健全な判断は、心身を統一し、知的で、有益な決意を下す自然の手法である。

◇知性にすべてを任せていないか？

論理的知能と感情的知能が手を携えて取り組むとき、私たちは意識的に物事を感じ、考えられるようになる。自分の感情に気づき、知的にそれを理解するとき、状況に適切にのぞむことができる。これがバランスの取れた魂の振る舞いである。バランスを乱した魂の中では、知性は失われ、曖昧な感情だけが残される。魂全体の中で、知性は感情の解釈をする役割を果たし、より深く感情を理解するスキルとなる。

感情は衝動や感覚に変換されて、未来のヴィジョンを夢や願望など具体的な形にする。このヴィジョンを恐れたり、まるで絵空事のように思っていても、夢と願望を諦めずに抱き続けるなら、現実に近づけていくことができる。論理的知性はデータを収集し、夢に向かう通路をつくってくれる。感情は目標達成への通路からそれないためのスキルとなり、刺激を与えてくれる。身体は日常という現実の世界で未来のヴィジョンに向かって歩んでいき、実現を促してくれる。疲れたり、迷ったりすれば、洞察力が自分を奮い立たせてくれた記憶を呼び起こしてくれる。

このように、洞察力が未来のヴィジョンを描き、感情がそれを身体へ伝えてくれる。身体がヴィジョンを肌で感じると、現実へと歩みだす。論理的知能は計画を立てて、このヴィジョンを現実にしていく。しかし、魂のバランスが乱れてしまえば、論理的知能は余計なことを考えすぎて、ヴィジョンを粉々に打ち砕いてしまうだろう（論理的知能はアイデアを押しとどめ、着手できなくしてしまう恐れがある）。自分の面目《めんぼく》が潰されてしまったという感情が爆発してしまうかもしれない。しかし、魂が健全であるなら、論理は解釈し、企画し、計画する能力を発揮し、火の元素であるヴィジョンを実現に向けて後押ししてくれる。

私たちが出会う一つひとつの状況が、さまざまな力を生みだしてくれる。しかし、その機能はつねに同じだ。感情は生涯、反応し、手探りしながら前に進んでいくことで、エネルギー、能力、情報を動かす力となり、ひとつの場所から別の場所へと動かしてくれる。精神は感情が提案してくる材料を解釈し、分類し、処理していく。身体はその材料を視覚的に感じ、処理し、現実の世界に引き戻していく。ヴィジョンはすべての状況に関係していて、状況の中の要点や全体像を提供してくれる。魂がこのようにきちんと調整されていれば、四元素と七つの知能は、複雑な振付で踊るダンサーのように、それぞれが自分なりのリズムとやり方で動き、演技していく。魂が十分に調整されていなければ、元素たちはうまく踊れず、混乱し、ぎこちなく、お互いにぶつかって、倒れてしまうだろう。

ところが、身体と精神や、精神と感情の領域でも、魂の中が分断された状態でいるのが現代社会の実情である。私たちは人格の中で、このような分裂状態が起きているのに気づき、感じてもいる。人は金儲けをし、競争に勝つために努力することもできるし、修道士のような隠遁《いんとん》生活を送ることもできる。しかし、このふたつの生き方を同時に経験することはできない。なぜなら、身体と精神は互いに話し合おうとしていないからだ。利用できるあらゆる情報を研究して状況を確信することもできるし、今までのすべての考えを捨てて、状況を手探りで歩んでいくこともできる。しかし、知性と感情を同時に利用することは到底できない。

魂が分裂したままでいる場合、身体と精神の間（または思考と感情の間）の流れは途切れてしまう。これでは、それぞれの知能の持つ重要性を理解できない。一見、正反対に見える知能の間の振り子は激しく揺さぶられる。すべての元素と知能は、相互に称え合うかと思うと、次の瞬間には互いに無視を決め込む。身体はほかの元素の真実に近づいていくことはできず、洞察力が心の中のほかの部分に伝わることはない。精神はもがき苦しんでいるほかの元素を解釈してはくれない。感情は敵対しているほかの元素との間にエネルギーや情報を届けることはできない。知性に頼りがちな現代文化の中では、このようなバランスの乱れのせいで、寂しく、孤立した精神はさらに気まぐれな行動に突っ走っていく。

◇才能を発揮する

身体と精神が対立してしまい、感情が両者を仲裁することもできないと、知性だけに頼りがちになってしまう。すると、知性が魂の流れをせき止め、ほかのすべての要素の息の根を止めてしまう。流れが止まれば、論理的、空間的、言語的知能だけが前面に押しだされることになる。それは別に、ほかのどの知能よりも知性が素晴らしく、賢く、迅速に営まれるからではない。学校制度をはじめとする文化では、知性だけがたくさんの練習の機会を与えられ、注目を集めるように仕向けられているからなのだ。

元素間の交流は途絶え、知性がほかの能力を無視し、押しのけ、魂の中で中心的立場を占めるようになると、人は考えすぎてしまい、苦しむことになる。神経エネルギーの使い道をことごとく誤り、酷使する結果となるのだ。これでは何も得ることができない。なぜなら、実際に身体を働かさなければ、現実生活で成果は得られないからだ。何も確信できないのは、判断を下して考えた成果を感じ取れなかったり、感情から送られてくる情報を知性に伝えられないからである。真の輝きが得られないのは、洞察力が、出発点と最終的な到達点を描いてくれる全体像を知性に示すことができないからだ。

知性にすべて任せてしまうと、魂は健全に機能しなくなる。計画を立てたり企画を考えたり、「もしこうだったら」という仮定ばかりに終始するためだ。これは知性だけを頼りにすることで陥ってしまう悪循環だ。こんなことでは、ほんとうの健全な経験を味わうことはできない。〝暴走する〟知性は間違いを犯し、多くの問題をつくりだす。もうおわかりのとおり、空気の元素である論理的知能だけに偏っては、全体のバランスは乱れてしまう。知性だけでは、ほかの元素や知能の役割まで果たせない。

例えば、ふたつの仕事のどちらを選ぶか決断するとしよう。ひとつは給与が低めの地元の仕事、ひとつは給与が高いが引っ越しが必要な遠い町の仕事だ。知性だけで判断したなら、関心はお金の損得に絞られる。しかし、転居費用や給与をトータルするとどちらも同じ条件なら、あなたはふたつの仕事のどちらを選ぶべきか悩むだろう。あやふやなままで一方を選べば、選んだあとも、「これでよかったのか?」と考えてしまう。これは、論理だけでは説得力や根拠のある方向性は見つけられないという一例である。

しかし、魂の中にある材料をすべて尊重しているなら、もっとたくさんの選択肢が見つかる。もしかすると感情的知能が、それぞれの仕事に抱く「感覚の違い」を教えてくれるかもしれない。ずっと今の仕事をしていたらどんな気分になるのか？　引っ越して転職したら？　それぞれの仕事の義務や責任、いっしょに働く人の雰囲気など、なんらかの感触をつかめたなら、どちらの仕事が自分にふさわしいのか見えてくるだろう。これはまた、身体的違いを感じる手掛かりにもなる――一方の町は湿気が多かったら、山の近くだったらどうだろう？　運動感覚の知能が持つ直感力が、決断を助けてくれる。身体と感情を判断材料に加えることができれば、精神的にもっと穏やかに働けるだろう。魂の中にあるすべての材料を信頼できるようになれば、知的であるだけでなく、積極的で洞察力に富んだ、賢い判断を下せるようになる。

論理的知性にあまりに頼りすぎると、明確で、健全な判断はできない。なぜなら、知性だけでは事実の根底に潜んでいる感情やニュアンスまで汲み取ることはできないからだ――水の元素に属する感情がなければ深く知ることはできない。火の元素の特性である洞察力がなければ、すべての困難を克服して、目標に進んでいくことはできない。地の元素である身体の助けがなければ事実は役に立たず、目標を実現することもできない。論理的知性が、四元素全体の中でひとつだけ孤立してしまうなら、知力はかえって低下して機能せず、賢明さは失われてしまう。判断力がどんどん衰退して、全体像は見えなくなってしまう。

私たちの多くは、精神と科学、論理と感情、物理的人生と精神的人生を互いに競わせている。しかし、これはまともな態度とは言えない。知能を互いに争わせてはいけないのだ。四つの元素のいずれも自然の世界では戦っておらず、争いをけしかけているのは、偏見を抱き、混乱している人間だけである。私たちの内なるあらゆる部分には、神秘と美が満ちあふれている。いろいろな部分が絡み合える場所で素晴らしいダンスを踊ること、それが「才能を発揮する」ということである。

第5章

四元素のバランスを取る

―第五の元素を目覚めさせる

四つの元素がどのような能力を持つのかを理解すれば、自分個人の魂のバランスが正常かどうか診断するのに役立つ。例えば、物事をなかなか成し遂げられなかったり、いつもあり得ない夢ばかり抱いているなら、あなたは地の元素を無視している。あるいは、物事を理解できず、何もわからないというなら、あなたの空気の元素が魂の適切な場所に収まっていないことの現れだ。また、人生をしっかり味わうことができず、物事がすんなりいかなかったり、行き当たりばったりの生活をしているなら、あなたは自分が抱いている感情に気づけていない。これは水の元素をきちんと受け入れていない証拠でもある。もしかすると、あなたは現状を客観視できず、ほかの生き方や可能性を夢見ることすらできず、自分の洞察力さえ信じていないかもしれない。これは火の元素が心の中ではまったく機能していないことが原因だ。つまるところ私たちは、心の中の元素と知能でつくられた村（魂）のバランスを取る作業を生涯にわたって続けなくてはいけない。心の中に村が存在していると気づけるなら、バランスを取るのはそれほど難しいことではない。失った四元素のバランスを取り戻し、酷使している知能を支え、養いながら、バランスを取ることが、それぞれの元素を意識的に連携させていくための簡単な方法である。それぞれの元素を意識的に訓練することで、正常な魂を取り戻していこう。そうすれば自分の足元の土地を耕し、感情が訴えてくる言葉を解釈できるようになるだろう。

◇地の元素は身体とつながる

地の元素のバランスを取るには、身体と運動感覚的知能を無視したり、逆に酷使していないか確かめよう。意識的に運動したり、栄養をとったり、休養したりするといい。地のバランスを取り戻すとは、自分の体調を意識することだ。身体を鍛えることを探究し、つくり上げていくばかりでなく、身体をやさしく気遣ってあげること。ダンス、体操、ガーデニング、ロッククライミング、武道など、身体と周囲の世界がふれあうことを、いろいろと試してみよう。

論理的なタイプの人は、運動や食事療法の計画を立てるといい。論理的に正しくても、身体がそこに違和感を感じているようなら、見直してみること。感情的なタイプの人は、陶芸（または一番好きな芸術なら何でも）のような触覚を重視するアート、サルサ、サンバ、アフリカのダンスなど感情に訴えてくれる動きを試してみるといい。霊性を重んじるタイプなら、ヨガ、太極拳、気功のような精神修養を選ぶといい。たまに遊んだり、休養したり、ぶらぶらする〝ご褒美〟も忘れずに。

四つの元素のうち地の元素が優勢で、ほかの元素とのバランスを取りたいなら、サルサ、太極拳または複雑な動きのダンスを通じて、感情的、洞察的、知的な感覚を自分の人生に取り入れるといいだろう。

◇空気の元素は論理的思考とつながる

論理的な空気の元素が、猛烈な突風にさらされたり、逆に風がぴたりとやんだりしているなら、意識的な精神活動を行うといい。勉強、読書、言語習得、または興味のあることを探究してもいい。パズルをしたり、ゲームをしたり、計算したりするのも一案だ。答えを出すという〝思考のゴール〟を定めることで、心は集中していく。いずれにせよ計画を立て、論理的思考を取り入れることだ。

身体を動かすのが好きなタイプの人なら、知的な研究や計画を食事や運動、家庭や職場での生活に取り入れてみよう。ただし、ときどきはじっと座って集中し、思考する時間を取ること。

感情的なタイプなら、芸術、心理学、神話学、社会学、文化人類学（または芸術的表現、人間関係、文化など人間の発育に重点を置くあらゆるもの）を深く勉強するといい。自由に考えることが大切だ。霊的なタイプなら、（信仰上の規則などを度外視して）物事を論理的に探究してみよう。比較宗教学や自分の信仰の歴史を研究してみるといいだろう。

四つの元素のうち空気の元素が優勢で、ほかの元素とのバランスを取りたいのなら、身体的経験、感情に関する知識、洞察力を支えるために、持ち前の思考力を生かそう。

◇水の元素は感情とつながる

水の元素が干上がっているなら、意識的に表現活動を行うように心掛けよう。感情を身体や知性の領域に取り入れることで、水の元素のバランスを取り戻せる。そのためには、感情豊かな言葉に気づき、意識的にその言葉の英知を人生の中でも実践に移すことだ。ダンス、音楽やあらゆる種類のアート（とりわけ詩）、自然の探究は、感情に深い癒やしを与えてくれるだろう。

身体を動かすのが好きなタイプなら、官能的、感覚的に動いてみるといい。ゆっくり食事を味わい、自身の身体の肌艶を感じ、ダンス、彫刻、水遊び、健全なセックスをしよう。

知的なタイプなら感情に関する研究をしよう（今まさにこの本を読んでいるように！）。音楽、詩をとおして感情を育《はぐく》み、自己表現してみるのもいいだろう。

霊的なタイプなら、太極拳や気功のような（静ではなく）流れのある瞑想的な動きをとおして自分を表現しよう。自然の中で瞑想したり、水辺で静かな時を過ごせば、洞察力が精神の流れに必要なことを思い出せるはずだ。

四つの元素のうち水の元素が優勢で、ほかの元素とのバランスを取りたいと思うなら、まず自分が人とどうつき合っているかを観察し、次に心の中に現れてくる感情に気づき、その感情が日常生活とどう関連しているのかを探究してみるといい。

◇火の元素は直感とつながる

火の元素が強すぎたり、湿って消えそうになっているなら、瞑想などを行い、日常生活の中に夢、直感、洞察が生まれる状況をつくりだそう。宗教の儀式や瞑想で癒やされる人もいるかもしれないが、自然の中での散策も霊的な癒やしになる。動物、子ども、老人と過ごしたり、水辺で過ごすのも効果的だ。洞察力を磨くには、空間（そして生き物との十分なふれあい）が必要だろう。

身体を動かすのが好きなタイプなら、空想に浸るために、ヨガ、太極拳、気功のような身体を使った瞑想を実践してみるといいだろう。知的なタイプなら、霊感に満ちた書物やアイデアを自分の考えに組み込んでみるといい。偉大な夢想家や洞察力のある偉人に関して研究してみるのもお勧めだ。

感情的なタイプなら、感情に想像の要素も組み入れるといい。より高い立場から、感情を観察できるようになる。あなたがとりわけ空想的な人で、魂のバランスを取りたいと思っているなら、ワシのような俯瞰的視線を、物質生活、知的な営み、感情にも注いでみよう。

◇第五の元素「メタ知能」とは？

あなたの感情的な側面、知的な才能、身体的なスキルと体力、洞察力の関係は、バランスを取り、調和させることができる。それぞれが親密な関係を築けるならば、素晴らしい群舞を舞うように、四元素がバランスの取れたポジションに置かれるようになる。あなたの身体は、感情的真実、知的情報、確かな洞察に基づいて行動し、目標に向かって歩きだせるようになる。論理的精神に自由を与えれば、四元素の関係を正しく解釈し、身体感覚、感情の事実、洞察的考えに役立つ知識を提供してくれる。それぞれの要素が自由に行き来できるようになれば、洞察力、身体、精神の間でエネルギーと情報を伝え合える状況が生まれてくるだろう。こうして素晴らしい状況が与えられると、あなたの洞察力は飛躍し、身体、感情、知的人生に素晴らしい英知を伝えてくれるだろう。

しかし、このようにバランスが取れると、あり得ない、いつもとは違う事態が発生してしまう。自分自身の持つあらゆる要素が一丸となると、突然、自分はひとつの元素だけで成り立っているわけではないと気づくのである。身体、感情、知性、芸術的能力、幻視的洞察のいずれかに特化した人間ではないという気づきは衝撃だ。下手をすると方向感覚も見失って、浮き足立ってしまうかもしれないが、どんな人間にもすべての元素と知能が備わっている。自分は四つの元素のひとつでできているという誤解から生じるバランスの乱れを正せば、まったく新しい世界が開ける。内面のバランスを取ることができれば、第五の元素であるメタ知能――あなたの各知能をつかさどる知能――が魂の中に生まれてくる。この新しい元素は、さまざまな伝統的な知恵の中では「自然」「木」「エーテル」などの名称で呼ばれている。この第五の元素が存在しなければ四元素は機能しなくなる。この新たな元素の性質は、四つの元素が適切に関連し合えるようにすることだ。そのおかげで、人間は素晴らしい成果を達成することができる。あなたの自我、魂、エゴ、個性の新たな中心であるこの元素をつくりだせたなら、自分の持つそれぞれの元素は当たり前のように対等に利用できるようになる。その結果、健全で、活発に生活できるようになるのだ。

このような考えは、多くの伝説や文化の中にも登場している。中国の道教には、土、金、水、火、木の五行思想がある。このうち金は知的な空気の元素に当たり、木とはほかのすべての元素のバランスが取れたときに生まれてくる元素と考えられているのだ。ちなみに木は、切りだされた板ではなく生木のことであり、地、金、水、火がバランスの取れたときに生まれる領域である。道教徒は食事に五味（甘味、酸味、塩味、苦味、辛味）という興味深い要素を想定していて、料理に五つの味覚がすべて含まれていると、身体が癒やされ、臓器が整い、体調もよくなると考えている。

多くのネイティブ・アメリカンやアフリカの人たちは、聖なる輪の外側に四つの方角と四つの季節が配置されているという宇宙論を創造した。輪の中心には、方角や四季を創造した偉大な地母神が存在しているとされる。キリスト教では、父、子、精霊の三位一体論が広く伝えられているが、多くの人がそれではバランスが失われてしまうと肌で感じている。そこで三位一体に聖母マリアも付け加え、四位一体にしようとする教会も存在している。この四つのバランスを取ることで、新しい活力が生まれ、再生が行われると信じる人も多い。ここにもまた、「四つの元素の健全なバランスが確立すれば、新しい人生が始まる」という概念がある。

同じことが、私たちにも当てはまる。第五の元素である自我――進化して統合された新しい自我――が「メタ知能」をつくりだし、自分の能力や考えを向上させると、突然、新しい目で世界を眺められるようになる。あなたはもはや頭脳偏重か愚かか、身体偏重か身体を動かさないか、感情的すぎるか冷淡か、霊的か粗野かといった両極端の間で揺れることはなくなる。四元素の中央にすっくと立っていられるようになれば、新しい自分に生まれ変われるのである。

◇完璧さよりバランスに留意する

ここまでで、あなたの元素と知能のどの部分が自分の魂の中でしっくりきているのか、いないのかに気づいたことだろう。次にやるべきことは、自分に足りない部分に気づくことで、健全な魂を回復することだ。元素間のバランスを取る作業自体はそれほど難しいことではない（元素と元素の間の働きを意識しさえすればいい）。ただし、まったく経験がない作業なので骨は折れるし、やりすぎてしまうこともあるだろう。意識が散漫になる恐れもある。能力に集中できず、注意散漫にならないよう、自分の魂の中で集中力を切らしてはいないかしっかり見張っておくこと。

瞑想したり、身体を動かしたり、芸術や研究に没頭しているとき、自分自身を観察してほしい。その〝作業自体〟に心を奪われていないか確認するのだ。例えば、自由に夢を思い描こうとせず、ひたすら〝瞑想という作業〟に没頭していないか？　とらわれずに考えることをせず、読書という作業に打ち込んでいないか？　感覚的に身体を動かすのが目的なのに、運動することに没頭したり、思うままに感情を浮かべることなく苛立ちを芸術や音楽に向けたりしていないだろうか？　こうした点には注意してほしい。

瞑想や芸術だけでなく、感情についても確認しておこう。人生に振りまわされているときには、長時間本を読んだり、ネットサーフィンやゲームをして過ごすより、日常生活の中で建設的な計画を立てよう。ひとりで瞑想をして人から距離を置くより、ひらめきを日常生活に生かすのである。ストレス解消法として運動に頼るより、自分の身体の欲求に応えよう。あなたの心にすでに備わっている元素は、癒やしたり、魂のバランスを取るための準備をしているが、具体的な方法にこだわりすぎてしまうと、内面で培ってきたスキルを磨くことができなくなる。内面に存在する元素と知能を使って心に村を築く目的は、積極的に取り組み、より多くの情報を集め、魂をもっとスムーズに動かせるようにすることである。この点を忘れないでほしい。

きちんと情報を受け取るのに重要なのは、完璧であることではなく、全体的なバランスを取ることだ。魂が健全なら感情もきちんと流れてくれるが、完璧を求めると融通がきかなくなり、規則だらけになってしまうだろう。これでは無理やり狭い道を通り抜けていかなくてはならない。完璧主義を貫くことで、内面のバランスを取ろうとしたら、魂の内側の水の流れは失われてしまう。計画的な練習ではなく、感情を使って魂の中に、失われた水を取り戻そう。自分が何を感じているかにきちんと気づくことができれば、流れがよみがえってくるだろう。

また、バランスを取るという目標を忘れてはいけない。元素や知能のうちのいずれかが、なんらかの理由で見えなくなる期間が、数時間、数日、時には数カ月も続くことがあるだろう（例えば、洞察力があまり必要でない職場環境、感情的になることが許されない学問的環境など）。また、地球上には、地、空気、水、火の元素が均等に分布しているわけではない。冷たくて暗い深海や、まったく植物が育たない花崗岩の表面、砂漠の焼けつくような場所を考えてみるといい。しかし、地球全体として見ればすべての元素が含まれており、厳しい環境の中でも自然は消滅しないのである。私たちの魂も、これと同じだ。

覚えておくべき重要なことがここにある。元素や知能でつくられた心の中の村（魂）は、厳しい環境でも繁栄できる統合システムをつくりだそうとするだろう。魂のバランスが崩れ、機能しなくなると、悲劇的な状況を呼ぶことが多いのは、魂が不健全な状況になっているからである。しかし、すべての元素や知能をつねに尊重していれば、それは避けられる事態だ。例えば、知性や洞察力に没入しすぎると魂に砂漠ができてしまい、現実の生活の中の身体的、感情的な要素が無視されるかもしれない。だが、精神世界のエクササイズのような、空気・火の元素から生まれる砂漠を必要とする状況に陥っても、すべての元素につながることさえできれば、身体と感情の流れをつくる灌漑《かんがい》施設を築き、憩いのオアシスが持てるのだ。

抑圧され、隅に追いやられた感情の深い水の中で、惨めにもがき続けているなら、いつか溺れ死んでしまうだろう。しかし、あらゆる元素、能力に敬意を払う健全な人間として、感情の深海まで潜るのだと決意すれば、泳ぎ続け、生き延びることができる。海中の泡を頼りに水面へと導かれる潜水夫のように、浮かんできた思考の泡をたどっていけば、海底から感情を抜けだして顔を水面に出し、息をつけるようになる。さらに身体を鍛えれば、海の上でひととき身を休められる島をつくることもできる。あるいは、火の元素の持つ俯瞰力を備えて、空高く舞い上がれば、感情という川がどこで生まれ、どこに向かっているのか、高い場所から眺めることができる。

要するに、自身にきちんと元素と知能を備えていれば、困難に遭遇しても、健全さを失わずにいられる。健全な人格を養えば――大地と同じように――困難な時期や過酷な状況も切り抜けていける。なぜなら、あなたの魂には、きちんと機能してくれる材料がすでに備わっているからだ。どんな人でも身体の快適さや痛み、知的な喜びと苦難、将来への希望と不安など、いろいろな感情を持ち合わせている。健全な人間ならこのように多様な状況にも飛び込んでいき、充実した人生を送れる。自立した人間として生きていくなかで、ほんとうにバランスが取れた状態が生まれるのだ。先に紹介した第五の元素から、地、空気、水、火の四つの流れに対処することができる。第五の元素、メタ知能に監視してもらえれば、個人的成長、愛情に満ちた人間関係、有意義な一生を実現できる。全体を見渡せるこの場所から、感情に気づき、その感情が訴えてくる言葉が学べるようになるだろう。

◇依存や気晴らしに逃げない

ひとつの感情にこだわってはいけない。感情は自由に流れるようにすべきである。もしこの事実に気づかなければ、流れの重要性を実感することはできない。流れに抵抗すれば、いくつかの元素と知能は深い影の中に追いやられてしまう。操れるはずの流れが遮られてしまうと心の中に緊張が蓄積される。それが大量に溜まると、水はあふれだし、人を絶望の淵へと追いやってしまう。元素と能力のバランスは、崩れっぱなしになってしまうのだ。

このような負け戦がずっと続いていくと、私たちは不快感を軽くするために奇妙なことに頼るようになる。問題のある元素（つまり感情）を否定するために、その欠陥を補うために行うのが、依存や気晴らしという手段である。

感情に問題があると考え、結局、感情を混乱や病気と同一のものと誤解してしまう。そして依存と気晴らしだけがこの問題のたったひとつの解決策に思えてくる。しかし、感情とは本来流れるものであり、かけがえのない価値があることを理解すれば、依存や気晴らしに騙されたりはしない。

依存や気晴らしに人間が頼ってしまうのには、それなりの理由がある。本書では、その原因を探究し、依存、気晴らし、そして痛みをなくすエクササイズも紹介していく。はるかに素晴らしいまったく新しい人生を思い描いていけるようにしよう。

第6章
なぜ、現実から逃げだすのか？
――依存・気晴らし・解離の原因

魂が健全な状態であれば、内面の混乱に耳を傾け、観察することで、バランスを取り戻すことができる。しかし、魂の土台が危うければ、四位一体の元素と複数の知能を調整することはできない。海流や潮の流れに乗れずに、思考、感情、感覚、想像の渦《うず》に巻き込まれてしまうだろう。自分自身の中心に立っていられなければ、私たちのあらゆる部分は混乱状態に陥ってしまうのである。

多くの人がこのような困難に直面しても、なんとかしのぐだけの方法なら身につけている。現実から逃避し、悩みを忘れるために、気晴らしをしたり、薬物に依存したりすることだ。そうすることで自分を解離状態にしているのだ。これでは自分を導き、ほんとうに慰めてくれるものを放棄しているに等しい。幻想にしがみついているだけなのだ。回避、気晴らし、依存が私たちの文化の間に広まってしまったのは、魂のバランスが日常的に崩れている現れである。

バランスを取り戻すには、気晴らし、依存、回避行動を遠ざけるべきだが、それは難しい。なぜなら、気晴らしという罠がいたるところに仕掛けられているからだ。誰もが日常的に（言ってみれば一時間ごとに）気晴らしをしている。人間はいわゆる気晴らしをする態勢をつねに整えており、当然、そのために問題の核心に取り組めなくなってしまう。いかに多くの人が、コーヒーを飲み物ではなく、眠気覚ましや集中力を保つ手段にしているだろう。テレビやネットサーフィンに時間を浪費し、目を覚ましている時間のほとんどは、興奮したり、注意を散漫にして過ごしているのだ。気晴らしが、仕事、人間関係、家族、医療、思考過程、とりわけ感情を支配している。目標や夢、愛や希望、困難やトラウマ、切実な願いやほんとうの自分から目をそらしているのである。このような行為に走ってしまうのは、思考や感情など全体のバランスを取ることが本来の目標を達成するための方法だと、子ども時代に教えてもらえなかったためである

気晴らし、依存、回避行動をなくすことが、注意散漫な社会から身を離し、自分自身を守っていく道である。この道を進んでいくのはかなり難しいことかもしれない。だから私は、気晴らしの習慣や物質を完全にやめるようにと無理に勧めたりはしない。肝心なのは、まずは気晴らしにかなり時間を費やしているのだとしっかり理解することだ。時間を逆戻りさせて自問してみよう。「コーヒーを飲んだり、テレビの前にどんと腰を据えたり、チョコレート、アルコール、タバコに手を伸ばしたりする直前、何が起きていたのか？　むきになって運動したり、買い物をしたり、歌を歌ったり、絵を描いたりする前に、自分にいったい何が起きていたのか？　どんなきっかけがあれば、気晴らしや回避行動をやめられるのか？」

ここで、ヒントを出しておこう。それは水の元素と強く関連していて、かならず絶対的真実を伝えてくれる。そして、この真実はすべての魂の影の中に潜んでいる。注意が散漫になる直前に、かなら

ず存在しているのは、思考でも、幻想でも、身体感覚でもない。それは感情なのである。頭痛、筋肉痛のような身体的苦痛に襲われたときでさえ、忘れようとしているのは苦痛ではなく、苦痛に伴う感情なのである。しつこく湧き上がる不安や幻や思考の堂々めぐりから注意をそらそうとして、私たちを気晴らしに走らせるのは感情なのである。気晴らしをする前に抱いている感情を意識できるなら、自分や自分の状態に関する有益な情報が手に入るだろう。

現実逃避から抜けだす鍵は、感情とは何であり、水の元素はどんな役割を果たしてくれるのか、そして自分が避けている感情は何で、その理由は何か知ることである。自分が回避行動をしていることをある程度、意識できるようになれば、状況から逃げださず、状況に向き合えるようになる。本書の第二部で学ぶように、感情が伝えてくれるメッセージを解読できるようになれば、知的かつ的確に、感情に対処できるようになる。自分を充実させ、自由に生きていけるようになれば、気晴らしをする必要は自然となくなっていくだろう。

◇依存や気晴らしに共感をもたらす

依存や気晴らしに手を伸ばしてしまうのは、弱い人間だからでも、愚かな人間だからでもない。それは内面に何かひどく不都合なものが存在していることが原因だ。エンパシーの観点から、回避、気晴らし、依存を観察すれば、その原因を明らかにできる。気晴らしをするための物質や習慣が、私たちにとってある種の救いとなっていることに気づけば、そこに引き寄せられてしまう理由も理解できるようになる。

気晴らしに焦点を当てるといっても、別に病気を見つけようとするわけではない。まずは、コーヒーやアルコールや薬物などの依存性がある物質、あるいは現実逃避の行動によって、自分がいったい何をしようとしているかを考えてみよう。張り詰めていた魂に高揚感や一瞬の幸せな静寂感が訪れることこそ、気晴らしと依存に頼る理由である。無意識に行っている気晴らしの習慣を意識するための鍵となるのは、自分がその習慣を必要とする理由（または必要とする時間）に気づくことだ。「意志の力で完全にやめられる」と思うなら、その考えは甘すぎる。何より自分がそれらに手を出してしまう理由をしっかり理解しないことには、気晴らしや依存を止めることなど絶対に無理だ。

例えば、アルコールの性質を考えてみよう。アルコールは身体に水を提供してくれる。魂の中の水の元素のバランスが崩れたとき、一瞬、この液体は流れを取り戻してくれる。そうこうするうち、抑圧された感情が解放され、そこに麻酔がかけられる。あいにく、身体に――水の元素そのものを軽視して――アルコールという偽の液体で水分を補強しても、バランスを取り戻すことはできず、癒やされることもない。

空気や火の元素と同じように、自由に空を駆けめぐる感覚を与えてくれる気晴らしがある。カフェイン、興奮剤などの薬物、過度のネットサーフィン、糖分の過剰摂取、セックス依存、ギャンブル、浪費、万引きといった軽はずみな気晴らしは、不快な感情や身体感覚を取り除いてくれる。日常生活に居心地の悪さを感じている人に、空気の元素が持つ疾走感や火の元素が持つ高揚感を同時に提供しているのだ。興奮剤は活力、輝き、軽快さ、瞬間的な快楽をもたらしてくれる。しかし、いったん、そこに手を出してしまうと、もっと欲しくなる。浮遊感を得るためではなく、朝、目を覚ますだけのために、興奮剤に頼るようになってしまうのだ。これでは四位一体のバランスは崩れてしまう。

興奮剤を使って能力を向上させようとする——脳ドーピングと呼ばれる——現象が、最近では大学やストレスの多い職場に増えている。神経学的な異常がないのにアデロールやリタリンなど注意欠陥障害の治療薬や過眠症を治療する薬アルモダフィニルを服用している人がたくさんいるのである。こうした薬物には、睡眠時間を減らしたり、退屈な仕事（またはギリギリまで先送りしてしまう仕事）に集中力を発揮させる効果がある。ナルコレプシーやADHDなどの治療中なら別だが、それ以外の人がこれらの薬に頼ると、感情や魂の洞察的側面の働きは鈍くなり、身体の正常な睡眠サイクルが乱れてしまう。神経科学の研究から、かつては知的な作業の妨げになるとされていた白日夢が、実際には脳の大部分を活性化し、高い問題解決能力に関連する働きがあることが証明された。しかし、脳ドーピングの常用者は、頭をつねに集中させているために知的能力はかえって衰え、洞察力も鈍くなっているのである。集中力と引き換えに、知性を劣化させているのだ。

私が「麻酔」と呼んでいるのが、鎮痛剤、タバコ、ヘロイン、マリファナ、過剰な読書、テレビや映画の見すぎ、過食である。身体、感情、思考を麻痺させるこうした「麻酔」で、平穏で静かな生活を送ることができる人もいる。苦痛、感情、思考、他人に対するバリアの役割を果たしているのだ。たしかに一種の静寂は得られるが、人為的につくりだされた静寂は、その反動で魂の流れを過剰にするよう仕向ける。

魂に感情の流れがあるのは自然なことだ。しかし麻酔を使って感情を抑圧すれば、麻酔が効かなくなったとき、感情の乱れが以前よりも激しくなってしまう。麻酔が切れたときには、頭は不快な考えでいっぱいになってしまうだろう。喫煙が、この状態をもっとも端的に見て取れる例だ。煙は煙幕――世間へのバリア――となってくれるように見えるが、この偽りの境界（そして喫煙が原因となる身体への害）は、結局、喫煙者自らが境界線を引く力を破壊している。さらに、喫煙者は無防備な魂に麻酔をかけてしまうため、しょっちゅうイライラしてしまい、喫煙がやめられなくなる。

すべての依存や気晴らしは一時的な支えにしかならない。このような手段はすべて、短期的で、副作用があり、長期的には大きな打撃となる。解離状態を目的にした薬物や習慣で一時的に不安をなくすのではなく、心の中に装備されているスキルや能力を利用する方法を学ばなくてはならない。休息し、おいしい食事をし、健康な環境をつくりだす努力をしよう。そのほうが一時しのぎの麻酔剤や興奮剤に頼るよりはるかにいい。

私たちは、気晴らし、依存、回避行動をやめて、健全で、安定した状況を守っていく必要がある。しっかり地に足をつけ、集中することで、それぞれの元素の流れに自然に従う方法を学んでいこう。感情は、人生の多くの流れに取り組むためのエネルギーを与えてくれるだろう。

◇「苦しみの意味に気づいたときに、苦しみはやむ」

感情にきちんと敬意を払うことを学んでいこう。そうすれば、魂のバランスの乱れに気づき、解決に向かうことができる。乱れた状態を理解するまで、（注意散漫にならずに）バランスが乱れた状態を維持することが、解決に向けての重要な一歩となる。哲学者のバールーフ・デ・スピノザは、「苦しんでいる感情も、明確に感情を描きだせば、苦しみであることをやめる」と述べている。この言葉が真実であるとするなら――苦しみの原因を理解することが解決につながるなら――依存や気晴らしで感情的苦しみを取り除こうとしても、実際には苦しみ続ける結果となる。

気晴らしや解離は、苦しみを消してくれる素晴らしい休暇にはなるが、それを習慣にしてしまえば、かえって苦しみに対処できなくなってしまう。スピノザの言うように、「苦しみの意味に気づいたときに、苦しみはやむ」という真実を理解しなければ、ずっと苦しみは続き、手に負えないと諦めてしまい、解放ではなく、ただ生きていくためだけに自分を解離状態にしてくれる薬物や習慣に依存することになる。しかし、心の中心にしっかりと立っていられるなら、変化、混乱や苦痛、感情、そして流れに翻弄されてしまうことはなくなる。思考の流れを観察することは役に立つし、感情の流れを感じ、利用できるようにもなる。

依存、気晴らし、解離などの悪い習慣があっても、自分を恥じることはない。しかし、なぜそんなことをやっているのかを知っておく必要がある。依存や気晴らしの正体をもっと意識すれば、もっとも支援が必要となる領域が明らかになっていく。アルコールに引き寄せられているなら、水の元素がどうすればあなたの魂や人生を強化させられるか、探究してくれるだろう。即効性のある薬物や習慣に引きつけられているなら、精神や霊性があなたの身体や感情にどのように影響しているのか気づけるようになるだろう。薬物に依存しているなら、火の元素の洞察力を利用して、日常生活を立て直していこう。タバコを吸っているなら、怒りを使って健全な境界線を引く方法を考えてみよう。気晴らしのための薬物や習慣について探っていけば、自分が世間でどのように活動するべきか、もっとも癒やしとバランスが必要な領域がどこにあるのか、気づかせてくれるだろう。

◇「苦しみに抵抗しようとすると、苦しみは倍になる」

洞察力に富んだブッダは「苦しみに抵抗しようとすると、苦しみは倍になる」と喝破《かっぱ》している。気晴らししたいと考えるとき、私はこの言葉を、自分自身に繰り返し言い聞かせることにしている。不快な感情にじっと耐えていられるなら、自分をより理解する助けになる。感情に抵抗して、解離や気晴らしに逃げるようなら苦しみ続けることになってしまうのだ。

何をやっても、泣きやまない赤ちゃんを想像してほしい。激しい泣き声を聞いていると悲しくなるし、赤ちゃんといっしょにいるのがつらい。なだめても、まったく効果なし。この苦しみは軽くはならない。服がきつすぎるのか、おむつが濡れているのか、お腹がすいたのか、それとも喉が渇いているのか？　調べてみても、赤ちゃんはますます大声を上げるばかり。しーっと言って黙らせようとしても、抱っこしてあげても、いっこうに泣きやむ気配はない。そこで今度は笑わせることにする。おもちゃが見つかった。ミスター・バニーというウサギの人形だ。まるでダンスするように動かしてみる。「見てごらん、ミスター・バニーだよ！　ほら、逆立ちしながらピョンピョン跳ねている。おかしいね！　バニーといっしょに笑ってみてよ！」。すると、やっと赤ちゃんは笑いだし、お互い気分もよくなっていく。ひどく悩まされてきたが、すっかり落ち着いた。それは重要なことではないか？しかし、赤ちゃんに「ほんとうに悲しいんだね。今、つらい気分でいるんだ」と話せたとしたらどうだろう？　その瞬間に気持ちに寄り添ってあげることができたら、赤ちゃんはずっと早く泣きやんでいただろう。生まれたての赤ちゃんでも、感情を察してあげれば、気を静めてくれる。それが問題の根本を探ることである。泣くという行為は、不快感を意識に移し替えたものだ。赤ちゃんでさえ、その意識の場所から、自分のほんとうの欲求を伝えているのである。

やさしく揺さぶったり、ウサギの人形で遊んであげたりすれば泣きやんではもらえるが、赤ちゃんにとって大切な成長の経験は失われてしまう。少なくとも、何が間違っているのか、赤ちゃんは自分の感情を伝えることができず、自分の不快感と内面の重要な問題とを意識的に結びつけることができなかったはずだ。もっと悪いのは、私たちが自分の水の元素との結びつきにずっと気づけないことだ。すなわち、自身自身の水の元素からさらに遠ざかってしまうのである。ウサギの人形ミスター・バニーを振りまわしているとき、私たちは赤ちゃんの実際の意識を抑え、曖昧にし、今後の人生にきちんと取り組めなくしているのである。

あいにく、人生や文化は人間をそうなるように仕向けている。どこかで困難や苦痛に遭遇した場合、その状況を受け入れ、尊重しようとすることなどめったにない。感情をおもんぱかって、バランスの乱れを理解し、解決に向かおうとはまったくしないのである。代わりに、ウサギの人形を持ちだして不快感を終わらせる。しかし、そんなことをすれば、私たちの苦しみはのちに倍となって返ってくる。自分の心の中の赤ちゃんに気晴らしをさせているにすぎないのである。私たちの文化は、不快感をなんらかの方法で理解するといった作業を、幼いころから禁じてきた。どんなものでも不快感よりはましだと覚え込まされてきたのだ。老いも若きも、金持ちも貧乏人も、誰もが当然のことのように、回避行動を気晴らしの手段として頼りきっている。それが私たちの訓練や文化的なルールにまでなっているのである。

第7章

なぜ、トラウマを再現するのか？

――正しい「通過儀礼」の役割を知る

感情の領域で発生する問題を議論をする際、癒やされないトラウマの影響はけっして避けてはならない。なぜなら、癒やされないトラウマが、私たちの文化に計り知れない損害を及ぼしているからである。あなた自身にトラウマがなかったとしても、両親、きょうだい、配偶者、子ども、教師、友人、同僚など、まわりにはトラウマ・サバイバーがいるはずだ。あなたはおそらく、気晴らしをしたり、感情を否定したり、苦痛を避けたりする方法を彼らから学んできた。だからこそ、本格的に感情の領域について議論する前に、トラウマの問題に取り組む必要がある。トラウマを理解すること、とくにパニック、激怒、絶望、自殺衝動のような激しい感情は、解離性トラウマを受けたあとに発生しやすくなる。トラウマの治療の中で感情の目的を理解しておかなければ、不安を抱き続けることになるだろう。

トラウマの定義は人によって異なるが、実際に目撃したり、経験したりすることでこの傷に気づくものだ。暴行や攻撃の多くはトラウマになるが、外科手術や歯科治療を受けても同じことが起こる可能性がある。愛する人の死に接したり、(あなたがとりわけ繊細な人なら)ほかの人のトラウマを目にしただけで、自分もトラウマになってしまうかもしれない。大切な人があなたに怒鳴ったり、侮辱したり、さらには人前で恥をかかせたりしても、心に傷を受けてしまうことがある。しかし、全員がトラウマに反応するとは限らないし、自力でトラウマを癒やせる人もいる。あなたにトラウマがあるかどうか知るためには、解離、気晴らし、回避行動に走ることなく、自分のすべての感情に取り組めるかどうか調査し、確認することである。多くの癒やされないトラウマ・サバイバーにとって、感情は実際にひじょうに厄介な存在なのである。

◇トラウマの軌跡をたどる

子ども時代にアニマル・セラピーを始めたとき、動物は身体に傷を負うと解離状態になることに気づいた。十代になってから、人間相手のヒーリング療法を施すようになると、性的虐待を(とりわけ子ども時代に)受けた人がトラウマにより、本質的に動物と同じような解離を引き起こすことがわかった。多くの場合、トラウマは人間の心理的境界線を弱め、世間や人とのコミュニケーションを妨げてしまう。従来の療法は、精神的、心理的トラウマには効果的だが、心理的境界線の破壊や解離の傾向にはうまく対処できずにいる。

これまでの人生の中で、私は身体的・感情的虐待(そして外科手術や病気)によりトラウマを受けた人と出会ってきたが、彼らの心の境界線に関する意識は、性的虐待の被害者と重なる部分が多かった。そこから、あらゆる種類のトラウマには、はっきりとした共通点があることが判明した。驚いたことは、私がトラウマ・サバイバーに教えた――グラウンディング（地に足をつける方法）、フォーカシング（焦点を当てる方法）、複数の知能を進んで迎え入れる姿勢、心の境界線を取り戻す方法、感情との交信などの――一連のスキルが、あらゆるケースに適用できることである。解離したり、感情を否定したり、精神が張り詰めたりしている大勢の人たちにも、トラウマの範疇に含めるべきだと感じた。

解離性トラウマを自分なりに定義する際、突然状況に関心を払えなくしてしまう、ある種の刺激も含めることにした。解離を広範囲に及ぶ生存のためのスキルと考えることにしたのである。誰もがトラウマの原因だと感じる状況ばかりでなく、動揺させられたり、打ちのめされたりする日常の状況にも当てはめることにしたのである。さらに私は、トラウマ・サバイバーが周囲の人間に影響を及ぼすことにも気がついた。彼らは友人や家族にも解離や回避行動を引き起こす雰囲気を醸《かも》しだしていたのである。トラウマ・サバイバーの中には、無意識のうちに周囲の人間にトラウマ（感情的、身体的トラウマ）を感染させてしまう人さえいた。時には（不快感を見せたり、回避行動をしたりして）まわりの人間に心を閉ざすだけで、感染する環境をつくりだしていた。解離したり、気晴らしをしたりしている人間は、周囲の人もこのようなうつろな状態にしてしまう傾向があることもわかった。

解離した人間は、心の境界線が希薄になっていることが多く、他人の境界線にも気づかない傾向があり、感情的、社会的に危険な状態にあった。

本の宣伝のために講演やワークショップを実施するツアーで、私は次のような状況を目にしている。

会場に解離した人間がひとりかふたりいると、その部屋の中で解離現象の連鎖反応が始まってしまうのである。もちろん、私の聴衆には、解離状況を理解しているトラウマ・サバイバーが多数いる。だから、私の講演では心の境界線を取り戻し、身体に意識を取り戻すための、即席のエンパシーのエクササイズを実行している。ところが、どんな講演でも、遅れて会場にやってくる人がいる。遅刻者がどれほど静かに入場し、どこの席につこうと、会場全体に影響を与え、参加者に解離状態を波及させていく。せっかく意識を研ぎ澄ませていた人たちの集中力が失われ、うとうとしたり、そわそわしたり、気持ちが高ぶったり、関心がどこかにいってしまったりする。全員がこのような状態に陥るわけではない（心の境界線をしっかり守り、安定して、集中し続けている人もいる）。しかし参加者の半数以上が遅刻者の状態に反応してしまいがちだ。

自分の人生の中で誰といっしょにいると安心し、くつろげるのか考えてみよう――そんな人は地に足がついており、安定感のあることが多い。私が「素晴らしい心理的衛生状態」と呼んでいる雰囲気を醸している人物である。では、あなたを不安にし、苛立たせてしまう人も確認してみよう――このような人はトラウマが癒えず、心が混乱していて、集中力に欠けていることが多い。心理状態が不安定なのだ。彼らは心の境界線がないか、もしくは気にせずに生きていて、人の感情にはまったく無頓着だ。人間関係に悩んでいるため、人と対立するのを極力避けている（逆に過度に対立を引き起こしてしまう場合もある）。誰もが心理状態がよく、穏やかで、安定した人とともに過ごしたいと思うものだ――しかしあらゆる気晴らしの手段があふれている現在、そんな人にはなかなか出会えそうもない。私たちの文化は、魂と身体、精神と感情を区別してきた。その結果、多くの人が、四位一体の状態には至らず、人格を分裂させてしまい、集中力に欠け、心理的衛生状態もよくない。

社会――人種差別、戦争、ジェノサイド、内紛が世界中に起きていることを考えれば、ほとんどの社会――は、癒やされないトラウマや救われない解離状態に満ちあふれている。私たちは注意を散漫にさせてしまう社会に育《はぐく》まれてきた。その結果、ほとんどの人は自分の解離状態を意識できずにいる。魂が解離されていることに気づけなければ、関心を身体に取り戻せることに気づくことはできない。感情に敬意を払い、きちんと耳を傾けることなどできない。精神の力を集中させて健全な状態に戻そうとする気などさらさらないのだ。四元素の中で対立が生まれてくれれば、小突き合いが起きてしまう。虐待など、従来のトラウマの原因となる出来事とは無縁に生きていても、文化に蔓延する気晴らしや解離に磁石のように引き寄せられていく。気晴らし、回避、依存はほとんどの魂、大半の社会の中で重要な推進力となってしまっているのだ。ほとんどの人がなんらかの形で解離状態に陥っている。精神的生活は日常生活から分離され、感情と知性は対立して激しく争っている。その結果、私たちのほとんどはまるでトラウマ・サバイバーのような混乱した状況に陥っている。自分の魂の周囲に境界線をしっかり引かず、集中力に欠けているせいだ――しかし、ずっとこの状況を続ける必要などまったくない。

◇トラウマへの三つの対応

解離性トラウマを抱える人たちには、基本的にふたつの反応があることがわかった。自分自身の心を傷つけてしまうやり方と、他人を傷つけてしまうやり方だ。トラウマ・サバイバーが自身の心を傷つけることで大きなトラウマに対応する場合、ふつう自分の内面にそのトラウマを抑え込もうとする。すると、トラウマとトラウマの後遺症が心の風景の中に定着し、無力感、恐怖、失望感を生みだしてしまう。行動や睡眠の障害、活動過多や活動低下、学習障害、解離現象、慢性病などの身体的・感情的兆候そしてフラッシュバックなどが現れてくる。このような兆候は依存や強迫観念、共依存、嘔吐、虐待関係を高進させてしまう。多くのトラウマ・サバイバーは自分が最初に受けた心の傷をいつまでもスローモーションで再生しながら過ごしがちになる（私自身がまさにこの状態に陥っていた）。これでは失望ばかりで、何をやってもうまくいかない人生を送るはめになる。

ふたつ目の反応は、最初の反応とは真逆で、他人にトラウマをなすりつけようとする——トラウマになる行動やその危ない影響から逃れるため、トラウマで受けた傷を他人に転嫁する方法である。他人にトラウマを与えようとする人間は——自身でトラウマを受け入れてしまう人間と同様に——無力感、恐怖、絶望感を味わっている。しかし、こちらの反応は苦痛をしっかり自分で受け止めず、自分を抑えようとする気はさらさらない。むしろ、自分の苦痛を軽減し、抑えるために、他人に苦しみを押しつけるのである。このような人物は被害者から加害者に変身してしまう。最初の傷によって奪われてしまった尊厳を取り戻すためだ。私に性的虐待を加えた隣人は、すべての性犯罪者と同様に、この反応を示していたことは間違いない。その残酷さは、自分の癒やされないトラウマからじかに生みだされた学習行動なのである。私も子どものころ、すぐにカッとなって友人や家族に難癖をつけ、あとで惨めな気持ちになったものだ。しかし、そんなことをしてもまったく解決にはならず、トラウマはますますひどくなっていった。

覚えておいてほしいのは、このようなふたつの――抑圧と表出という――反応は、ほとんどの人間が感情にたいして選ぶのと同じ対応であることだ。トラウマを自分の内面に押し込む抑圧的反応と他人に責任をかぶせる表出反応である。しかし、どちらの対応もトラウマの解決にはならないし、癒やされることはない。抑圧するとは、記憶、感情、洞察、恐怖を無意識の中に押し込んでしまうことだ。この事実をしっかり意識しておかなければ、不快な記憶はますます激しくなるばかりだ。一方、トラウマを表出するのは、不快な記憶を他人の魂に投げだしてしまうことだ。しかし、感情をさらけだしても、苦しみは収まることもないし、癒やされることにもならない。虐待の被害者には残酷な世界と自我意識の崩壊の道が確実に訪れてしまう。このような抑圧や表出といった行動が、トラウマ・サバイバーの感情的スキルに影響を及ぼしているのだ。

トラウマになった出来事を抑圧しようとすると、自分の感情も抑圧してしまいがちになる。抑圧は記憶、認識、感情を無理やり無意識や潜在意識の領域に移し替えるだけなので、心の中で虐待の環境がつくりだされてしまう。このように抑圧されたトラウマは、しつこく残り続ける。なぜなら、意識や明確さで解決することは絶対にないため、トラウマの苦しみが癒えないのだ。「苦しみの意味に気づいたとき苦しみはやむ」というスピノザの言葉を思い出してもらいたい。苦しみに目を向けなければ、同じ状況がいつまでも続いてしまう。苦しみの姿がはっきりと見えてこないせいだ。抑圧する人間の魂は、汚《けが》された感情、届けられない思考、無視された苦痛や感覚、救われない苦悶で埋め尽くされる。その結果、解離状態、気晴らし、依存、回避行動を求めてしまうのである。

トラウマとなる材料を表に出して、他人にその責任をなすりつけようとすると、感情は爆発しがちになる。感情をむきだしにする人間は、自分の感情、記憶、振る舞いを自分の人生の中で出会うすべての人々に投げつけることで、外部に虐待的環境をつくりだしてしまう。周囲の人たちを傷つけ、そのせいで自分の魂も健全さを完全に失ってしまうのだ。この表出型の人間は無力で、心も穏やかでいられず、この状況に目をつむってしまう。むしろ、まわりのすべての人間を苦しめるという最悪の手段を使って、自分のトラウマをずっと引きずってしまう。このような魂の状態でも、解離、気晴らし、依存、回避行動を求めてしまう。

犯罪者がこのようなトラウマの表出者であるのは間違いないが、抑圧型の人間もやはり騒動を引き起こしがちになる。抑圧者は、表出者ほど周囲の人に目立った被害を与えることはない。しかし、心の中が激しく動揺しているので、他人と円滑な関係を築くことはできない。トラウマをずっと抑えておくことばかり気にしてしまうため、人間関係はうまくいかない。結局、内面に破たんが現れ、人生と人間関係にたいしてしっかりした意識が持てなくなる。どちらのトラウマ対処法を選択したとしても、健全で、意識的に生活するために必要な集中力は失われてしまい、心の境界線はほとんど無防備な状態になり、心理的衛生状態はひどく悪化していく。

トラウマによる荒廃が私たちの周囲をぐるりと取り巻いているのに、私たちはトラウマについてきちんと考えようとはしない。たしかに、トラウマを解消するために、何百もの治療、システム、薬、解離などが実施されている。しかし、これまで説明してきたふたつの反応とは異なる第三の対応策を、立ち止まって考えることはないのである。

トラウマへの第三の対応策として、本書では意識的に魂の内部に踏み込み、感情、思考、想像、感覚を深く掘り下げて、トラウマに注意を向けていく。それは私が過去四十年間、努力し、取り組んできた方法だ。

◇トラウマの社会的側面

解離はごくありふれた生存のためのスキルにほかならない。私たちは注意をそらしたり、問題を回避したりして、毎日、解離状態を経験している——これはまったく正常な行為だ。ほんとうの問題は、衝撃的な出来事に襲われたのち、再び日常に戻れず、魂のバランスが取り戻せなくなったときに生じる。トラウマ自体がほんとうの問題ではない。なぜなら、人生においてトラウマは避けられない現実だからだ。世の中では、突然、樹木が倒れてきたり、虫歯ができたり、ストレスを感じたり、乱暴なドライバーがいたり、誰かが叫んだり、変質者がうろついていたりする。危険はいたるところに潜んでいるのだ。問題は危険であることでも、解離状態になることでもない。危険が去ったあと、本来の自分に戻る力が失われてしまうことなのだ。健全な魂を取り戻してこそ、人間は回復できる。しかし、安定した土台を築いていなければ、回復は望めないのである。

トラウマには破壊的な性質が備わっていることは間違いない。それなのになぜ大多数の人がトラウマにしがみついたり、(言葉や行動で) 他人にトラウマを与えようとするのだろう? 解離行動が野火のように聴衆や群衆に広まっていくのはなぜなのか? このような疑問から、私は地と水の元素を尊重する道教や土着の信仰の研究に向かうことになったのである。

私は部族社会の知恵、神話学、ユング派の神話や夢の解釈、トラウマの治癒訓練など、あらゆることを研究した。そうするうちに、神話学者マイケル・ミードの言葉にたどり着いた。それは、「性的虐待によるトラウマは、悪い時期に、悪人により、誤った方法、よこしまな意図で、関係のない人間にたいして行われた、あってはならない出来事だったとしても、イニシエーション（通過儀礼）の役割を果たしている」というものだ。子ども時代の性的虐待によるトラウマは、部族の通過儀礼と同じように正常な世界から隔離され、もう以前の自分には戻れない傷となってしまう。しかし、私が講演会場で気づいたとおり、あらゆるトラウマは本質的に性的虐待を受けた場合と同じく、魂の内部に困難な状況をつくりだす。つまり、すべてのトラウマは通過儀礼とみなすことができる。やがて私の関心は、トラウマではなく通過儀礼の理解へと移っていった。

◇闇の世界に向かう旅──日常に戻る旅

神話学者のマイケル・ミードは部族社会の通過儀礼で行われる三つの段階を説明している。

1．住み慣れた世界から自分を孤立させること。
2．厳しい試練を経験し、一瞬死ぬような思いを味わわせること。
3．通過儀礼を経験した人間として認められ、もとの世界に歓迎されながら戻ってくること。

部族社会の多くは、人間の成長や人生の転機をすべて理解し、監視できる儀式を行っている。物語や伝説、ダンスや音楽、芸術や文化が自分は部族の一員であるという意識を育んでくれる。部族社会において通過儀礼は、重要な人生の節目を記す儀礼なのである。

そして、子ども時代に受けたトラウマも、ある意味で、無意識のうちに実施された通過儀礼と言える――宗教または儀式的な体験ではないが、実際の通過儀礼の最初のふたつの段階と類似の体験をするからだ。通過儀礼の段階（そしてトラウマの出来事が通過儀礼に類似している点）を理解すれば、トラウマが魂、文化、そして社会学的に言えば人類にたいして行っている意味をさらに深く知る手掛かりになるだろう。

第一段階　見慣れた世界からの分離

部族社会の通過儀礼における第一段階は、両親や部族の日常のパターンを、計画的に排除してしまうことである。部族の子どもたちは通過儀礼が義務づけられている。子どもと家族はそのための準備をし、人生の中でその儀式がどのように行われるのかあらかじめわかっている。しかし、トラウマの第一段階は、そのような準備などなく、日常の暮らしが、突然、衝撃的に、まったく予測せぬうちに奪われてしまうのだ。見知らぬ人間が近づいてきたり、愛していた人に裏切られたり、つらい治療を施す医師が近づいてきたりする。こうした最悪の事態が生じることで、トラウマが開始される。

第二段階　死にそうになる

部族社会での通過犠牲の第二段階は、原野を放浪させたり、儀式的に身体を傷つけたり、一人旅をさせたりといった、あらかじめ計画された試練である。そこには苦痛や恐怖の要素が含まれているが、部族そして儀式を管理する大人によって準備された式次第が存在している。放浪の旅に送りだしたあとでも、子どもを追跡してくれるたくさんの大人がおり、旅は部族の土地で実施される。身体を傷つけたり、装飾を施したりするのは専門知識を持つ大人である。これ以外の特徴と言えば、この試練にははっきりした終わりがあることだ。通過儀礼を体験する子どもは、それがどの程度厳しい試練なのか気づいている。一方、トラウマの場合、試練は計画的に行われるわけではなく、終わりがあるという保証はない。トラウマの第二段階は、自分にはどうすることもできない攻撃を受けた瞬間に開始される。トラウマによる死を垣間見る状況には、きちんとした枠組みもなく、安全な出口もなく、祖先からの指導もない。そこには明白なゴールは存在していない。

第三段階　通過儀礼を行った人間を喜んで迎え入れる

部族社会の通過儀礼の第三段階は、祝福である。通過儀礼を終了した者は、部族の新しい、貴重な一員として歓迎され、以前とは違う人間として戻ってくるのだ。期待されていること、そしてこれから背負う責任も以前とは変わっていく。こうして、新しい人生がスタートする。悲しいことに、トラウマの場合には、第三段階は存在しない。トラウマを受けた人間は、日常に戻っても、歓迎されることはない。トラウマとなる通過儀礼はふつう密かに行われ、それは家族や近隣者だけの秘密になってしまう。死を匂わせる試練を生き延び、新しい存在として以前とは違う状況で戻ってこられるトラウマ・サバイバーはひとりもいない。突然、子ども時代と日常生活から切り離されたという認識はなく、言うまでもなく祝福などされるはずはない。

トラウマ・サバイバーには、意識的に通過儀礼を行い、社会の一員になるための方法など存在しない。第三段階を開始しなければ（部族であれ、トラウマであれ）儀礼の参加者は宙ぶらりんの状態のままで社会に放りだされてしまう。それがあらゆる通過儀礼には第三段階が決定的に重要な理由である。この段階を終了しなければ、通過儀礼や儀礼の参加者は未完成の状態のままである。そうなってしまえば、部族社会をきちんと運営することはできなくなる。

第三段階が起こらなかった場合

部族社会の通過儀礼は、未完の場合、もう一度儀式をやり直すことになるだろう。きちんと儀式を終えれば、盛大な歓迎が持っている。一方、トラウマがまったく解消されないままで、通過儀礼が行われている現代の文化では、魂が内面世界でトラウマを抑圧したり、他人に責任を転嫁したりして、通過儀礼の第一段階と第二段階が繰り返されている。魂が第三段階に移る決意を固めるまで、第一段階と第二段階を行ったり来たりせざるを得なくなり、トラウマを抑圧するとＰＴＳＤ（心的外傷後ストレス障害）を発症し、これが他人への虐待や犯罪として表出することもある。

現代社会の中で、セラピーグループや回復支援グループだけが、かろうじて苦しみを喜んで迎え入れ、トラウマ・サバイバーの混乱に気づいてくれる場かもしれない。立ち上がって「こんにちは、僕の名はボブで、アルコール依存症です」とみんなの前で発言すれば、自分が正直なことを部屋にいる全員に告白できる。そうすることで、自分を誇らしく思えるかもしれない。しかし、これで大きな社会の中で尊敬される市民として歓迎されることはない。あくまで仲間内に限られた誇りなのである。

トラウマを乗り越えて生き延びていくのは重要なことだが、魂の第三段階の定義を満たしたことにはならない。

◇トラウマを越えて帰還する場所

（いつ何が、どのように起きたとしても）トラウマに立ち向かうだけの意思があるなら、トラウマの中心にある傷を明らかにすることができる。健全な魂を取り戻すためにまずやらなくてはいけないのは、バラバラになっていた元素や知能を再びまとめ上げることである（これから本書で、具体的な方法を学んでいこう）。このような統合作業は、第三段階に向かうための素晴らしい道を切り拓いてくれる、歓迎すべきことだ。あなたの心の中にある村（魂）の荒廃から復興すれば、トラウマが残した記憶にしっかり儀式的に取り組むことができる。なぜなら、周囲を広く見渡せるワシのような目を持つことで、状況の大要をつかめるからである。トラウマを意識して再び向き合えるようになれば、ほんとうの癒やしが実現する。意識にしっかり目を向けることが、苦しみを終了する鍵だからである。洞察力や複数の知能を利用して、トラウマの源を探っていくと――トラウマの文化ばかりでなく、人類の歴史全体の――時間や文化の流れを垣間見ることのできる、名誉ある場所に立つことができる。魂が再び統合され、すべての元素と知能を取り戻せれば、トラウマの傷は消えていき、健全な魂がよみがえる道が切り拓かれる。

昔ながらの部族社会から離れたとき、人間は個人として自由に生きるようになり、儀式や通過儀礼という重要な魂のルールは忘れられた。しかし、健全で意識的な個人に成長するためには、相変わらず私たちの魂は通過儀礼を経なくてはならないのだ。私たちは火の元素の神話や物語を忘れている。厳しい試練の必要性は隅に追いやられ、影に隠されてしまう。通過儀礼の神聖な第一と第二の段階の記憶は忘れられている。ところが、この最初のふたつの段階の必要性はけっして消え去ることはない。

通過儀礼は強制的に実施される儀礼である。なぜなら、それが一人前の成人になるためには、避けては通れない道だからだ。この事実に気づかなければ、トラウマは救いようのない苦しみを生んでしまう。私たちは記憶、トラウマ、感覚、身体、感情そして人生から逃げだしている。そして、トラウマの記憶や行動を、知識や宗教の力だけを借りて、なんとしても隠そうとしている――しかし、けっして隠すことはできない。第一と第二の段階は、第三段階に移行されなければ、何度も繰り返されることになる。解離状態を解いてしまわなければ、第三段階に移行することはできない。しかし、自分に元素や能力を一斉に取り戻し、統合することができたなら、魂は第三段階に移行する準備を整えてくれる。

この統合に向けての動きが現れると、トラウマにとっての中心的問題に取り組めるようになる。そして、驚いたことに、その問題とは悲惨な出来事から生まれた苦痛や恐怖ではなく、第三段階に移れないために長引いている無力感や注意散漫なのである。トラウマを多くの文化・民族に共通する現象ではなく個人の悲劇とみなし、ＰＴＳＤによる行動が（自然の反応というより）病的な反応として扱われるとき、魂にトラウマを受け入れるのは難しくなってしまう。トラウマ・サバイバーには、混乱を減らし、もっと機敏に振る舞えるようになるための手段がたくさんあるが、ほんとうの癒やしを実現するには、身体と霊性が自由に交流できる態勢を魂が整えておかねばならない。そして、複数の知能とすべての感情を進んで受け入れて、敬意を払う必要もある。内面のバランスを取り戻したとき、第三段階にしっかり歩んでいくことができるのである。

こうして魂が再び統合されると、気晴らし、回避、依存、解離へと向かっていた反射反応はもはや消えていく。そのため、心の中の世界では思考が明晰になり、感情に敬意が払われて交信が可能となる。感情が魂に素晴らしい、安定したエネルギーを送れるようになると、トラウマに関する重要な情報が現れてくる。魂にこのような統合が完成すると、身体も目覚めていく。この統合の過程で記憶、能力、知識がよみがえり、一方、感情は身体が意識している苦痛、兆候、行動を救出し、改善できるようにしてくれる。この健全かつ流れのある環境の中で、論理的知能は空気の元素の持つ素晴らしい力を提供し、癒やしや心理学の研究を実施できるようにし、霊的な洞察力、感情的な衝動、身体的な感覚を目覚めさせていく。トラウマを歴史的、文化的な観点からも理解できるようになるだろう。このような力を総動員して、洞察力はトラウマばかりでなく、トラウマを癒やすのに役立つ感情、思考、身体感覚を生んでいく。適切に元素と知能が融合されることで、魂はバランスと回復力を取り戻せるのである。

魂の統合によってトラウマを癒やせば、私たちはまさしく魂と深くかかわれるようになり、混乱する社会について理解できるようになる。健全な状態が回復されると、今までトラウマから逃れるための回避、気晴らし、解離を自分の人生の基盤にしてしまっていたこともわかっていく。こうして（感情を抑圧したり、表出するのはやめて）トラウマの本質がつかめるようになるのだ。そして、意識的にトラウマと交信して、ほとんどの人生や社会の根本となってしまった解離についての理解も深まり、解離された状態にたいして自分がどのような役割を果たせばいいのか判断できるようになる。これは無意識のままで生きるのをやめて、立派な市民として名誉ある地位を占める決断を下すときなのだ。

困難な状況を深く掘り下げて、第三段階に移っていくことで、最終的に自分の苦しみを理解できるようになる。そうすることで——自分にも他人にたいしても——苦しみに終止符が打たれる。トラウマに意識的に取り組むことを、私は「魂を鍛えるための旅」と呼んでいる。なぜなら、知能と能力をきちんと身につけたうえで、自分の受けた傷を深く探っていけるようになれば、私たちは機知に富んだ魂の戦士となれるからである。第三段階という神聖な土地に立てば、トラウマをはるかに鮮明に理解できるようになる。抑圧や表出という手段を使って、トラウマを繰り返してしまう愚かな過ちを改めよう。自分を惨めな被害者と考えるのをやめて、社会的、政治的正義を求め、トラウマとトラウマの後遺症を意識してみることだ。

◇「最後は素敵になるだろう」

フランスの作家ジャン・ジュネは、トラウマ・サバイバーのひとりだった。彼は自分自身のPTSDの痛ましい体験を自叙伝『泥棒日記』（新潮社）で書いたが、その中で第三段階である癒やしの過程について核心をついたことを語っている。「行動は完成するまでやり遂げなくてはいけない。出発点がなんであれ、最後は素晴らしい結末となるだろう」。救いようのない憂鬱なトラウマの第一と第二の段階を無意識のうちに繰り返していると、私たちの行動はいつまでたっても下劣なままになってしまう——それは自分が下劣な人間だったり、下劣な人生を送っているからではなく、完成に向かって自分を動かそうとしないからだ。第三段階の存在に気づかなければ、トラウマは下劣なこととしか映らない。

私は多くのトラウマ治癒法を観察してきた。しかし、いかに善意で施された療法であっても、それはひどく簡略化されたものなのだ。トラウマ治療者の多くは、記憶からトラウマを消し去るテクニックを用いている。そこには呼吸法、整体、眼球運動、催眠術、タッピングなどがあり、過去の感情をすっかり消し去るまで、トラウマ・サバイバーの記憶を繰り返させる麻痺的なテクニックである。たしかに、このような〝消去テクニック〟は優れた効果を上げてはいる。ただしそれは、泣き叫ぶ赤ちゃんを、ウサギの人形であやすのと同じ手口である。感情を消し去る治療では、あいにく、才能を磨くことにも、魂を鍛えることにもならない。

ほとんどの人には、徹底した消去テクニックは必要ではない。私もこのテクニックに関心を抱いたことはあるが、最悪のケースを除き、お勧めはしない。消去テクニックの多くは実際に役に立ち、トラウマの記憶を消してくれるが、魂は相変わらず不安定な状態に置かれてしまう。なぜなら、第一と第二の段階を除去することで、第三段階にたどり着けなくしてしまう対症療法であり、ほんとうに健全な魂を養うことを避けているからである。

健全な魂をつくることが、解離性トラウマを治癒するための第一歩だ。しかし、実際に最初の傷に関連する記憶や感覚を浮かべたり、消したりする役目を果たしているのは感情だ。そして、第三段階に私たちを案内してくれるのも感情なのである。感情の助けを借りて、私たちは人間文化の問題点――そして美しさ――を直感的に理解する重要な旅に向かうことができる。

第8章

感情の力でトラウマを解決する

――「許し」では傷を癒やせない

感情は私たちに、困難な状況にあると警告を発してくれる。意識して耳を傾ければ、感情は想像できるあらゆる困難に向き合い、そこから脱出するのに必要な情報を提供してくれるだろう。警告に落ち着いて反応できるようにすれば、魂がもっとも重要な言葉を告げてくれる。こうして感情の助けを借りて、あらゆる状況、問題、トラウマに対して適切な対処ができるようになる。

道教には次のような素晴らしい言葉がある。「栄光とはけっして失敗しないことではなく、失敗するたびに立ち上がっていくことだ」と。すべてのことが完璧で、混乱などまったくないときだけしか人生が輝かないとするなら、現実の世界の中でうまくいくことはまずない。混乱に巻き込まれてしまえば、深く傷つくことになるだろう。だから人生に勇敢に立ち向かおうとするなら、魂を健全な状態にしておかなくてはいけない。私たちは穏やかな感情ばかりでなく、あらゆる種類の感情を利用できるようにしなければならないのだ。

◇怒りと恐怖の復活

気晴らし、回避行動、依存、トラウマによる解離を治癒しようとするとき、最初に生まれてくる感情は怒りと恐怖である。このふたつの感情は病的なものとみなされてきたが、それは大きな間違いだ。なぜなら、どちらも魂に健全さを取り戻す過程に不可欠な感情だからである。怒りはトラウマの間（そして気晴らしや解離のあとに）失われていた心の境界線を回復し、本能に集中力や直感を与えてくれる。怒りと恐怖は、直感的で快活な素晴らしい魂を取り戻すための武器だ。激怒、憤激、憎悪、嫉妬、無関心《アパシー》、羞恥心など、それがどのような形であれ、怒りが湧いてきたとき、それは本来の治癒が開始される合図である。そして、怒りと交信する作業は、魂のまわりに境界線を取り戻し、癒やしをもたらす神聖な儀式空間をつくりだしてくれる。

52ページで紹介したエンパシーの基本エクササイズを行ったときに、自然に生まれてくる恐怖の感情は、直感や本能が集中している兆候である。恐怖、心配、不安、混乱、パニックが生まれてきたなら、新しい本能が魂の中に流れだしている合図である。恐怖という感情と交信するのは、集中、回復、創造、直感を意識的に働かす作業だ。一般には嫌われる感情であるパニックでさえ、トラウマを解決するためにはきわめて重要な役割を果たしてくれる。パニックが現れるのは、通過儀礼の第一段階である。この過激な感情を進んで受け入れ、交信すれば、その膨大なエネルギーの蓄積を利用して、第一と第二の段階の絶望的な繰り返しを終わらせることができるだろう。怒りや恐怖は、どのような形で現れるにしろ、健全な魂の中で喜んで交信すれば、第三段階へ向けて本格的に始動できるようにしてくれる。心の境界線を取り戻し、本能が本来の力を再び発揮できるようになれば、私が「ジャッキー・

チェン・エネルギー」と命名する驚くべき強力な（そしてユーモアも秘めた）才能が目覚めていき、魂の中の厄介な状況も一掃してくれる。怒りが再びきちんと働くようになれば、怒り以外の感情も神聖な治癒作業を始めてくれるだろう。

悲しみという感情は、絶望、落胆、失望などいずれの状態であれ、もう役に立たない執着を捨て去り、すっきりして元気を取り戻す手助けとなる。抑うつは、失われていたり、酷使されたりしている自分の側面を浮き彫りにし、警告してくれる。悲嘆は深刻な喪失を被った場合に現れ、魂のもっとも深い水域に導いてくれる。その深部を通り抜けることで健全な魂が再生されていくのだ。恥辱や罪の意識は、境界線が（コントロールできない行動や、破滅的な人間関係などのせいで）侵されていることを指摘し、この違反行為をきっぱりと否定してくれる。怒りや恐怖の力で回復し、元素と知能が統合された魂の中では、仮に自殺衝動が起きたとしても、自らの状況を明らかにして、衝動に抗い、魂を苦しみから救ってくれる。

元来、それぞれの感情は魂のバランスの崩れた部分に信号を送ってくれる。私たちがそれに応じて適切に交信すれば、感情はバランスの乱れを修正するのに必要な情報や力を提供し、魂を癒やしてくれるだろう。癒やされたなら、すべての感情は機能していく。感情をきちんと受け入れ、そこから送られてきたメッセージを適切な手段を使って解釈できたなら、感情はもはや危険なものではなくなる。ほんとうの癒やしや気づきを実現してくれる輝かしいエネルギーに変換されるのだ。

問題は、怒りと恐怖が人間にとって「よくない感情」と思われていることだ。抑圧したり、表出するだけなら、怒りが嫌われても仕方がないかもしれない。どちらの感情も激しい混乱を起こし、誰もが嫌な思いをするので、陰に追い払わざるを得なくなる。しかし、魂がきちんと目覚め、感情と適切に交信する手段に気づければ、怒りと恐怖は癒やしの力へと逆転する。トラウマがずっと繰り返されている間は、少しの間、立ち止まって、怒りと交信することに意識を集中させることが重要である。「何があっても怒ってはいけない」という考えがある。しかし、解離性トラウマや回避行動を治したい人にとって、このような考えは大きなマイナスになってしまう。怒りの持つ癒やしの作用はほとんど忘れられており、このような無知が私たちを危険にさらしてしまうのである。自然に生まれてくる怒りは、自分や他人の心に境界線を引いたり、維持したり、取り戻したりするのに役立つ。解離したり、注意散漫になったりする人たちは、境界線が壊れやすくなっている。だからこそ、癒やしのプロセスでは、怒りが取り戻してくれる心の境界線をきちんとつくることが有効なのである。怒っている人に、「感情を抑えて、もっと穏やかに振る舞いなさい」と命じるのは、「自分の心の境界線を破壊したままでいなさい」とアドバイスしているようなものだ。そんなことをすれば、正当な理由で怒っている人間にとって害になるだけだ。

◇怒りと許しの複雑な関係

怒りが厄介なのは、この感情を陰に追いやり、その対極と思われている「許し」を称賛するように仕向けられることである。許すことは怒ることよりはるかに優れたもののように思えてしまう（怒りが抑圧するか、表出するかのどちらかにすぎないなら、そうも言えるだろう）。しかし、許しは人をトラウマの最初の二段階の中に閉じ込めてしまう。敬意を払って怒りに取り組まなければ、第三段階に移ることができないのは、神聖な動きを始めるのに必要な境界線が失われているからである。許しは素晴らしく、必要な行為ではあるが、誠実な心からの許しでなければ意味はない。

一般に、怒りと許しの間の関係を簡単に言えば、怒りは悪くて、許しは良いとなる。しかし、この考えはあまりにも単純すぎる。トラウマの原因をつくった相手を許すなら素晴らしい人間で、怒ったままなら悪い人間にされてしまう。許して水に流してしまえば癒やされるが、ずっと怒ったままでいれば病気になるといった具合に、許しと怒りは――善か悪か、白か黒かといった――対立した力だと思われている。しかし、健全な魂の目から怒りと許しの間の関係を眺めれば、それほど単純ではないことがわかるだろう。怒りと許しは、癒やしの過程では（しばしば同時に）一体となって取り組まれている。対立していると思われている怒りと許しは、実際には第三段階の旅に出掛けるときにはまったく対等のパートナーとなる。どちらも役割を持っていて、互いの助けがなければ前に進むことはできないのである。

魂が統合されて、健全な状態になっていれば、怒りは「心の境界線が侵されている」と警告してくれるだろう。怒りと交信することができれば、誰も傷つけることなく心の境界線と自尊心を取り返すことができる。自分を傷つけた人間や状況も許せるようになるのは、第三段階に移っていける態勢が整ったからだ。心の傷を認識し、感情の反応に取り組めたなら、魂は完全に回復していくことだろう。他人を変えることはできないかもしれないし、状況も変化しないかもしれないが、あなた自身は変わっていける。第一段階と第二段階の怒りの循環を終わらせることができれば、ほんとうに許せる新しい立場に移っていける。しかし、自分の境界線を取り戻せないのに許そうとしてもうまくはいかず、魂の中にぽっかりあいた穴の周囲をうろうろ歩きまわることになる。通過儀礼の最初の二段階に足止めされてしまうのだ。魂の規則は明白だ。第三段階に移らないかぎり、第一段階と第二段階の堂々めぐりを繰り返すしかないのである。

許しは感情ではないし、感情の代わりにもなれない。許しとは感情の作業をきちんと終え、健全な魂を回復した自分が下す決断である。感情が意識的に第一段階と第二段階を通過するまでは、許せるようにはなれない。なぜなら、エネルギー、記憶、バランスの乱れを意識させてくれる魂の中の唯一の要素が感情だからである。苦痛は身体の中にあり、その苦痛を呼び覚ましてくれるのは精神かもしれないが、苦痛をどのように「感じている」のか気がつかなければ、苦痛の正体を見抜くことはできない。あなたの苦しみが（通常のトラウマと同じように）無意識の層のかなり深い部分に押し込まれているとするなら、その苦しみを追い払うことができるのは緊迫感を持つ強力な感情だけなのである。したがって、第三段階の中で利用できるほんとうの許しを生みだすためには、一般的な怒りばかりでなく、激怒、憤怒といった強烈な怒りが必要となる場合も少なくない。さらには、恐怖ばかりでなく、パニックや驚愕などの激しい恐怖を、あるいは悲しみばかりでなく絶望や自殺衝動まで動員しなくてはいけないかもしれない。ほんとうの許しは取りすました、お上品な行為とは違う――それは直感的で、ひじょうに感情的な目覚めなのである。本質的に、それは死からの生還である。許しのほんとうの基盤は、死から生に帰還する際の、不快で、騒々しく、鞭で打たれるような営みで築かれる。

ほんとうに許すには、「君にとっては都合がいいことでも、僕には嫌なんだ」と言って、自分が傷ついていることを相手に気づかせる必要がある。非難して、自分が傷ついていることを知らせなくてはいけない。もう嘘はいけない。「自分を傷つけるのはこれでおしまいだ！　私は自由だ。もう誰も自分の人生の邪魔をさせないぞ」と宣言しよう。ほんとうの癒やしは、苦しみや苦しめてくる人間から自分を完全に切り離していくプロセスである。そうするには、境界線を取り戻してくれる怒りの力を正しく使うことが重要であり、そうしなければいけない。怒りの力で境界線を回復できれば、許しはごく簡単にできる。自尊心をしっかりと取り戻したあとに、自ずと許せるようになるのだ。怒りと許しは対立関係にはなく、魂を癒やすために協力して働いてくれる対等のパートナーである。

いわゆる「許せる人」になれば人格者にも聖人にも見えるが、内面にはひどい悪影響が及ぶ。通過儀礼の第一と第二の段階で無意識に許してしまうとき、ふたつのことが行われている。ひとつは他人の行動を許してしまうと、自分の痛みを意識し、表現する能力が鈍くなる。ふたつ目は、最初に受けた傷にたいする意識が奪われてしまうことだ。傷にしっかり対処する前に許すことは、許しの過程を簡略にすませる行為にほかならない。痛みは地下に潜ってしまい、症状はますます悪化する。

例えば、まだ通過儀礼の第一と第二の段階なのに、自分を傷つけた父親を許したなら、その後、すべての権威ある人間に不信感を抱くようになってしまう。逆に父親と同じように振る舞う人間と親しい関係になる場合もある。私はそんなケースを何度も見てきた。父親からの怒りの感情を容易に手放すと、その怒りは野放しの状態で自分の魂や世間に向けられてしまう。第三段階に移る前にわだかまりを抱えていた祖母を許した人を知っているが、その後、成熟した女性のあらゆる身振りを嫌悪するか、祖母と雰囲気が似た人と親しくなったり、いっしょに仕事をしたりしていた。祖母を許すことで多少気持ちは軽くなったが、行き場のない感情のためにひどく傷ついてしまったケースだ。最初の経験から受けたこのような影響をずっと引きずってしまうと、実際に自分を傷つけた人間から人為的に目をそむけることになる（または、その正反対に引きつけられる状況になる）。すると、現実の感情と自分が抱いている傷との間のつながりを失い、自分の人生や文化の中にその感情を暴走させることになり、かえって傷を深くしてしまうのだ。

ほんとうに許すには、境界線を引くことで怒りと直感力を取り戻してくれる恐怖の助けを借りて、第一段階の通過儀礼の瞬間（感覚や感情）を再現することだ。怒りも恐怖も私たちの不均衡な状態を通り抜けることで、理解へと向かい、祝福された解決へと導くエネルギーとなるのだ。激しい感情に向き合い、（感情を抑圧したり、爆発させたりするのではなく、感情が訴えてくる言葉に気づき、交信することで）、集中力とバランスを取り戻していく。感情の助けを借りることで、私たちの傷は永遠の悲劇ではなく、回復力へとつながる特別な扉になる。感情と適切に交信するとは、誠実な魂を築き上げることでもある。魂のバランスを取り戻したとき、ごく自然に人を許せるようになっていく。

ほんとうの許しには近道もなければ、魔術もなく、道案内すらない。許しの旅はつらいことも多い。しかし、ほんとうに許せるようになれば、私たちは解放され、意識的に前進していける。それには、魂が身体、複数の知能、洞察力、感情といったあらゆる要素を自由に働かせることができる状況が必要になる。ほんとうの許しは真の怒り、真の失望、真の恐怖といった誠実な感情が現れなければ、実現されることはない。怒りと許しは苦々しく争う敵ではない。このふたつは十分な癒やしと誠実な魂の回復を実現するためにはなくてはならない側面である。感情という手段を使わなくては、この癒やしと回復の旅を成し遂げることはできないのである。

第9章

愛は感情ではない
——感情によく似た感情より深い約束

次章で、エンパシー能力を学ぶための四つのスキルを紹介していく。しかし、その前に、感情ではないものを調べることで、感情にとってのエンパシーの意味を理解してもらいたい。その調査の対象は愛情である。

健全な状態であれば、感情は必要なときにしか浮かんでこない。感情は環境に応じて変わっていき、問題がいったん処理されると、自然に消滅する。愛が健全である場合、感情のようなことは起こらない。感情が永遠に繰り返され、まったく同じ強さで何度も現れてくるとすれば、それは感情のどこかが故障している証拠である。しかし、真実の愛情は一生、いや死んだあとも、永遠に変わることはない固い誓いだ。愛は感情に応えて増えたり、減ったりすることはない。風向きに合わせて、自分の方向を変えることはない。愛は感情ではなく、感情と同じように振る舞うことはない。真実の愛はほかと比べることはできないものだ。

愛と同じだとみなされるもの——あこがれ、身体的愛着、共有する趣味、欲望、切望、肉欲、投影、依存性の循環、情熱など――は、感情のように動き、変化し、揺らぐものであり、愛とは呼べないものだ。愛とはまったく揺らぐことなく、感情にはまったく左右されない。ほんとうの愛は、自由に流れていくあらゆる感情や、気分のむら、荒れ狂う急流のような恐怖、激怒、憎悪、羞恥心など、すべての感情を経験することはできても、愛それ自体は流れてしまうことはない。愛する人への敬意はずっと変わることはなく、恐怖や怒りをはじめとするあらゆる感情と対立するものでもない。愛はそれよりはるかに深いものなのだ。

人によっては愛は単なる崇拝にほかならない。すなわち、シャドー（201ページ参照）の善なる部分を投影したものなのである。こうした人たちは、自分が実現できないでいる影の部分――善悪――をもっとも特徴づける人物を見つけだし、崇拝の対象として熱狂する。私はこの悲しいゲームを「愛」とは呼ばないが、シャドーを愛とみなす人間関係も存在している。自分にはできないことをやってのける人を探して、愛着を抱き、このスリル満点のジェットコースターに飛び乗るのだ。しかし、その投影が崩れてしまえば、崇拝の対象は平凡な人物に見えてきて、幻滅してしまい、再び別のシャドーに飛びつこうとする。しかし、これは愛とは呼べない。真実の愛は真剣なつき合いだ。愛は投影でも依存でもない。真実の愛とは祈りであり、変わらない約束である。愛する人への揺るぎない献身である。感情や欲望は好きなように現れたり消えたりするが、真実の愛はけっして揺らぐことはなく、どんな感情にも耐え、トラウマ、裏切り、離婚、そして死さえも乗り越えていける。

◇愛は不変である

愛に関する真実を言葉にするなら、それは不変である。愛とは恋愛関係に限らず、いたるところに存在している。子どもとの抱擁、友人への気遣い、家族の中にも、ペットの心の中にも存在している。愛が失われ、どこにも見当たらないように思えるときは、愛の言葉ではなく魂の中に存在している愛に耳を傾けなさい。愛はつねに存在している。それが感情との決定的違いである。

私たちは愛する人にたいしても怒ったり、驚いたり、失望したりするかもしれない。しかし、その人への愛はけっして揺るがない。愛する人との人間関係で傷ついたり、違いがありすぎたり、うまくいかなかったりするなら、別にその人物とずっといっしょにいる必要はない。しかし、愛は止まらない。愛は感情よりもはるかに深い。この驚くほど豊かな場所では、言葉はあまり多くの意味を持たない。私は愛についてはずっと沈黙を続けていくことにする。

第10章

エンパシーを開発する

――基本となる五つのエクササイズ

本章では、感情、思考、感覚、空想を使ってエンパシー能力を養う方法を紹介していく。健全な魂に備わっている元素と知能を連携させ、意識を集中すれば、感情はあなたの友となり、案内役を務めてくれるだろう。これらの素材を組み立てた〝いかだ〟は、頭脳を鋭くし、感情や想像を進んで受け入れ、身体を快適な状況に向けてくれる。それはしっかりした身体を土台にしてくれるプロセスである。五つの方法のほとんどは、何度か修正し、職場でも車の中でも、喧嘩したり、意見が衝突している最中でも、利用できるようにした。感情が激しくなりすぎても、どんな場所にいても、あなたはエンパスとして、感情を自分に伝えなくてはいけない。これから説明する簡単な五つの方法が役に立つだろう。

五つの方法を利用すれば、すぐに感情の領域をもっと活用し、生まれつき備わっている感情能力を発揮できるようになるだろう。

◇魂の「五元素」を結びつける

あなたの感情が自然に流れている状態なら、五つの方法に簡単に取り組むことができる。しかし、気分が変わっていき、感情が急流のように激しさを増していくと、打ちのめされてしまうかもしれない。それでも、エンパシーの力が魂のバランスの維持を助けてくれるだろう。第一の方法は「グラウンディング」である。悲しみや恐怖の感情が自然に流れる健全な状態を利用して、意識を集中し、地に足をつけ、身体をしっかり大地に根差していく。そうすれば、魂の中にも分け入れるようになる。感情は無理に抑え込んだり爆発させたりしなくなると、自然に働くようになる。第二の方法は「境界線をつくる」ことだ。怒りや恥辱が自然に流れてくる健全な状態を利用して、自分の魂の周囲にはっきりとした境界線を引くことで、あなたの思考、感覚、アイデア、洞察、感情が一丸となって働くのに必要なプライバシーが保てるようになる。第三の方法は「契約書を燃やす」ことである。ここでは責任感をもって、感情と交信する手段を説明していく。第四の方法は「意識的に不満を言う」ことだ。こう言うと、なにかばかげたことのように聞こえるかもしれない。しかし、これは感情と交信するためのひとつの方法であり、驚くほど癒やしの効果がある。第五の方法は「元気を取り戻す」ことである。必要なときはいつどこでも、元気を回復させるための簡単なエンパシーの使い方を学ぼう。

このような五つの方法を用いて、四元素と第五の元素「メタ知能」を結びつけ、魂のバランスを整えていく。複数の知能を利用して、それぞれの感情に意識的に取り組めるようになるだろう。これらのエクササイズを実行すれば、微笑みも浮かんでくるはずだ。

◇第一の方法――グラウンディング

「今という瞬間に生きなさい」。これは自己啓発の伝統の中ではよく口にされる言葉である。しかし、この言葉についての定義はまだ確立されているとは言えない。私の定義では、解離、注意散漫などの状態に逃げることなく、今この瞬間をきちんと意識し、集中することである。私の場合は、そうできるようになって初めて、回避行動、依存、読書やゲームなどに過度に熱中したり、完璧主義などに陥ったりせずに、人生に真っ向から取り組めるようになり、自分自身や自分の環境とじかにつながることができるようになった。

「今ここにいる」という考えをじっくり検討すれば、どんな人間も、今、ここにしか存在できないものを、すでに所有していることに気づけるはずだ。それはすなわち身体である。精神や霊はほとんどどこにでも存在することができる。感情にいたっては無視されることも多く、検討されない問題として化石の中に閉じ込められている。しかし、身体だけは今この瞬間に存在することができる。過去に後戻りなどできないし、未来と出会うこともやはりできない。今、この瞬間にしか生きられないのである。つまり、自分の関心を身体に集中すれば、今、ここに生きることができる。しかも、それはごく簡単なことなのだ。

残念ながら私たちの文化は、今、この瞬間、身体に集中してはいない。なぜなら、現代人の圧倒的大多数の人が、身体と精神をはっきりと区別しているからで、ふつう、身体はあまり歓迎すべきものとは考えられていないのである。むしろ、支配されたり、追放されたり、抑えつけられたりしている場合が多い。しかし、このような態度は改めるべきである。なぜなら、身体に焦点を当てることこそ、意識を集中するための素晴らしい手段であるからだ。それは解離、気晴らし、回避行動や依存をやめて、再び健全な魂を取り戻す方法でもあるのだ。グラウンディングに焦点を当てると、四つの元素の中に流れが生まれてくる。そして、周囲に流されずに、自分を操っていく方法も学べるのである。バランスが取れるようになれば、自分の関心にきちんと焦点が合わせられるので、気晴らしや現実逃避をして感情を避ける必要はなくなる。

過剰な電流を地面に放出することを接地という。これと同じように、地に足をつける方法であるグラウンディングを学ぶと、必要なときに余分なエネルギーを地面に放出できるようになる。エネルギーのグラウンディング（接地）と、世の中で地に足をつけて自分を有能な人間にすること（グラウンディング）の間には関連がある。「地に足がついている」と言われる人物は、頭がよく、優秀で、自分の能力に自信があると思われている。エンパシー能力の開発におけるグラウンディングは、これと同じ能力をあなたに与えてくれる。どれくらい地に足をつけているかは、あなたの内界と外界の能力ともじかに関連している。もし地に足がついていなければ、魂の中で流れと流れがぶつかり合ったり、スパイク（電気量の急上昇）状態になったりして、すぐに注意は散漫になっていく。しかし、自分の身体に意識を集中して、グラウンディングできれば、流れを操り、調整し、過剰な電力を放出して、安定した状態が得られるようになるだろう。

絶望的なトラウマ、解離、依存に対処したい場合も、グラウンティングはひじょうに役に立つ。トラウマの原因を身体の中から解放し、解離を求める衝動も鎮めてくれる。グラウンディングすれば、不安を軽減するための薬物や習慣への欲求も減らしていけるだろう。あなたの思考、身体感覚、洞察力、そしてもちろん感情を調整し、きちんと扱えるようにしてくれるので、魂の内部にある流れは調整され、管理できるようになる。

エクササイズ　大地とつながるグラウンディング

第3章で紹介した「エンパシーの基本エクササイズ」（52ページ）で、グラウンディングして、意識を集中するのに役に立つふたつの感情を体験してもらいました。自然に流れてくる「悲しみ」によって緊張を解けば、身体とつながることができます。また、自由に流れてくる「恐怖」は、穏やかに、しかもしっかりと集中力を高めてくれるでしょう。では、悲しみと恐怖というふたつの感情を統合していきます。

立っても座ってもよいので、楽な姿勢で取り組んでください。

1. 意識を集中し、お腹に息を吹き込むように深呼吸しましょう。息を吸うときはお腹の中に温かな熱と光が集まり、息を吐くときは、息と光、そして熱が体内を動いていくとイメージします。（座っているなら）椅子にも息と光と熱が移っていくと想像してください。
2. もう一度、深く息を吸います。次に光を床のなか、そして建物の土台に向かって動かしていきます。

3. 再度、深く息を吸い、光と熱をさらに下のほうに移していきます。建物がある大地へ、そして地下に放出し、悲しみに感謝しましょう。

4. 普段通りに呼吸をし、身体が完全に解放されたかどうか確かめます。まだ疲労感があるようなら、エネルギーが大地にすべて放出されていないからかもしれません。その場合には、また流れを下へと向けなおしていきます。重苦しさは、自分の故郷である大地に身体がつねにつながるようになったとき、取り除かれていくでしょう。

5. 熱や光を下へ下へと向けていくときは、例えば、とても長いロープを地球の中心に届くまで下げていくと想像してみましょう。地球の中心までたどり着いたら、ロープを錨《いかり》のようにしっかりとつなぎ留めます。あるいは、樹木の根が長く伸びて、地球の中心に根づくイメージでもいいし、ほとばしる滝が流れ込み、地球の中心に水をたたえているイメージでもいいかもしれません。あなたの好きなイメージを思い浮かべてください。そして、普段通りに呼吸をします。

グラウンディングは想像力を利用することで、確かな成果を上げてくれる方法だ。魂がもっとも愛する想像の領域を働かせる、エンパシーの作業とも言える。必要なのは意志と繊細さであり、努力、完璧さ、とくに論理性はここでは必要ない。私たちは物事を理解するために論理的知能を必要としているが、感情に取り組むのに大切なのは、想像、内省的知能、エンパシーの能力である。

エンパシーの観点から言えば、今この場所で、穏やかで、緊張を解き、集中していられるから、恐怖や悲しみも進んで受け入れられるのだ。「今この瞬間」に集中するのが難しい人もいるだろうし、恐れや悲しみを排除したい理由もわからないわけではない。世間では、恐怖と悲しみは、喜んで受け入れられる感情ではない。しかし、エクササイズであえてふたつの感情を味わってもらうことで、緊張を解き、不要になったものを捨て去ることができる。悲しみの力を使うためには、悲しい気分になる必要はない。自然に浮かんでくる恐怖と同じように受け止めればいい。悲しみはしっかりと目を覚まし、今という瞬間に意識を集中するための、速やかで、穏やかで、やさしい能力を与えてくれる。恐怖と悲しみに感謝しよう！

ここでいくつかアドバイスをしておこう。グラウンディングは身体に健全な流れを取り戻してくれる。そして、健全な身体をつくるには定期的に身体を動かすことも重要だ。しかし激しい運動をする必要はない。肩を上下に揺らしたり、身体を揺すったり、ダンスをしたり、身体の一部をゆらゆらと動かしたりするだけでも十分だ。座りすぎを避け、こまめに動くことで、グラウンディングの効果は向上していくだろう。グラウンディングを促すもうひとつの方法は、新鮮な自然食品をたっぷり食べ、たんぱく質を摂取し、休息をしっかりと取ることだ（お腹をすかせたり、身体が疲れたりしていては、グラウンディングが難しくなってしまう）。しかし、コーヒー、お茶、チョコレート、糖分などのとりすぎには注意を。なぜなら、このような刺激物は睡眠や休養で癒やすべき疲労を、ごまかしたり感じさせなくしたりするからだ。休養しなければ、集中力はなくなり、グラウンディングは難しくなる。

しかし、自分が不安定な状態にいることを自覚して、想像力を駆使できれば、グラウンディングがうまくいかない原因や、世の中で自分の足場が失われている場所に気づくはずだ。自覚すれば、問題解決に向かう力が湧いてくる。忘れてはいけないのは、このプロセスは完璧を望んでいない点だ。大切なのは健全な状態に戻すことである。人生には平穏と混乱、優雅さと不器用、能力と無力など、有為転変があるものだ。

身体的な助けが多少必要なら、シャワーを浴びるとき、床に水が流れ落ちて排水溝に吸い込まれるさまを眺めながら、グラウンディングしてみるといいだろう。ほかにも、水辺で過ごしたり、おとなしい動物といっしょに過ごす時間を取ると、グラウンディングしやすくなる。最後に、自分を表現し、自分の関心を集中できる芸術形式（ダンス、歌、絵画、陶芸、音楽など）も、集中力を高め、グラウンディングに役立つ。アートは癒やしだ！

◇第二の方法 —— 境界線を引く

グラウンディングをするのに不可欠な境界線は、幸いなことにすでに存在している。混雑したエレベーターの中でも「自分の領域だ」と感じられるのがパーソナルスペースであり、その輪郭こそ境界線なのである。

精神世界の領域ではこのような境界線のことをオーラと呼んでいるが、私に言わせれば誰もが持つ個人的空間というにすぎない。現在、神経学の分野では、この個人的空間は「自己受容感覚」領域と名づけられていて、自分の腕や足が届く範囲を指す。しかし、この境界線は解離したり、注意散漫になったりすると、破壊されてしまう。

グラウンディングで流れを取り戻すことができれば、自然と境界線も引けるようになっていく。しかし、まだグラウンディングが不十分なままなら、次のエクササイズを行い、自分のプライバシーを守れるようにしよう。

エクササイズ　パーソナルスペースに境界線を引く

1. 楽に座って、グラウンディングし、意識を集中してください。
2. 立ち上がって、左右の腕を横にまっすぐ伸ばします。指先がパーソナルスペースを取り巻く明るい泡に触れていると想像してください。
3. 両腕を前に伸ばし、次に頭上に上げていきます。パーソナルスペースが自分の身体からどれくらいの距離にあるのか感じてください。自分の前方、後方、両側、上方や下方にも腕の長さの分だけ開けておきます。周囲のあらゆる方向で、この領域を想像できたなら、腕を下ろして、緊張を解いていきましょう。
4. 目を閉じて、上下左右に腕を広げたときの自分のまわりに光り輝く泡があるとイメージしましょう。光り輝く泡はあなたの好きな明るい色です。色に包まれた自分が、卵の黄身のように中心にいると想像します。明るく光る泡のような境界線はあなたのパーソナルスペースであり、あなたはその中心で守られています。

境界線を引くエクササイズは、最初はうまくいかないかもしれません。心理学でいえば、適切な境界線を維持する方法や、自分のスペースをつくりだす方法を知らないことが原因として挙げられます。しかし、誰にでも境界線はあるのですから、がっかりしないでください。あなたは自分の個人的な場所をすでに持っているし、その空間を持つ権利があります。境界線を引き、プライバシーが保証されていることに感謝しましょう。

境界線をしっかり引けば、人の厄介事に巻き込まれたり、境界線を破壊されたりせずにすむ。また、適切に境界を定めれば、エンパシーを否定する世の中でもこの能力を発揮しやすくなる。しっかりと境界線を引けば、他人をコントロールしたり変えたりする必要はなくなり、ありのままの自分の姿を感じられるようになる。もちろん、それがいつもできるとは限らないが、それでも対人的知能が高くなることは確かだ。

逆に言えば、個人的な境界線をしっかり引いておかなければ、依存したり、注意散漫になってしまう——食べすぎたり、コーヒーを飲みすぎたりして、自分の感覚を麻痺させることもある。タバコの煙で自分を取り囲んで、偽の境界線をつくりだしてしまうかもしれない。感情、気晴らし、薬物などを乱用しているなら、おそらく、なんとなく境界線に問題があることに気づき、反応が出てくるはずだ。人はみな、生まれた日からずっと境界線と取り組んでいるのだから、意識を集中し、グラウンディングすれば、意図的に境界線と向き合えるようになり、感情が境界線の状態を教えてくれる——そして（第二部で説明するように）一つひとつの感情を徹底的に調べることで、自分の境界線を理解し、癒やしていけるようになる。エクササイズを行うにつれて、気晴らしなどせずに、集中力を増し、境界線を維持できるようになるだろう。

エクササイズ　**境界線を使って呼吸する**

もうひとつ、自分の境界線をより意識するためのエクササイズを紹介しておきます。

1. 楽な姿勢で座ります。腕を前後左右に伸ばした範囲を境界線とみなし、その線は蛍光グリーンや明るい赤など、鮮やかな色で彩られているとイメージしてください。
2. 深呼吸して、境界線をあらゆる方向に数センチずつ広げていると想像します。息を吸うときは、お腹をふくらませるように意識してください。
3. 息を吐きながら、境界線を自分の腕の長さの範囲に戻していくことをイメージをします。

これは呼吸とともに境界線を動かしていくエクササイズで、境界線を実感するのに役立つ簡単な癒やしの方法です。

ほかにも海、山、砂漠など、自分の好きな自然の中で腕を伸ばして、境界線に守られている姿をイメージする方法もある。また、境界線にタカやワシなどを置き、自分が守られている様子をイメージしてもいい。

◇第三の方法――契約書を燃やす

「契約書を燃やす」とは、不安を募らせる行動や態度から自分を切り離すことで、魂のバランスを取り戻す方法だ。この方法は自分の行動や態度は具体的かつ変更できない「確定」したものではなく、「傾向」としてとらえるのに役立つ。行動とは絶対に変えられないものではなく、続けるかやめるか自分の意思で選択できるものだと考えられるようになる。感情のせいで困った事態に陥っても、その感情との〝契約〟を燃やしてしまえば、滞っていた感情に流れがよみがえる。気晴らしや依存のせいで幸せになれないなら、その原因となる感情との契約を破棄してしまえば、束縛から解放される。人間関係でうまくいかないなら、相手との関係にかかわる契約書を燃やして、見直してみよう。

「契約書を燃やす」というエンパシーのスキルは、自分の行動、態度、姿勢に向き合う助けとなってくれるだろう。

エクササイズ　イメージを用いて契約書を燃やす

考え方、行動、姿勢、人間関係との契約書を燃やすためには、意識を集中するためにグラウンディングすることから始めましょう。

1. 129ページの「大地とつながるグラウンディング」のエクササイズをします。
2. 境界線が明るい色で彩られている様子をイメージしてください。
3. 普段通りに呼吸しながら、目の前に何も書いていない大きな白い羊皮紙があり、両手で広げていると想像します。実際に、くるくる丸めた紙を広げる動作をしてもいいでしょう。
4. あなたの個人的境界線の中に羊皮紙を置いている様子をイメージします（羊皮紙を境界線の中に置くことで、神聖な場所をつくりだしていきます）。
5. この紙の上に、自分の悩みを表現したり、イメージしたり、心に描いたり、書いたり、話しかけたり、考えたりできます。感情的な期待――本来なら感じていたかったこと――を描いたり、知的な姿勢――考えようとしていること――を自由に表していきます。身体的な期待――他人に見てもらいたかったり、実行したいこと――を確認していきましょう。
6. 人間関係の悩みを羊皮紙の上に投影してもいいでしょう。自分とパートナー、大切な人とのかかわりについて綴れば、あなたは犠牲者ではなく、自分で行動し、相手とかかわり、どう振る舞うのかを自分で決断できる人間に変われます。

7. 最初の羊皮紙がいっぱいになってしまったら新しい羊皮紙に取り替え、十分に表現できたと満足できるまでエクササイズをしてから、くるくると丸めてください。今まで自分が偽っていた行動、信念、態度、人間関係についての契約書がまとめられました。

8. ぐるぐる巻きにし、契約書をひもで縛り、自分の境界線の外に投げ捨ててしまう姿を想像します。感情の力を使って、契約書を焼き尽くす様子を心に描きましょう。これで、契約は破棄され、自分を解放するのに必要な力が得られます。

契約書を燃やすエクササイズは、感情交信の鍵となる方法です。行動、態度、姿勢を意識的に調べている間、エネルギーと情報を今までとは違う場所に移すことができます。〝いかだ〟に乗って、感情の渦《うず》や急流も乗り越えられるようになります。続けるうちに行き当たりばったりに感情を表したり、無理やり抑圧する代わりに、感情一つひとつと取り組めるようになるでしょう。

契約書を燃やすことで、古い行動、煮えきらない態度、どうでもいい人間関係を捨ててしまえば、気晴らし、依存、回避行動はもはや不要です。問題に集中できるようになれば、回復力が戻ってきて、乱れたバランスが整います。

このエクササイズを行う頻度は、毎朝でも、数時間ごとでも、週に一度や月に一度でもいい。契約書を燃やす回数は、人生でどれくらい間違った契約や行動をしてしまったかによる。古くて不要な取り決めを燃やすことで、もっと意欲的になり、自由を実感してほしい。

◇第四の方法――意識的に不満を言う

グラウンディングのエクササイズをし、境界線を正しく設定しても、ずっと集中していられる人間はひとりもいない。脳はいつも集中するように人間に命じているわけではない。実際、仕事ばかりの人生などなんとつまらないだろう。休暇、夢想、ふざけること、笑い、昼寝、遊びは、健全で楽しい人生を過ごすためには不可欠である。物事を軽快な状態に保つためにもリラックスは重要だ。

人は嫌な気分や低迷に陥りがちなので、あらゆるスキルや感情の知恵を簡単に忘れ去ってしまい、感情を抑圧したり、逆にむやみに表出することになる。そうなると、感情はないがしろにされて、誤った方向に突っ走る。感情を無視し続けるなら（または無視しようとするなら）、感情は喧嘩腰の態度となって現れ、八つ当たりを始めてしまう。抑うつ状態、憤怒、不安発作、強迫観念が繰り返され、いつまでたってもこの厄介な状況は無限のループとなるだろう。流れてくるひとつにすぎなかった感情が、やがて単調で、苦しい、慢性的な感情になってよどんでいく。

敬意を払われ、喜んで受け入れられれば、感情はすっと流れてくれる――感情は実際の状況に反応して現れ、適切に対応し、まさに必要な状況に活躍し、その役割をすませたら颯爽と去っていく。これとは対照的に、感情が健全な流れを失ってせき止めるダムとなれば、魂全体が安定性を失ってしまう。感情がわだかまり、よどんだままになると、精神は行き場を完全に見失い、思考は停止してしまう。身体も滞り、その状態は疲労や痛みとして現れる。このような状況から抜けだそうとして、解離や依存が起きやすくなる。

「まさにそんな状況だ」という人も、心配することはない！　新しいスキルを一つひとつ習得すれば、状況は打開できる。例えば、リラックスと深呼吸、自然の中での散歩や入浴によってグラウンディングすれば、魂を生き返らせることができる。次に境界線を引いて、自分のまわりに神聖な空間をつくりだし、しつこく繰り返されている嫌な思考や感情との契約書を燃やしてしまおう。しかし、よどんでしまった魂の流れを取り戻す、もっと簡単な方法がある。意識的に不満を言うことだ。

私が意識的に不満を述べることの重要性を学んだのは、バーバラ・シェアの素晴らしい本『書きだすことから始めよう』（ディスカヴァー・トゥエンティワン）からだった。彼女は同書で、定期的に不満を言うための時間をつくることを勧めている。それは「ストレスを発散すること」であり、自分がためらっているあらゆるものをはっきりさせることである。

信念を失ったりトラブルに見舞われたり、厳しい現実を突きつけられたりしたなら、泣き言を言い、不満を述べ、けちをつけよう。すると、なんと元気がよみがえってくるのだ。意識的に不満を言うエクササイズのおかげで、私は落胆することが減った。それどころか、仕事に素早く復帰できることが多くなったのだ。なぜなら、何が問題で、この厳しい人生に陥っているのか、しっかりと気づかせてくれるからである。このエクササイズは気を滅入らせるどころか、うきうきさせてくれる。全身からあらゆる不満を取り除き、流れを回復させるきっかけとなるのである。

エクササイズ　こっそりと、意識的に不満を言う

意識的に不満を述べてみましょう。グラウンディングしていなくても、境界線を引けていなくても構いません。むしろ不機嫌な気分でいるときに、このエクササイズを試してください。

1. 不満を口にできそうな、プライバシーを保てる場所を見つけてください。家の中なら壁や家具や鏡、屋外なら木や動物、空や地面を相手にしてもいいでしょう。ムッとする写真や漫画を前にするのもお勧めです。
2. 気持ちを楽にして、「今、不満を抱きます」という言葉で練習を開始します。
3. 落胆したり絶望したりする、不快なことを述べる権利を自分に与えてください。ブラック・ユーモアを口にしたり、自分の挫折、愚かさ、能力不足、不条理について愚痴をこぼしたり、訴えたりします。好きなだけ不満を述べて構いません。
4. もう話すことがなくなったら、思う存分、不満を言えたことに感謝しましょう。
5. 不満を言うのをやめたなら、次にほんとうに楽しめることをして、意識的に不満を言うエクササイズを終えます。

このエクササイズを実践した人は、不満を述べて落ち込むどころか、まったく逆の効果が出る

ことに驚くでしょう。停滞や抑圧が打ち破られ、自分に正直になれるのです。感情に流れがよみがえり、真実が再び語られ、行動する態勢が整えられ、ゆっくり休息できるようになっていきます。これはひとりで行うエクササイズなので、面目《めんぼく》を失ったり、他人の感情を害したりする心配もありません。魂にとって素晴らしい潤滑油になり、新しい活力と想像力を抱いて、再び困難に立ち向かえるようになるでしょう。

意識的に不満を言うエクササイズは、努力したい人、素晴らしい行いをしたい人、そして個人的成長を目指す人にはとくに役立つ。不満を言うのは、一般に褒められたことではないとされるが、不満を一切禁じてしまえば、心配、抑うつ、無気力など、優柔不断な気分に陥る恐れがあるからだ。困難から目をそらし、気晴らしの誘惑に負ける人が、意識的に生きるのは難しい。

しかし、仕事ばかりで遊びや休暇をまったく取らず、不満を述べる時間すらつくれないようなら、単調で不毛な人生を送ることになる。魂の流れは蒸発し、悪しき完璧主義に陥るのだ。

意識的に不満を言うことは、自分の困難に声を上げることだ。それがあなたの流れ、エネルギー、ユーモアのセンス、そして希望を取り戻してくれる。矛盾するように聞こえるかもしれないが、きちんと不満を述べなければ幸せは訪れない。

◇不満を言うこと vs アファメーション

アファメーションとは、意識的に不満を言うこととは正反対のものだ。その背後にある考えは、私たちの誰もが健康や幸福の邪魔をする考えにしがみついているということである。「私は醜い」「ほんとうに成功する人などどこにもいない」「人生はつらい」といった考えは、実際に、成長の実現を拒んでしまう。アファメーションは、このようなマイナス思考を暴きだし、「自分のまわりにはつねに愛がある」「成功するのは私だ」「人生は絶対に素晴らしい」といったもっと役に立つポジティブな思考に置き替える方法である。

幸福を握りつぶしてしまう内面の言葉を探しだせば、癒やしになるかもしれない。しかし、それは緊急処置にすぎない場合が多い（ほんとうの感情をあまりに抑圧してしまうことさえある。あなたが実感していることではなく、「感じなければいけない」と考えていることを唱えているのなら、ほんとうの感情を否定していることになる。つまりアファメーションは不完全な方法で、問題に本格的に取り組むことにはならないのだ。

意識的に不満を口にすることが癒やしとなるのは、実際の感覚に基づく真実の問題に取り組んでいるからだ。実際の問題に焦点を当て、流れを取り戻すまで、その問題と取り組んでいる。魂は真実を話してもらうのがとても好きなのである。あなたは自分らしく生きることを尊重し、ありのままの感情を語れるようになる。すると、自分の想像力や集中力がよみがえり、滞っていた感情に流れが生じ、身体に蓄積されていた緊張が解き放たれていく。（もちろん、すべてのアファメーションが悪いというわけではない。真実を述べているのなら、あなたは前進していける。「私は素晴らしい、優秀な人間だ」というアファメーションが心から信じて、生まれてきた言葉なら、幸せが訪れるだろう）。

魂があなたに伝えてくれる真実の言葉に耳を傾けよう。失意には不満を述べ、涙を流し、泣き言を述べても構わない。そして古い契約書は焼き捨てるのだ。この作業を終えたなら、次に流れを取り戻した感情、考え、洞察、仕事に取り組んでいこう。ほんとうに健全な感情とは、じっとして、変化のない、ふらふらした幸福感などではない。そこには、流れがあり、感情の一つひとつ（そしてあなたの元素の一つひとつ）に独自に反応できる能力なのである。

意識的に不満を言えば、人生に流れを取り戻し、再び意識を集中し、魂に新しい活力を吹き込み、幸福、笑い、喜びを自然な癒やしの方法で解き放ってくれるだろう。ここで鍵となるのは流れである！

◇第五の方法――元気を取り戻す

エンパシー能力を開発する、最後となる五つ目の方法は、元気を回復することである。それは集中と意志の力を利用し、新しい一つひとつの経験に取り組むのを助けてくれる。元気を取り戻すためのエクササイズはとても簡単で、時間もかからない。しかし、好みにより、長く時間を取って充実したエクササイズにしていくことも可能だ。

エクササイズ　自然に触れて元気を取り戻す

1. 腰をおろし、息を吸って、吐きます。吐くときにはグラウンディングをします。
2. 少し前かがみになり、意識を集中し、個人的境界線が身体のまわりにはっきり引かれているのを想像します。境界線は呼吸しているように、小刻みに振動させてください。
3. この世界で自分の好きな場所を心に思い描きます。例えば、晩春の夕暮れや山に囲まれている自分の姿を感じてみましょう。またはセコイアの茂る小川のほとり、夜明けの森、あるいは熱帯の島の洞窟の中に入ってください。自分の好きな場所を選んで、その環境に取り囲まれている姿を心に描くのです。心地よさに浸ってください。これは心の中のエクササイズであり、外の世界に意識を向ける必要はありません。リラックスしながら、自分の内面に意識を集中してください。
4. 素晴らしい自然の風景の中で深呼吸してください。大好きな場所にいると、どのような感情が湧いてきますか？　具体的に想像してください。
5. 腕、手、そしてお腹に、先ほど湧いてきた感覚を染み込ませます。下腹部まで染み込ませたら息を吐き、足先まで感覚を移動させていきます。
6. 首や顔や頭にも感覚を吸い込ませていきます。大切なのは、この静寂で素晴らしい感覚に浸ることです。

7．十分に浸ったあと、身体、感情を穏やかにし、緊張を解いていきます。前かがみになり、両手を床に触れ、頭を下げます。身体の緊張を解いたら、エクササイズは終了です。いつでも、この自然の風景を自分の周囲に感じることができますし、元気を取り戻したいときだけ思い浮かべてもいいでしょう。

契約書を燃やすエクササイズのあとで、古い行動にもう戻らないようにするには、元気を回復することが重要です。契約書を燃やすことで、魂が空っぽになったように感じられたら、意識的に自分を充電させること。そうしなければ、この空間にはずっと無意識の状態が続いてしまいます。これは望ましいことではありません！　契約書を焼いたあと、休養し、元気を取り戻すための時間がつくれなかったなら、第二の方法に戻り、境界線の内側を明るく、美しい光で満たしましょう。これは五秒足らずでできる有効なテクニックです。

私たちの社会には、気を紛らわせたり、刺激物で自分を興奮させたりする方法があふれているのに、自分をなだめ、元気を取り戻す知識を持っている人はそれほどいない。例えば昼寝は健康と記憶の定着に役立つが、実行する人は少数だ。肉体的なふれあいは心の健康を保ってくれるが、多くの人が性的なものか、サロンでのマッサージ、せいぜい短いハグくらいに留めている。みんな仕事や運動に集中し、睡眠時間を削り、暮らしの中の素朴な楽しみにエネルギーを割かずにいる。

多くの人が自然に選ぶ楽しみやリラックス法は、映画であれ、テレビであれ、インターネットであれ、中毒性のある家庭内でのエンターテイメントだ。たしかに楽しいかもしれないが、それは脇見をする時間にすぎない。多くの自由時間をテレビやコンピュータに費やしているなら、それと引き換えに何を得ているのだろう？　テレビの前でのらくら過ごし、番組に釘付けになっている間、あなたの身体はほんとうに休息しているだろうか？　ネットサーフィンやSNSはあなたの知識を刺激したり、探究したりする楽しみを与えてくれるのだろうか？

テレビ、コンピュータ、SNS以外に、実生活でやるべきことも自分に問いかけてみよう。家を整頓し、請求書はきちんと支払い、家族と十分な時間を過ごしているか？　あまりに疲れていて、帰宅したらテレビやネットに逃げ込んではいないか？　こういった自問をしてみれば、どうすれば素晴らしい人生を送れるのか判断できる。例えば、過剰なネット依存が魂のバランスを乱しているなら、本書の第6章にある依存に関する説明を見直してみよう。また、今の活動を記した契約書を燃やし、感情から送られてくるメッセージを確認してみることだ。この章で紹介したエクササイズによって、あなたはもうエンパシーのスキルを手に入れている。自分の行動に気づき、変えていくことができるはずだ。

◇変化と現状維持――ダンスを理解する

変化すること、それ自体がスキルである。このスキルは、あなたの眠っている多くの部分を目覚めさせ、その感情を表現できるようにしてくれる――そして、内面の風景にも多くの変化を起こしてくれるだろう。最初は、ワクワクしたり、戸惑ったりするかもしれないが、それはごく正常な反応である。あなたの魂に起こったなんらかの変化は、現状維持という、変化に対立する力に警告を発しているのだ。変化も現状維持も人間にとっては必要だが、状況次第で癒やしにもなるし、破壊にもなる。変化が自分にとってプラスになれば変化が好きになるし、そうでなければ厄介なものに思えてしまうだろう。現状を維持するのが楽しいのなら、おそらくなんとか今の状態を続けていこうと思うだろうし、変化が欲しくてたまらないなら、現状維持でじっとしているのは拷問のように思えるだろう。しかし、今の状況が好きか嫌いかに関係なく、変化と現状維持は、魂にとっては同等のパートナーなのである。

変化による反応にしっかりと関心を払おう。いつもと違う、奇妙な感情が湧いてくるのは、あなたが変えようとすることに、現状維持を望む内面の感覚が反応している証拠である。深呼吸して、この感情を喜んで受け入れれば、不快感もゆっくりと消えていく。この変化が当然のことと思い、即座に、新しい現実の一環に加えてしまうと、かえって魂に動揺をきたしてしまう。変化と現状維持のどちらも歓迎するようにすれば、つつがなく前進していける。

しかし、変化によって――恐れ、激怒、強い疎外感など――極度に不安な感情が湧いてきたなら、休みを取るべきだ（とりわけトラウマがあり、依存や解離に頼っている人にはそれが当てはまる）。動揺しているなら、立ち止まって現状維持の地点に戻り、エクササイズはせずに第二部の感情に関する章に進んでほしい。感情の持つ癒やしの役割が理解できたなら、またこの第十章に戻って、再度、変化を試みよう。

どちらを選ぶか、決めるのはあなた自身だ。自分なりのやり方で変化させていこう。もし変える必要がないと感じるならそれでも構わない。自分自身に耳を傾け、現状維持を訴える声を聞く余地も残しながら、自分なりのペースで変化を起こすことだ。

第2部

感情を歓迎する

ゲストハウス

人間とはゲストハウスである
毎朝、新しく客が訪ねてくる
喜び、憂うつ、卑劣さ
そして瞬間的な気づきがいくつか
予期せぬ訪問者としてやってくる
すべての訪問者を歓迎し、もてなしなさい
家具すらなぎ倒す、悲しみという名の訪問者だとしても
どんな客にも丁寧に接しなさい
その客は新しい楽しみを与えるために
家を空っぽにしてくれたのかもしれない
暗い考え、恥辱、悪意は、扉のところで笑いながら出迎えて
家に招き入れなさい
やってくるすべての人に感謝しなさい
なぜなら誰もがはるか彼方から
あなたのガイドとして送られてきたのだから

ルーミー（ペルシャの神秘主義詩人）

第11章 水の中に進む
――感情のすべてを目覚めさせる

水の元素の領域にようこそ――感情、流れ、深み、和解をもたらしてくれる場所に。感情の言語はものの呼び方だけでなく、どう感じるか、その本質は何かを教えてくれる。第二部からは、エンパシーの知識と取り組んでいくことにしよう。この知識は魂のバランスの崩れを理解し、その解決へと確実に案内してくれる。あなたが学ぶエンパシーのスキルは、魂の中にある水の領域を目覚めさせ、周囲のすべてが変化したとしても、しっかり立っていられるようにしてくれるだろう。あなたは魂の中のたくさんの流れを操作し、管理できるようになるのだ。

ここからは――元素や知識と同様に――感情を便宜上、分類して説明しているが、感情を整然と分類・区分することはできない。ほとんどの感情は驚くほど相互に関連しているのである。感情は健全な魂の中では互いに上下左右に動いたり、前面に押しだされては背後に隠れたりしている。しかし、魂が不健全な状態であるなら、それぞれの感情は衝突してしまう。だから、エクササイズを行い、感情を機敏に動かせるようにしよう――感情は危険で理解しにくいと述べたいのではない。感情はそれぞれ独自の方法で自分や他人と関連させながら、絶えず流れ、変化していくからである。

怒りは境界線を引いてくれるし、恐怖はあなたに直感を与え、悲しみはいらないものを捨て去って前進させてくれる。羞恥心もあなたの行動に注意を促してくれる。あなたがやらなくてはいけないのは、感情を厳格に分類することではなく、感情の持つ神聖なエネルギーを喜んで迎え入れてあげることだ。

◇喜んで感情を迎え入れる

感情の流れの重要な規則は、「すべての感情は真実である」ということである。すべての感情は紛れもない真実を語っている。それは感情が浮かんでくる具体的な状況にあっても、魂の中に潜んでいるときでさえも同様だ。理不尽だったり、お手上げだったり、繰り返されたりする感情でも、「何からの」真実を語っているのである——それは過去のトラウマ、失われた記憶、身体のバランスの乱れ、ある刺激にたいする激しい反応の現れかもしれない。「すべての感情は真実である」といっても、すべてが「正しい」と信じる必要はない。さんざん殴りつけたくなる感情もあれば、あなたを地獄に引きずり込んだり、自己嫌悪に陥らせてしまう感情もある。ある感情への反応によって、自分の偏見に気づくこともあれば、傷つく結果となってしまうかもしれない。つまり、愚か者のように黙って従ってはいけない感情もあるのは確かだ。しかし、それでもなお、感情が真実であることを理解しなくてはいけない。あなたの課題は、真実を進んで受け入れ、魂の全体像の中で、それぞれの感情を考え、流れるようにしてあげることなのである。

この全体像は、ほとんどの人にとって自分が馴染んできた像とは異なっている。エンパスは、「そんなふうに感じてはいけない」「君は繊細すぎる」「感情的になる必要はない」などという言葉は口にしない。いや、エンパスとは、私たちの文化に広まっている感情を麻痺させてしまう態度や行動とは縁のない人たちなのだ。彼らは感情が真実であると宣言し、その言葉を認めてもらうための神聖な場所もつくりだしている。だからこそ、感情のスキルは重要なのだ。このスキルはあなたの魂に儀式を行い、自分自身や他人の感情に対処する聖なる空間をつくる手助けをしてくれる。もちろん、抑うつ、不安症、激しい怒りを味わっている人がまわりにいるなら、感情の力でサポートすることもできるだろう（ひどい抑うつ状態や不安障害は、脳や内分泌系に害を与える恐れがあるので専門家に相談しよう）。

エンパシーの観点で感情を理解すれば、あなたの感情（そして他人の感情）に脅かされたり、不安にさせられたりすることはなくなる。自分や他人の中に恐怖があるなら、この感情の背後には素晴らしい直感が潜んでいることに気づくだろう。怒り、恥辱、嫉妬が現れたなら、その感情を使って境界線を引くといい。きっとそれが、この聖なる境域で自分の尊厳を早々に取り戻せる兆しとなることがわかるだろう。気が滅入っているのに気づいたなら、それはまず何よりも自分を休ませることが求められている証拠である。ひどく動揺させられる感情でも歓迎し、効果的に利用することで、必要なメッセージが送られてくるだろう。

「感情的になると厄介なことになる」というのがこれまでの常識だった。例えば、泣き始めたなら涙が止まらなくなり、怒りに任せていると銃を乱射して大勢を撃ち殺しかねず、抑うつ症状は自殺につながる、といった具合である。しかし、感情と意識的に取り組むことにすれば、まったく逆のことが起きる。十分に泣いたあとは、悲しみが通り過ぎ、魂は浄化され、涙は自然に乾いて、元気を取り戻せる。怒りと適切に交信できたなら、誰も傷つけることにはならない。実際に、怒りの中に含まれている優れた性質が、破壊されていた境界線を修復し、まわりのすべての人も保護してくれる。

感情だけでは混乱は起きない。たんにエネルギーと情報を送ってくるだけである。感情が苦しみの原因になってしまうのは、感情にしっかり踏み込もうとしないせいだ！　この生半可な状態が、癒されることのない抑うつ、何度も繰り返される怒り、解決されない不安に襲われてしまう原因となる――それは適切な方法で、きちんと感情に対処していない明白な証拠である。

しかし、感情の川の中に入るときは、誰でも不安を抱いてしまう。感情の中には、自分には難しくて歯が立たないように思えるものがあるからだ。その場合は、海面へと浮かんでいく泡をたどって上昇する潜水士のことを思い出してもらいたい。打ちのめされそうになったなら、思考を浮上させて、感情の流れから自由にさせてあげなさい。ただし、知性だけでは感情に取り組むことはできない。どれだけ多くの事実を積み上げたところで、感情は感情なりの方法で働き続けていくだろう。感情と交信している間、空気の元素である論理的知能を思い浮かべるのは、短い休暇のような一瞬の出来事にすべきである。ひと息入れてリフレッシュしたら、論理を振り払って、また感情に戻ろう。地や火の元素についても同じことが言える。食べたり、踊ったり、休んだり、運動したり、瞑想したり、祈ったり、夢想したり、またはあなたが選んだ地や火のエクササイズをすることで、悩まされている感情からほんのひととき解き放たれたりして、自由になろう。しかしそれで落ち着いたら、やはり感情に戻っていかなくてはならない。魂が健全になれば、もう感情がほかの元素によそ見をする必要はなくなる。

あらゆる感情にふさわしいマントラを思い出してもらいたい。「これもまた過ぎ去っていくだろう」という箴言《しんげん》だ。健全な感情は、いずれどこかに流れだしていく性質があるのだ。

◇すべてのものを結びつける

一つひとつの元素が滞りなく流れる状態にしておくのに、骨の折れる作業など必要ない。机に座っているときでも手首や足首をくるくる回していれば、身体の流れを一日中、維持することができる。あくびをしたり、ストレッチをしたり、静かに声を出したり、身体を揺らしたりするだけでもいい。思考の流れを維持するには、計画を立てたり、整理したり、考えたり、ジグソーパズルを解いたり、数学ゲーム、言葉遊びのような知的作業をすればいい。感情の流れを維持したいなら、日常生活の中で湧いてくる気分や感情を喜んで受け入れて、たとえ落書きや鼻歌の類の言葉でも口ずさんでみて、言葉を使わずに内心で表現してみよう。さらに、夢、白昼夢、想像も自由に思い浮かべることで、火の元素である霊性に話しかけ、育《はぐく》むことができる。火の元素が活発に働くようになれば、前を走る車のバンパーステッカー、流れてきた曲の歌詞や雑誌から目に入ったフレーズ、自然とのふれあい、ふと耳にした会話の断片など、いたるところに自分にとって大切なことを見つけられるようになるだろう。日常生活の中に存在する元素に敬意を払っていれば、魂という内なる村は健全になり、人生を意識的に送る準備が整うだろう。

感情と交信している間、それぞれの元素も感情に招き入れてあげるといい。感情を抑圧したり、爆発させたりしないように表現しなさい。感情が激しくなりすぎてしまうようなら、知性を引き込んで、その感情にたいして適切な質問を投げかけてみよう。または身体を利用し、感情の形、（あるとするなら）感情の色彩、温度、運動パターンを説明してみるといい。この作業を行う際には、感情を呪いではなく、メッセージや感覚として受け止めることが大切だ。感情が関連する悩みが原因で、不安になり、疲れきっているなら、グラウンディングして意識を集中させ、自分に境界線を引き、悪循環の罠にはまってしまう数多くの契約書を燃やし、元気を取り戻そう。

これらのエクササイズはいつどんな場所でもできる。職場、車中、空港で列に並んでいるときでも、実行してみてほしい。

感情という深い領域を探究するために、私の言葉をすべて鵜呑みにしたり、自分自身の考えを捨てたりする必要はない。私の願いは、読んでくれた人たちがつねに魂に意識を集中させ、感情についてはすべて自分で決断を下せるようになってもらうことだ。感情が固まったままになったり、反応しなくなったり、反復が多くて困った状況にあるなら、助けを求めたほうがいい。専門家にもサポートを求めよう。感情の中には、自分が今まで気づかなかったものもあるだろう。実はこれは素晴らしいことなのだ！　感情以外の知能も利用しながら、感情を前面に押しだしていこう。自分にとってもっとも適切な判断を下し、しっかりと立ち上がることが大切だ。人は誰でもエンパスである。だから、私の情報があなたの情報より優れている証拠など、どこにもない。

第12章

怒り
――保護と回復を助ける感情

＊怒りからの贈り物
名誉、確信、適切な境界線、あなた自身と他人の保護、人との適切な距離感

＊怒りからの質問
「何を守るべきか？　何を取り戻すべきか？」

＊怒りによるトラブルの兆候
抑圧による障害――もつれ、自己放棄、無関心《アパシー》、抑圧、境界線の喪失
表出による障害――憤怒が繰り返され、他者との断絶を招く、厳格すぎる境界線を引いてしまう、憎悪と偏見、孤立

＊怒りのためのエクササイズ
怒りを抑圧したり爆発させたりせず境界線の中で怒りの強さと交信し、次に真実を語るか誤認を修正する。健全な手段で境界線を引きなおすこの方法で、あなたとあなたの人間関係は守られる

怒りを人に例えるとすれば、堅牢《けんろう》な城の歩哨《ほしょう》と古代の賢者の性質を併せ持つ人物だ。怒りはあなたの魂の周囲を巡回して、境界線を引き、あなたやまわりの人や環境に目を光らせている。境界線が（無神経な他人のせいで）破られてしまったなら、怒りは力を盛り返し、再び相手と区別できるようにしてくれる。怒りへの質問は、「何を守るべきか？　何を取り戻すべきか？」という二点である。強い怒りをあなたが想像する境界線に移し替えてみれば、すぐに保護と回復のどちらの作業も開始できるようになる。怒りの強さの度合いに従って境界線を引きなおしてみることで、自尊心を取り戻すことができる。この簡単な作業が、怒りに対処し、内面や外部の暴力にたいする欲求を巧みに回避してくれる。なぜなら、境界線が回復されるからである。強い人間になれたとき、自然と荒っぽい態度は収まり、喧嘩腰になることも人に流されてしまうこともなくなり、しっかりした立場から話し、行動できるようになる。

一方、怒りを抑圧してしまうと、境界線を取り戻せなくなる。自分を守るのに必要なエネルギーが生まれてこないからだ。侮辱されたあとでも黙ったままでいれば、打撃はさらに深くなってしまう。逆に、対立する相手にむやみに怒りを爆発させるのは、城の歩哨が境界線を離れ、外に出て大暴れしているのと同じだ。これでは境界線は守られず、危険な状態に陥り、魂はずっと怒ってばかりになるだろう。いつも怒りの感情を周囲にまき散らしているなら、結局、新たに怒りを注ぎ込まざるを得なくなり、自分の境界線（そして他人の境界線）はさらに破壊されてしまう。怒りが過熱し、激怒や憤怒の段階に入ってしまう――しかし問題は怒りのエネルギーにあるのではなく、怒りを愚かな方法で用いてしまったことにある。

怒りが自由に流れている状態にすれば、自分が怒っていることにさえ気づかなくなるだろう。この状態なら、境界線、信念、人との適切な距離感を守っていける。自然に現れてくる怒りによって、自分を慈しみ、境界線も余裕をもって引くことができる。怒りが与えてくれる内面の力と自尊心のおかげだ。一方、怒りが自然に流れていかなくなれば、境界線をしっかり維持することもできなくなり、他人に屈辱を与えたり、困難に巻き込んでしまうことになる。自分ではなく、外界の気まぐれな意見を信じるようになり、結局、自分を危機に陥れることになるのだ。

不正や暴力で人が傷ついている姿を見ると、怒りがこみ上げてくるものだ。このことからもわかるように、怒りは社会的感情なのである。人がむやみに傷つくのを見たい人はいない。誰かがありのままの自分をさらけだしたり、傷つきやすい姿を人に見せたりすると、その正直な姿が癒やしになる。しかし、なんの前触れもなくずけずけと自分の前に感情が割り込んでくると、同じ率直な態度は脅しや押しつけとなってしまう。あなたが傷つくにせよ、私が傷つくにせよ、怒りの種類は変化してゆく。このような侵害行為は、恐怖、悲しみ、抑うつ、羞恥心などの感情を招く恐れがある。そんなとき、怒りが現れてきて、侵略されて傷ついたことがはっきりとし、再び自分のまわりに境界線を引いてくれる。たいていの場合、怒りはほかの感情と同時に伝わってくるため、間接的な感情だと誤解されがちだ。しかし、この誤解を見過ごすのは危険である。

怒りだけでなく、すべての感情は単独ではなく、集団または対《つい》となって伝わり、密接にかかわり合っている。悲しみは恐怖と恥辱の感情を伴い、収まると喜びに変わるからといって、悲しみを偽りの感情だとは言わない。恐怖と怒りがともに現れ、恐怖に立ち向かったときに満足感が生まれてきたからといって、恐怖が偽りというわけではない。同様に、怒りがどんな感情といっしょに現れてきて、どんな方法で境界線を取り戻し、どれほど幸せになったとしても、怒りが偽りの感情と呼ばれることはない。怒りの基本的メッセージは、あなた自身と同様に、他人も守ることにあるのだ。怒りは危機が訪れれば矢面に立ち、ほかの感情も守ってくれる。パニックで身動きできなくなり、身がすくんでしまっていたが、怒りが湧いてきて自分を守ってくれたことはないだろうか？　このような経験があれば、怒りがどれほど役に立つ感情かわかってもらえるだろう。怒りは悲しみ、恐怖、喜びなどあらゆる感情と同様に、取り替えのきかない感情である。怒りと悲しみの間には特別な関係があり（277ページ参照）、心を強くしなやかにしてくれる。怒りと恐怖の関係は、魂に信じられない大きな力と回復力を与え（223ページ参照）、集中力を増してくれる。しかし、このような関係は、それぞれの感情がその感情なりの方法で流れるようにしなければ、威力は半減してしまう。

健全な怒りは、境界線を引いて、問題に効果的に対処させてくれる。怒りとの関係が適切であれば、他者の境界線や個性も尊重することができる。そうすれば、人間関係は権力争い、投影、悪影響に基づくものとはならない。

◇怒りに潜むメッセージ

怒りの感情と適切に交信できれば、境界線と自尊心を取り戻すことができる。しかし、怒りが高じて激怒になってしまうと、（自分自身も含め）出会うすべての人の魂の名誉を汚《けが》すことにもなりかねない。同様に、抑圧によって境界が弱くなると、他人との区別や明確な感覚を失い、誠実さや人間性を冒してしまう犯罪の道を開く。怒りが支える頑丈な境界線の内部で、意識を集中できるようになれば、堂々と話し、行動し、自分をしっかり守りながら、活力を回復できる――抑圧のせいで殻に閉じこもって後ろ向きの人生を送ることも、怒りを爆発させる事態も防げるだろう。

具体的な例を挙げておこう。あなたがまわりのみんなから非難されていて、不快な思いをさせられているとしよう。あなたが怒りを表出することを選ぶとするなら、おそらく相手と同じように(攻撃的かつ不快な)方法で反応することになる。逆襲すれば、その瞬間は自尊心を取り戻せた気になるが、相手の中にも怒りがこみ上げてくるはずだ。ほとんどの場合、このような逆襲は対立を激化させ、事態を深刻にしてしまうだろう。反射的に卑劣なやり方で感情を爆発させれば、誰も守れないし、状況も改善されることはない。だからといって両者ともこの状況から逃げだし、優柔不断な態度を取り続ければ、尊厳、思いやり、名誉は失われる。この情けない対応によって、本来、怒りに含まれている保護、回復、尊重といった力は無力になってしまう。

では、逆の対応を考えてみよう。非難されても我慢し、怒りを抑圧してしまう場面だ。おそらく怒りを無視しようとするか、「相手の態度はたしかに不快だが、何か理由があるのだろう」と考えたりするだろう――どちらの対応も、残念ながらあなたは境界線を守れない。

ここが正念場である――攻撃されても不快感を黙認するなら(一見、思いやりのあるよい方法に見えるが)、あなたも相手も同じように傷つく結果となる。なぜなら、ほんとうの感情と取り組むのを拒んでいるため、人間関係や人生のあらゆる領域にも、やがて不和やごまかしが蔓延することになるからである。

では、第三の反応を見ていくことにしよう。怒りの感情に敬意を払い、この感情と適切に交信すれば、人に攻撃されて怒りが生まれても、許せるようになる。すなわち、怒りが現れたことと、攻撃された事実に敬意を払えるようになるのだ。怒っていないふりをしたり、怒りを爆発させて相手を打ち負かそうとしたりせず、怒りと交信するのは感情の領域ではもっとも簡単な作業だ。なぜなら、怒りには境界線を引いてくれる力があるからである。あなたがやるべきことは、怒りの力で境界線が強くなっていく様子を想像することだけだ。怒りの色彩、熱、音や感覚を想像し、境界線にその様子を注ぎ込めばいい。実際に、怒りで煮えたぎっているなら、境界線に火を放つイメージを抱くといいだろう（私はこれを「炎上境界線」と呼んでいる）。このように素早く処置することが、怒りに敬意を表し、焦点を当てることになる。攻撃を阻み、グラウンディングして意識を集中することで、事実を明確に眺められるようになる。自分の境界線を取り戻せば、実は相手のほうが危機を抱いたり、自己卑下しているために、あなたを攻撃しているという事実に気づくだろう。

相手の挑発に乗ってやり返し、危機感を煽る代わりに（または対立を無視して、ますます相手の批判を受けてしまう代わりに）、怒りという感情の流れに従って適切な行動をし、自分自身を巧みに守っていこう。忘れてならないのは、誰もがエンパスであるということだ。あなたに変化があれば相手はそれを察し、何かしら感じ取るかもしれない。あなたがしっかりグラウンディングしているなら、相手はつっかかってきたり、逆に自分を抑圧したりしなくなる。なぜなら、境界線が回復している人は、人とのやり取り全般で自分の境界線を維持しながら、相手も守ってあげられるためだ。敵対する相手の行動に対して言葉で境界線を引いたり（悪いけど、なぜ喧嘩を吹っかけてくるの？）、控えめなユーモアを持ちだしたり（私がへまをしでかしてしまったのはわかるけど、「ばか」というのは言いすぎじゃないかい？）できる。怒りそのものも、怒りが生みだした状況も進んで受け入れたら、あなたは暴れる困った人にも、情けない弱虫にもならず、出会ったすべての人の魂を保護する素晴らしい歩哨になれるだろう。

「栄光とはけっして失敗しないことではなく、失敗するたびに立ち上がることである」という道教の言葉は、とりわけ素晴らしい怒りの利用法を教えてくれる。それは事実を素直に受け入れることである。境界線が定期的に脅かされ、自尊心は踏みにじられ、大切にしている信念は攻撃されて、善悪の感覚も徹底的に批判されることは珍しくない。しかし、打撃で被る傷を隠すことではなく、失敗しても名誉、思いやり、誠実さを失わず、再び立ち上がることが重要なのだ。だが、むやみに怒りを爆発させる人は自分が人生の支配者だと思い込み、人につらく当たれば失敗せずにすむと考えている。逆に抑圧すると、かなりあとになってから悪影響となって現れてくる（抑うつや不安症になる恐れがあるのだ）。なぜなら、健全な怒りの力が届かなくなり、再び立ち上がれなくなるからである。

攻撃されたり、侮辱されたり、怒りを押しつけられたとき、その怒りの強さを境界線に向けたなら、立ち上がることができるだろう。このように怒りときちんと交信すれば、怒りの強さはマイナスにはならない。実際に、怒りの強さが境界線を引いて、グラウンディングする能力を高めてくれるのだ。

健全な怒りは、あなたが抱く感情の中できわめて決定的な役割を果たしている。それは、あなた自身、あなたの道徳的構造、周囲の人物を保護するために存在している。あなたの怒りと個人的境界線には密接な関連があることを忘れないようにしよう。

エクササイズ　怒りをグラウンディングする

自分を太陽だとイメージし、身体の内側から怒りで輝いて、その輝きが境界線の中に広まっていくのを感じてみましょう。このエクササイズは怒りという感情を進んで受け入れて、交信するためのものです。怒りは境界線を引きなおし、身体を保護し、魂を活性化させてくれます。太陽のエネルギーによって、自分を抑圧せず、だからといってむやみに爆発させて自分や他人を傷つけることもなく、怒りの原因を受け入れて、対処できるようになります。

1. 自分の関心に意識を集中するため、グラウンディングします。そうすれば、自然に背筋が伸びていきます。
2. 怒りを境界線に注ぎ込みます（怒りをずっと抑えていては、いずれ爆発してしまうでしょう）。これが怒りのエクササイズの中心となります。怒りを抑えたり、他人にぶちまけたりする古い習慣を捨て、対立している相手と話し合うときは、怒りを境界線に注ぐイメージを描きましょう。
3. 話し合いの最中、感情が激しく押し寄せてきたなら、席を立ちましょう。グラウンディングで熱が地下に放出されている様子を想像し、小休止します。私は（大声でもいいのですが）密かに不満をつぶやいたり、足を踏み鳴らしたり、火炎放射器や爆弾で古い契約書を燃やす様子を思い浮かべます。

4．小休止を終えたら（驚くほど素早く回復します）、敵対する相手と再び議論します。席をはずしている間に、怒りの感情が別の感情へと移っていき、対立は新しい方向に向かうことになるでしょう。

5．対立が解消されたなら、再びグラウンディングして、意識を集中してください。そして、契約書をさらに燃やし、身体を動かし、元気を取り戻します。怒りは信じられないほどのエネルギーをあなたの身体の中に放出してくれます。それが気分を一新させ、自分のあらゆる部分を今この瞬間に集中させてくれます。

「何を守らなくてはいけないのか？」「何を取り戻さなくてはいけないのか？」という、章の冒頭に挙げた怒りに関する質問を思い出そう。あなたがやらなくてはいけないのは、勝負の決着をつけることではなく、自分の弱点やもろさを理解することだ。自分は強い人間に生まれ変われるという事実に気づいてもらいたい。誰かと対立すると、侮辱されたり、傷ついたり、失敗したりすることもある。しかし、あらゆるつまずき、後退は、成功や進化に必要不可欠な要素なのだ。健全な怒りを抱いているからといって、無敵になれるわけではないが、威厳、思いやり、ユーモアを忘れずにいれば、失敗するたびに立ち直れる力が湧いてくるはずだ。

◇他人の怒りを尊重する

多くの人は、怒っている人に誤った接し方をしている。まるで怒るべき理由などないかのように、冷静を装って対応するのである。それが正しい態度のように見えるが、実際には怒っている人を抑圧し、孤立させることになってしまう。しかし、自分に境界線を引いたうえで、癒やすことを目的として相手の怒りに焦点を合わせれば、神聖な空間がつくりだせる。怒っている人間が孤立することも恥じることもないのは、あなたが味方だという姿勢を見せるからだ。この仲間意識があれば、他人の境界線を取り戻す手助けもできる――不満を言わせてガス抜きをさせてあげたり、思いやったりすることで、自分の境界線を維持しながら、相手の境界線も引けるようになる。相手に敬意を払うのに、さほど時間やエネルギーはいらない。アドバイスしたり、解決策を考えたり、知識人ぶったりする必要もない。なぜなら、怒りの理由さえ探してあげれば、数分後には相手が自分で解決策を見つけられるからだ。逆に、甘い言葉をかけて怒りを静めさせたり、無視したり、たしなめようとするなら、相手は自分が怒っている理由を理解できなくなる。これでは、相手は学んだり、成長したりすることができなくなる。

怒りは保護が必要なときに生じる。ゆえに、相手とやり取りする前に、自分自身を守ることを心掛けよう。飛行機に用意してある酸素マスクがいい例だ。緊急事態が発生したとき、何よりもまず自分が酸素マスクを装着しなくてはならない。怒りという緊急事態が発生した場合、相手に介入する前に、自分の境界線をまず引いておかなくてはいけない。

怒った人に対応するとき、自分自身に「守る必要があるのは何で、取り戻す必要があるのは何か?」

と冷静に、かつ繰り返し自分に聞いておくのがいい。この質問によって、怒っている人自身が怒りについてじっくり考えられるように促すことができる。「教えてあげよう」などと思ってはいけない。相手に干渉すれば彼らの境界線はさらに壊れやすくなってしまう。

矛盾するように思えるかもしれないが、いつも怒っている人は、実際には思いやりのある人なのである。なぜなら、怒りはかならず心配と正比例の関係にあるからだ。（自分にとって重要ではない人を怒ることなどできない）。いつも怒っている知人がいるなら、その人に感謝しなさい――その人にとって世の中はあまりにわずらわしく、境界線はボロボロになっている。苦しんでいるのは、怒りのためではなく、自分の大きな不安に取り組めずにいるからだ。つねに怒っている人は自分の周囲のいたるところで不正を目撃している。そのため、世の中をコントロールして、苦しみを消し去りたいと願っていて、怒りを爆発させているのだ。同時に彼らは怒りを周囲にぶちまけることで、自分自身もひどく落ち込ませているかもしれない。乱暴な振る舞いをするのは、自分の望みが叶えられないからなのだ。怒っている人の周囲にはあまり人は寄りつかない。しかし、彼らは本質的に人道主義者であり、何より平和を望んでいるのである。

◇怒りで行き詰まったときやるべきこと

怒りのせいで不快感が残っているなら、エンパシーの力で受け入れよう。怒りには身体の中に変化を起こす強烈な熱と活力が含まれている。そのため、エネルギーや力、そして多少の苛立ちも感じるものだ。しかし、落ち着かずに、イライラしたり、頭痛がしたり、みぞおちがキリキリ痛んだりするなら、怒りが湧いてきたとたんに、つらい気持ちになってしまう契約が結ばれているせいかもしれない。私たちのほとんどがこのような契約を結んでおり、幼いころから、怒るのは恥ずかしいことだと思い込まされている。今まではこの契約は、自分を保護する役割を果たしてきたかもしれないが、エンパシーのスキルを身につければ、契約を新しい目で見直すことができる。

ほかの感情と同様に、健全な怒りが現れてきたなら、問題に取り組んで、一歩進んだ次の段階に向かうことができる。怒りがなかなか収まらず、動揺したり、身体に不調があるなら、怒りの流れが止まって、よどんでいるのだ。怒りに絶えず嫌な感じがつきまとうなら、怒ると罰が与えられるような関係があるせいかもしれない。この関係はひとつの契約（複数ある可能性もある）だと想像してもらいたい。その契約書を燃やせば、怒りの感情は流れを取り戻し、本来、怒りに備わっている癒やしの力が発揮できるようになる。そのためのエクササイズを試してみよう。

エクササイズ　怒りの契約書を燃やす

1. 意識を集中し、グラウンディングし、境界線を明るくする様子をイメージします。
2. 自分にとって問題となっている怒りの真ん前に、契約書が現れるイメージを浮かべてください。
3. 意識を集中させて不快感を深く吸い込み、契約書に不快感を吐きだすように、大きく息を吐きだします。この作業を繰り返すと、怒りを客観的に眺められるようになるでしょう。

4. 次に、感覚、思考、感情、イメージを深く吸い込み、契約書の上に吐きだします。最初の契約書がいっぱいになってしまったなら、新しい契約書を思い浮かべて、同じ作業を続けます。

5. ある程度吐きだせたと感じたなら、契約書を丸めて燃やすイメージを描きます。

6. 終了したら、外に遊びに行って、元気を取り戻しましょう！

ここで注意しておきたいのは、いつも怒っている男性の場合、抑うつの兆候が潜んでいるかもしれない点だ。しょっちゅう怒っていたり、何かにつけて「間違っている！」と指摘しては激高するなら、医師やセラピストに診てもらうことだ。怒りは激しい感情であり、脳の神経伝達物質や内分泌系は簡単にパニック状態に陥ってしまう。バランスの乱れが、怒りの感情ばかりが現れる原因かもしれない。専門家の助けや支援を求めよう。

◇激怒と憤怒にどう向き合うか？

激怒と憤怒は、怒りに注意を払わなかったり、極端に境界線を侵されたり、自分の感情をまったく無視されたりして、ひどい苦境に立たされたときに現れてくる。激しく怒っている人の身体的、感情的状況を注意深く観察してみよう。極端な怒りは長年にわたって蓄積された可能性があり、職場や家庭は耐えられないような状況になっていて、バランスが損なわれているかもしれない。もしこのような激しい怒りと何度か交信してみても、不快感が収まらない場合には、専門家に相談してほしい。

激怒と憤怒は膨大な量のエネルギーを運んでいく、急流のような激しい感情である。表出されると、ほぼ間違いなくあなたや他人に害を及ぼしてしまうし、この激情を抑えつければ魂にまで被害が及ぶ。しかし、しっかりした境界線を引いて、自分を打ちのめす破壊的な契約書を燃やしてしまえば、癒やされ、より強くなれる。激怒や憤怒の中に潜んでいる強大な力が、境界線を取り戻し、危険な行動とは距離を置き、犠牲者的な行動から抜けださせてくれる。

◇第三段階の道への聖なる空間

エンパシーでトラウマを癒やすプロセスには、地図やガイドブックは存在しない。魂は自分なりの時間ややり方で作業を開始する。それは過酷な旅だ。激怒や憤怒が最初に現れてくるのはごくふつうのことだが、かならずそうなるとも限らない。まずトラウマのフラッシュバックとともに、恐怖、パニック、驚愕といった形で現れる人も一定数いる。

フラッシュバックのプロセスが重要なのは、最初に傷ついたとき（第一段階と第二段階）の状況に自分を戻してくれるからである。魂が元素と知能を備えているなら、自分をトラウマ・サバイバーとみなし、災難を克服できた人間として行動できる。こうした人にとって、フラッシュバックは、本質的に魂の大掃除ができる機会と言えるだろう。グラウンディングし、契約書を燃やすことで、追い詰められていた自分の立場や感情を解放してあげよう。エンパシーに関する質問をし、身体を動かし、時には過去に蹴りとパンチで応戦して（このエクササイズは恐怖に関する第16章やパニックに関する第19章で詳しく説明する）乗り越えるのだ。しかし、グラウンディングや境界線を描く作業がしっかりできていないと、最初の不快な出来事で受けた衝撃とまったく同じように、ひどいトラウマが再現されてしまう。そうなると、完全に打ちのめされてしまうだろう。解離したり、感情を抑圧したり爆発させたりといったことを繰り返すか、さもなければ苦しみから逃れるために薬物や娯楽に依存することになってしまう。

エンパシーを使った癒やしのプロセスは、トラウマの記憶に正面から向き合うために必要な手段と情報を提供し、現状から逃避してしまうのを防いでくれる。激怒や憤怒と交信し、境界線をきちんと引けるようになれば、もっとも重要な仕事を実行するのに必要な、神聖な空間をすぐにつくりだせる。グラウンディングできれば、どんな感覚が浮かんできても、身体を安定させてくれる。境界線の内に意識を集中すれば、どんな考えが浮かんできたとしても、自分を魂の中心に引き戻せる。契約書を焼き捨てることができれば――行動、記憶、フラッシュバック、苦痛、さらには人間関係でさえ――どんなことでも消し去ることが可能だ。このプロセスを終えれば、自分を再生し、魂のあらゆる部分に流れを取り戻せるのだ。準備が完了すれば、通過儀礼の第三段階に向けて力強く旅立つことができる。

第13章

無関心《アパシー》と退屈

――怒りの仮面となる感情

＊無関心《アパシー》と退屈からの贈り物

距離を置く、境界線を引く、隔離、小休止する

＊無関心と退屈からの質問

「何を避けているのか？　何を意識すべきなのか？」

＊無関心によるトラブルの兆候

創造的な活動を停止させる単調な無関心、無感動、注意力分散

＊無関心と退屈のためのエクササイズ

投げやりにならずに、孤立し、ひとりになりたい欲求を尊重する。無関心の中に潜む怒りを利用し、健全な方法で境界線を引いていく

怒りに適切に対処するための時間、エネルギー、能力がない場合――自分や他人の境界線を守れなかったり、不正に反論できなかったり、自分の環境になんの影響も及ぼせないという無力感に襲われた場合――あなたは無関心、すなわちアパシーになってしまうかもしれない。この状態では、不快な状態から距離を置く保護的な態度を取ることで、内面の真実は隠されてしまう。アパシーは「かかわりたくない、面倒だ。どうでもいい」といった態度を取ることで、感情を抑えてしまう。そして、テレビ、（おいしいが身体によくない）食べ物、新しい恋愛、旅行、お金、買い物、称賛、手っ取り早い解決策などの気晴らしを求めてしまう。これは解離された状態であり、この誤った欲求のせいで状況は悪化してしまう。感情を隠しているために無力になり、変化を待ち望んではいても意識的に変えていける気持ちにはなれない。

アパシーになってしまうと、集中力や勤勉さはなくなり、〝小さな休暇〟を取るようになる――夢想にふけったり、娯楽や好きな食べ物に夢中になったり、だらだらテレビを見たり、くだらない本を読んだりして時を過ごす。働きすぎているなら、気晴らしをしたいという気持ちが起きるのももっともなことだ。アパシーを快く受け入れられるなら、無為に過ごす時間はすぐに終わるだろう。しかし、アパシーに強引に抵抗しようとすれば、たちまち魂のバランスは失われてしまうだろう。では次に、休憩を取る欲求を叶えながら、魂のバランスを維持する方法を紹介していこう。

◇アパシーが秘めたメッセージ

アパシーには怒りや抑うつの要素が隠されている場合が多い。怒りや抑うつは不適切な環境や壊れた境界線に反応して現れてくる。アパシーは大急ぎで境界線を引こうとして、ものを買ったり、依存や気晴らしに頼ったり、皮肉や理想的で完璧なシナリオを描いたりする。アパシーは境界線が喪失していることを伝え、急いでこの状況を変えていくべきだとほのめかしてはいるが、そのための建設的な行動を起こすことはない。注意散漫という手段にほかならないアパシーは、一日中どうでもいいおしゃべりをしたり、不満を述べたりはするが、それでは何も変わることはない。しかし、第10章で紹介した「意識的に不満を言う（139ページ参照）」という方法が、アパシーの素晴らしい解決策となる。意識的に不満を述べれば、アパシーの愚痴をエクササイズに変換できるのだ。

アパシーと退屈は、効果的な行動に着手できない多くの状況では、重要な機能を果たしている。例えば、学校や両親に人生を支配されている十代の若者は、よちよち歩きの幼児とまったく同様にアパシーに苦しめられていることが多い。現在は、昔の部族社会のような思春期に行われる通過儀礼はなくなっているので、大人へと成長するための筋道は立てづらくなってしまった。大人になろうとしている若者は尊重されず、思春期に用意されているのは退屈とアパシーである。このあまりに堅苦しい環境では、進歩ものろくなってしまう。変化に乏しい、終わりのない日常から解放されるまで、ただ黙って待つ以外にないのだ。アパシーの内面には信じられないほど大きな怒りが隠されていて、抑圧状態は徐々に強くなっている。しかし、現代の文化の中で、思春期の退屈は「行儀のよさ」と勘違いされている。

大人のアパシーと退屈は十代のものとはまったく別である。退屈とは、その人が活発で知識のある人間でなく、受け身の環境の犠牲者になっている証拠だ。（十代の子どもには想像できないほど、多くの選択肢があるが）大人が抱く退屈は、感情の抑圧、現実回避、解離の現れである場合が多い。だからといって、アパシーや退屈を憎むべき感情と考えてはいけない。魂のバランスが乱れたり、解離状態になったり、感情をしっかり把握できない場合、大人はアパシーという仮面をかぶらざるを得ないのである。多くの人がアパシーを利用して、感情の自然な流れを遮っているのだ。

アパシーと気晴らしが、状況を変えられる唯一の手段だという人もいる。ひとつの仕事に退屈したらほかの仕事を選び、人間関係に疲れたら、別の人と関係を結ぶ。素晴らしい車を買ったり、お金を稼いで素敵な夏期休暇を手に入れるために、重い足取りで会社に出掛ける。こうして、私たちは生き抜いているのだ。ほんとうの自分の姿に気づかず、理想的な人生を送れずにいる。しかし、いつまでもアパシーを続けることで、深刻な問題から目をそらしていられる（これは私たちの文化にとって、深刻な問題だ）。アパシーと退屈はこのような愚かな代償行為によって、抑うつや不安症を防いでいるのである。

退屈を救ってくれる多くの刺激を利用して、私たちは抑うつと不安に対処している――ほとんどの人は、自宅でテレビ、電話、音楽、コンピュータを利用する。二十四時間、つまらない情報に耳を傾け、休息、静寂、瞑想、プライバシーのための時間は持てずじまいだ。なぜなら、私たちがそんな世界をつくりだしてしまったせいだ。お金、家、人間関係を求めてあたりを嗅ぎまわり、健康や外見にこだわって無益な戦いを繰り広げている。こんなひどい状況の中で、なんとか自分や他人を癒やそうとしているが、平穏な時間はほとんど残されてはいない。このように四六時中、興奮状態にいる人間は、ゆっくりとした時間を過ごさず、やすらぎの気分に浸ることもないだろう。私たちは睡眠を削って、自分にはまだ手に入らないあらゆるものを所有しようとして、結局、ひどい抑うつや不安に陥ってしまう。仕事漬けになり、休むこともせず、ゆっくり過ごすこともなく、ネットサーフィンをしたり、テレビをつけたり、娯楽に熱中したりして、ほんとうの自分を見失ったまま、現代社会をむなしく過ごしている。新しい車、素晴らしい恋人、違う仕事、おいしいパイがあれば、病は治ると信じ込んでいるのだ。アパシーは私たちを浅はかな人間にしてしまい、ごくわずかなものしか与えてはくれない。やっていることといえば、感情を押し殺して、私たちを無意味な活動に専念させることだ。感情が鈍化している文化は、ほんとうの感情や素晴らしい想像力に浸る時間は無駄だとでも言っているかのようだ。家賃を払い、子どもを育てるための障害だと思わせているのである。エンパシーを使う生き方をできなくしているのだ。もちろんそのような考えは誤りだ。私たちの文化にたいし、エンパシーは立ち止まって自分の感情を確かめたり、夢を見たりするように訴えている。私たちは走り続けなくてはいけない状況に追い込まれている。こうして私たちは注意散漫なロボットに変身させられているのだ。次のエクササイズは、自分を〝人間に戻す〟のに役立つだろう。

エクササイズ　**アパシーの仮面を取る**

アパシーは休むのを嫌がるか、境界線を引かず、怒りと適切に交信できないかのいずれかの原因で発生してきます。ここで重要なのは、このふたつのアパシーの原因の間にしっかり区別をつけること。では、その違いを知る方法を紹介していきましょう。

今、あなたがアパシーになっているなら、その状況について深く掘り下げなくてはいけません。例えば完璧な恋人を求めているなら、理想にぴったりの人が現れるのをただ待つだけの日々を送っていても見つかりません。自分自身が、理想の人物にふさわしい素敵な人間に成長する努力をしましょう。

もっと素敵な家、素晴らしい車、素晴らしい身体、素敵な服を求めているなら、最善のエネルギーを「今持っているもの」に注ぎ、今をもっと素晴らしい状況に変えることです。アパシーの要求を探究していけば、意識的に行動し、自分のほんとうの問題を探しだせるようになります。

アパシーが休むことへの拒否反応だとするなら、次のエクササイズによって抑うつ状態（305ページ参照）や悲しみ（275ページ参照）の原因が解明されるでしょう。

1. 境界線をしっかり引き、グラウンディングし、数日間、できるだけ元気を取り戻すエクササイズ（そしてもちろん、休息すること！）を実行し、活力を補いましょう。
2. 睡眠障害がないか調べてみることも大切です。睡眠障害に悩む人は驚くほど多く、この症状がひどい場合には、医師に相談してください。

アパシーが怒りを隠すための仮面だとするなら、このエクササイズによって、怒りの感情が表面に現れてきます。怒りを感じてうろたえたり、攻撃にさらされやすくなったり、引きこもったりしてしまうかもしれません。怒りに関する第12章に戻り、境界線をしっかり引いて、契約書を燃やし、怒りの感情から送られてくる情報を使って自分を守ってください。アパシーと退屈が習慣になっているなら、この悪循環を断ち切るために、このエクササイズを数回、繰り返します――この悪循環は、事態を完全に把握できるようになれば止めることができます。

学校や職場には、あまりに多くの制約があり、私たちは形だけそれを守って、お茶を濁している。この状況は、アパシーと退屈の温床となってしまう。私は、大学時代のノートを思い出す。あのたくさんのいたずら書きは、授業がどんなに退屈だったかの証拠だ！　教室で、私は町全体の絵を描いたり、ウェブサイトのデザインをしたりしていた。アパシーがなければ、自分の退屈を紛らわすために、授業の妨害をし、先生に恥をかかせてしまっていたかもしれない。

現状を変えていきたいのにそれに伴う責任は回避し、アパシーの仮面をかぶって、境界線を消したままにしているなら、意識を集中し、グラウンディングしよう。アパシーに「何を自分は避けているのか？」「どうすれば自分は意識的になれるのか？」と問いかけよう。質問の答えに耳を傾け、アパシーの仮面の下の素顔を覗いてみることだ。こうして、実際に自分が感じているものを見つけだしていこう。

◇他人のアパシーを尊重する

他人のアパシーはなかなか尊重できないものだ。なぜなら、無感動な人間は不健全な手段を使って、人から距離を置こうとするからである――彼らは適切に境界線を引こうとはせず、自分を孤立させ、自らエネルギーを投げ捨てている。これでは自分を衰弱させてしまい、人間関係がうまくいかずに孤立してしまう。こうして孤独が孤独を呼び、無気力さを振り払おうと、安易な刺激に手を染める。こんな悪循環が始まると、その環境を断ち切れる者はひとりもいない――本人が自覚して止める以外にないのだ。しかし、このような状況にうまく介入する多少のアドバイスはある。まず、アパシーになった人と接触する場合、自分の境界線をしっかり引くことだ――それが自分だけでなく、相手も守ることになる。アパシーにとらわれた人には皮膚がないと考えてみよう。むきだしの肌にさわれば、彼らはますます衰弱してしまう。

そこでアパシーになった人が思い切り不満を言えるように、苦しみにひたすら耳を傾けてあげよう。そうすることで、アパシーの仮面の下に潜んでいる怒り、疲労、抑うつの状態を掘り起こしてあげられるかもしれない。自分の境界線は引いたうえで、相手に感情が現れてきたときには心から受け入れることだ――それが他人のアパシーの悪循環を断ち切るための唯一の手段である。他人の中に神聖な場所をつくりだすことができたなら、（今まで、それを拒絶されていたとしても）相手が目を覚まし、再び、集中力と魂のバランスを取り戻す手助けができるだろう。

第14章

罪の意識と羞恥心

――誠実さを取り戻す感情

＊罪の意識と羞恥心からの贈り物

償い、誠実さ、自尊心、行動の変化

＊罪の意識と羞恥心からの質問

「誰が傷つけられていたのか？　何を正さなくてはいけないのか？」

＊罪の意識と羞恥心によるトラブルの兆候

何も教えてくれず、人間関係も癒やしてくれない、有害な罪の意識が何度も繰り返される。危険を招きかねない恥知らずな振る舞い

＊罪の意識と羞恥心のためのエクササイズ

しっかりした境界線を引き、罪の償いをし、自分の行動を修正する。偽りの羞恥心を捨て去り、心と人間関係を癒やしてくれる神聖な空間をつくりだす

罪の意識と羞恥心は――自分が間違ったり、間違えたと思い込んだりすることで――境界線が内側から崩壊したときに生まれてくる怒りである。怒りが外部と向き合い、外部の打撃から境界線を守ってくれる素晴らしい歩哨《ほしょう》であるとするなら、罪の意識と羞恥心は、自分の内面と向き合い、誤った行動から自分（そして他人）の境界線を守ってくれる歩哨である。意識的で規律のある人間に成長するためには、ひじょうに重要な感情でもあるのだ。この感情の助けを借りれば、行動、感情、思考、欲望、霊的な渇望、エゴの構造をきちんと監視できるようになる。しかし、罪の意識と羞恥心を意識的に利用できなければ、自分の姿を理解するのは難しくなり、不適切な行動、依存、強迫観念に取り憑《つ》かれ、健全な魂は育てられないだろう。

自由に流れてくる罪の意識と羞恥心には癒やしの効果がある。この素晴らしい影響が魂に行きわたっていれば、恥にとらわれたり、自責の念に駆られることはなく、優れた倫理観で自分の行動を判断し、監視する勇気と、誤った行動を修正する力が身についていく。誠実な罪の意識と羞恥心の舵をきちんと取っていれば、自分に誇りを感じ、自然に幸福や満足を抱けるようになる。

しかし、あいにく、あらゆる種類の怒りは、世間からは誤解され、悪く言われてきた。そのため、罪の意識と羞恥心は抑圧され、誰もが幸福と結びつけることはなくなった。不必要、間違い、有害、依存症、不自然とされた罪の意識と羞恥心は、投げ捨てられてしまったのである。これが適切な判断だとされてしまうのは、誰もが罪の意識や羞恥心のために痛い思いをした人間を見たことがあり、それればかりか身をもってその痛みを味わった経験があるからである。さらに残念なことに、きわめて重要で回復力も備えているこのふたつの感情は意識されなくなっている。あまりにも完全に拒絶されてきたので、存在すら見えなくなり、理解されることもなくなっているのだ。

◇罪の意識と羞恥心の違いとは？

十代の初め、私は「罪の意識と羞恥心は役に立たない（useless）感情である」と断定する自己啓発書を読んでいた。その本には、人間はみな完璧な存在だから、自分がやるすべてのことに罪の意識や羞恥心を感じてはいけないと書かれていた。私にとって、その考えはとても奇妙に思えた。辞書を引いて、「罪がない（guiltless）」「恥を知らない（shameless）」という言葉を調べ、どちらも祝福すべきものではないことに気づいた。罪がないとは、白紙の状態を意味する。すなわち、罪がない人間とはまだ生まれていない人間にほかならない。恥を知らないとは、分別がなく礼儀知らずで厚かましいということだ。自制心がなく、社会不適合で、自意識過剰が目につく性質である。だから、恥を知らない人間は、人間関係のスキルを身につけてはいないだろう。罪がないこと、恥を知らないことの意味を調べることは、罪の意識と羞恥心の本質的な意味を理解する助けとなった。

興味深いことに辞書の定義で「罪の意識」とは、まったく感情とは関係なく、悪事に関する知識と認識を示しているにすぎない。罪とはその状況において、法律や道徳に照らし、有罪か無罪かの判断をしている。罪の意識を感じることができないのは、罪とは具体的状況を言うのであり、感情的状況ではないからである。悪いことをして有罪となることと、幸せだったり、怒ったり、恐れたりする感情とは関係ない。悪いことをせず無罪であっても、それは感情とはまったく関係ない。おそらく罪の意識を感じる唯一の方法は、罪を犯したことをまだ覚えていない場合である（有罪かもしれないと感じてはいるが、断定できない）。実は、このような場合に感じているのは、罪の意識ではなく羞恥心である。そして、羞恥心が感情で、罪は事実に基づく状態ということになる。

羞恥心とは罪の意識と悪事から生まれてくる自然の感情である。健全な羞恥心を魂の中に喜んで受け入れれば、境界線が破壊されても、この感情の持つ巨大なエネルギーで取り戻すことが可能になるだろう。しかし、ほとんどの羞恥心は歓迎されることはない。「恥を感じる」ではなく、「罪を感じる」と言うことで、私たちは羞恥心の意味を曖昧にしている。それが、罪に気づき、認識し、適切に交信して、その償いをすることをできなくしている明らかな証拠である。この状況が不幸なのは、自由に流れてくる適切な羞恥心を進んで受け入れ、敬意を払わないかぎり、自分の行動を調整できないためである。恥を知らないがゆえに、悪いとわかっていることを相変わらず続けてしまい、自分で止める力を持てずにいる。繰り返し罪を犯すのは、世の中に恥の意識が完全に欠落しているせいだ。

「罪の意識を感じる」といった不正確な言葉を使い続けていれば、過ちを正したり、悪いことを改めたり、行動を改善したり、羞恥心の原因を見つけたりすることはできない――すなわち、ほんとうの幸福や満足感を味わえなくなる（幸福や満足が生まれるのは、複雑な感情をうまく乗りきれたときだ）。「私は恥じている」ときちんと話せないなら、改善することはない。さらに深くこの話題を掘り下げていく前に、再度言っておこう。罪とは事実に基づいた状態であり、感情ではない。罪はあるか、ないかのどちらかである。無罪なら恥じることは何もない。しかし有罪であり、罪を感じていて、その事実について自分が何をすべきか知りたいなら、羞恥心があなたに伝えてくれる情報を受け入れることだ。

◇羞恥心が伝えるメッセージ

羞恥心は、なんの助けや許可もなく、津波のように押し寄せてくる。そうなると身動きが取れなくなり、顔は赤らみ、言葉を失ってしまうだろう。スキルがなければ、この状態から脱することができない。どうして羞恥心にとらわれたのかすら、わからなくなる。たちまちあなたは機能不全に陥ってしまうが、そこにきちんと取り組んでいるなら、このような停止期間は祝福になってくれる。しかし、あなたが対処しているのが誰かに押しつけられた羞恥心なら、害にしかならない。

羞恥心が真実のもので、その欠点や失敗に適切に反応するなら、この感情はやがて過ぎ去ってくれる。喜んで受け入れるなら、おかしなことをしでかしたり、間違ったことを口にする前に立ち止まることができ、おかしな行動や人間関係に巻き込まれることもないだろう。適切な羞恥心は、悪意、はったり、窃盗から自らを遠ざけてくれる——誰も見ていなくても、礼儀正しく正直でいられるように、あなたをしっかりと導き、誘惑の魔の手から守ってくれるのである。興味深いことに、適切な羞恥心は詐欺師や策略家の犠牲になるのを防ぐ〝予防接種〟の役割を果たしてくれる。自分の無意識の行動に進んで光を当てようとするので他人の不正にも気づき、悪事に巻き込まれることもないので、悪夢に陥らずにすむ。

◇ほんとうの羞恥心を確認する

ほとんどの人は（とりわけ、人を傷つけたとき、誰もが自然に感じる）ほんとうの羞恥心や後悔を進んで受け入れて、対処する方法を教えられていない。両親、同僚、メディアなどの権威ある人たちは、子どもには自分の行動を自分で管理する能力があると考えず、恥ずかしい思いをさせることで羞恥心を植えつけ、コントロールしようとしてきたのである。その結果、ほとんどの人は自然の羞恥心を抑え込んでしまったため、自分の行動をうまく管理できない大人に育ってしまった。あるいは自分の恥の意識を周囲にぶちまけて、恥をかかせて人をコントロールしようとしている。このような悲しい行動を続けていると、ほんとうの羞恥心は感じられなくなる。こうして、想像以上に押しつけられた羞恥心が世の中にはびこってしまったのである。

羞恥心との健全な関係がなければ、良し悪しの判断基準は他人から無理やり押しつけられたものになるだろう（女の子ならそんな振る舞いはしない。男の子は泣いたりするものじゃない。家族にたいして怒ったりしてはいけない。うぬぼれた人間が好きな人などひとりもいない。これをやらなくては誰もあんたを愛してくれなくなる）。このような言葉を浴びせられて、多くの人が押しつけの羞恥心に苦しんできた。

しかし、ほんとうの羞恥心に気づけるなら、そこに含まれる激しいエネルギーの力でしっかりした境界線を引いて、身体中を徘徊する間違ったメッセージや、押しつけの羞恥心を取り除くことができるだろう。ほんとうの羞恥心は賢明で、流動性があり、力を与えてくれる。クッキーに手が伸びたとしても、食べる必要がないと気づけばやめられる。これが適切に機能しているほんとうの羞恥心である。食べるのをやめたあなたは、自分を意思の強い意識的な人間だと思える。その行動にためらいがないのは道徳律に従って生きている証しである。あなたがデンタルフロスを使うのはきれいな歯でいたいからだし、薬物や犯罪を避けるのはそんなものがなくても立派に生きられるからで、人に敬意をもって接するのが正しい行為だと感じているからである。本物の羞恥心は衝動にやさしくブレーキをかけてくれるので、刺激もさほど感じないだろう。不適切な行動に心が揺れることも、誘惑に陥ることもない。なぜなら、本物の羞恥心があなたをつねに目覚めさせ、よい状態を保ってくれるからだ。一方で、押しつけられた偽の羞恥心は、あなたを昏睡状態にしてしまい、お腹がすいていなくてもクッキーを食べ尽くすように仕向ける。自分にも他人にも甘く、恥をかかせる振る舞いをし、自分を抑えることができない。なぜなら、ほんとうの羞恥心が伝えてくれる誠実なメッセージが聞こえてこないからである。

ほんとうの羞恥心を確認できれば、自分の境界線は明るく照らされ、輪郭もはっきりとし、落ち着きを取り戻し、知性もよみがえってくる。こうして、それまで信じてきた偽りの羞恥心を見抜き、古い契約書を燃やすことができる。しかし、そのやり方を知らなければ、激しい羞恥心であなたの力は奪われ、失敗を犯すのを恐れて前進したり、挑戦したりするのをやめてしまう（さらにいっそう、麻痺は激しくなり、恥をかくのを極度に恐れてしまうことになる）。またそれとは反対に、自分の心の中で吠えまくっている羞恥心に反応し、ほんとうの恥知らずな人間になってしまうかもしれない。そうすると、あなたは怒りんぼうの二歳児や反抗ばかりする思春期の子どものように振る舞うことになる。自分が一人前の人間であることを証明したいがために規則を破り、うっかり失言し、もう手遅れになってやっと顔を赤くして悔やむことになるのだ。身体によくないものを食べたり、買ったり、いけないことをしてしまう。そして、次々に詐欺に引っかかって、まともな人生は送れなくなってしまうかもしれない。

私たちの誰もが、羞恥心を利用して子どもを育て、しつけ、自分の言い分を押し通している――それが境界線が破壊された文化でのやり口で、この状況はしばらく変わることはないだろう。そんななか、課題となるのは外部の力を使って自分を変えることではなく、内面の力を使って世界を変えていくことである――個性を押しだして自分を強い人間に鍛え、もう一度、しっかりした境界線をつくりだすのである。自分のものではない、強要された羞恥心に異議を唱え、放棄して、ほんとうの道徳と誠実さを取り戻すことがきわめて大切だ。しかし、この目的を実現するには、本物の羞恥心を魂の中に喜んで受け入れなければならない。自分の恥を理解し、意識的に悪循環を断ち切れるようになれば、あなたは魂の中心にすっくと立ち上がり、新しい目で周囲を見渡せるようになる。外部の情報源から送られてくる押しつけられた羞恥心を確認し、避けられるようになる（具体的には、他人の意見や批判に反応して、自分の境界線が壊れやすくなったとき、自分を鍛えなおすことだ）。もっとも重要なのは、自分の羞恥心を他人に表現するのを控えられるようになることで、周囲の文化ががらりと変化することだ。

あなたの行動が間違っていたり、誰かに行動を制限されたりした結果、ひどく困った事態が起きたとしたら、ほんとうの羞恥心が前面に現れてくる。その羞恥心を喜んで受け入れるのなら、軽率な行動を改め、あなたの真実をかき乱してきた外部の圧力を跳ねのける力が湧いてくるし、自分を辱めようとする他人のメッセージは無視できるようになる。そうすれば、信じられないほど大きなエネルギーが解き放たれ、信念に従って生きられるようになるだろう。他人の境界線を尊重し、敬意を払えるようにもなる。羞恥心をどれほど抱えているかにかかわらず、自由に訪れてくる羞恥心の助けを借りて、内なる歩哨に警備を頼み、自分の倫理規範を守っていこう。

エクササイズ　羞恥心を学ぶ

羞恥心のエクササイズはたくさんのスキルとかかわっていますが、まず取り組まなくてはならないのが、この感情を喜んで受け入れること。人前で恥ずかしい思いをすると、お腹が張ったり、顔が赤くなったり、一時的に言葉が出にくくなったり、警戒心が生まれたりするものです。そんなときは立ち止まって、次のエクササイズを行いましょう。

1. グラウンディングして、自分に境界線を引き、羞恥心に意識を集中してください。
2. 恥ずかしいことを口にしたり、早まった行動に走ったりする前に、踏みとどまることができたなら、大事に至る前に軌道修正できます。
3. お腹が張ったり顔が赤くなったりする理由がわからないなら、自分が間違ったことをしたのかどうか、自分自身やまわりの人に尋ねてみてもいいでしょう（誰が、または何が傷つけられるのか？）。必要なら謝ったり、償ったりすることです。

このエクササイズが羞恥心を学ぶための大切な第一歩となります。ほとんどの人は最初の羞恥心を手つかずの状態にしてしまい、同じ行動を繰り返してしまいます。（繰り返されることで、羞恥心は急流のように激しさを増します）。この悪循環を止めて、状況を断ち切る方法は、境界線を引き、誠実さを取り戻し、すぐに羞恥心に対処すること。自分の恥を隠さずに受け入れ、行動を正していくなら、自然に（そして素早く）羞恥心は収まっていきます。自然に満足と幸福な気持ちが湧いてきて、個人的にも成長していくことができるのです。

羞恥心が激しくなっているのを感じたなら、次のエクササイズも試してください。

1. 羞恥心と交信できる静かな場所を見つけ、境界線を意識して、羞恥心をそこに注ぎ込むようにイメージしましょう。この混乱を招く感情をずっと体内に留めていては、魂のバランスが乱れてしまいます。

2. 境界線の中で羞恥心と交信すると、自尊心がよみがえり、魂の中に、羞恥心に対処できる神聖な空間ができてきます。だんだん気持ちが落ち着き、羞恥心から距離を置くために不可欠な安心感が広がります。

3. 羞恥心を身体から身体のまわりの境界線に移すイメージを描きます。心を静め、グラウンディングしてください。自分の体型についての歪んだ理想像、摂食障害、性的羞恥心、強迫観念、依存などを解放するのに役立ちます。

4. 境界線の内部に意識を集中すれば、羞恥心を生みだしてきた人生の契約書を精査するためのエネルギーが湧いてきます。境界線内部の神聖な空間では、自分のほんとうの羞恥心と人から押しつけられた偽りの羞恥心を簡単に見分けることができます。

5. 押しつけられた羞恥心が記されている契約書が現れると、イメージ、騒音、非難などの不協和音が飛びだしてくるでしょう。羞恥心が芽生える原因となった権威ある人物の声が聞こえることもあるでしょう。例えば、しつけの厳しい親のイメージが浮かんできたりして、集中力が奪われます。自分を恥ずかしい思いにさせるメッセージを耳にした瞬間、時間は過去に戻ってしまうのです。

6. この契約書に関するメッセージを記していけば、おそらく紙はすぐにいっぱいになってしまいます(もしそうなら、その紙を脇に置いて、新しい紙を用意します)。

7. 契約書を燃やすと、羞恥心は激しくなるかもしれません。かなりの圧力が外部から加わるのは、羞恥心が心の奥深くに押し込まれていたからです。グラウンディングして、意識を集中し、契約書を焼き捨てましょう。または、契約書を丸めて、境界線から外に投げ捨てます。

8. 終了したら、外に遊びに行って、元気を取り戻しましょう!

押しつけられた羞恥心をすべて捨ててしまうには時間がかかる。「今日中に羞恥心をすべて取り除く」というわけにはいかない。でもあなたには時間がたっぷりある。自分にとって足かせになっている羞恥心を明るみに出したなら、落ち着いて、ゆっくりと自分なりのペースで処理していこう。

◇羞恥心にとらわれたときやるべきこと

何度も繰り返し襲ってくる羞恥心と戦い続けたあとに、正気を取り戻すのはかなり大変である。なぜなら、屈辱を与えるメッセージが、驚くほど人格形成に影響しているからだ。あなたは羞恥心を呼び覚ますレッテルをがっちりと貼りつけられているのかもしれない（私は敗北者だ、酒浸りだ、癇《かん》癪《しゃく》持ちだ、トラウマが原因のギャンブル依存症だ、強迫観念がひどくて爪を噛むのをやめられない！）。もしかしたら、そのレッテルを貼っているのはあなた自身かもしれない。羞恥心の悪循環から抜けだそうとするなら、自分がつぶやいている独り言を調べてみることだ。なぜなら、このような言葉が古い自分の姿に後戻りさせてしまう原因となっているからである。自分を癒やし、悪循環を断ち切るためには、古い言葉を、自分に力をくれる言葉と取り替えてしまうといい（これは「積極的」アファメーションとは違う、あなたを鼓舞してくれる言葉である）。例えば、喫煙で悩んでいるなら、習慣的に「タバコがやめられない！　何度も何度も禁煙しようとしてきたけどダメだった。自分はニコチン漬けだ」と口にしていることだろう。このような情けない言葉を、力強い言葉に変えることができる。「私はタバコをやめるつもりはない！　禁煙はやめだ！　タバコが大好きだ！」と断言してしまうのだ。あえてタバコを支持すると主張したうえで、タバコが人生にもたらしてくれたあらゆるものを数え上げてみる。喫煙を意識的に選択した習慣として、称賛さえするかもしれない。

喫煙はなんの役にも立たない習慣だという世の中の決めつけをはずしてみると、新しい目でなぜ喫煙するのか調査できるようになる。喫煙を恥ずべき悪循環としてではなく、ひとつの選択として見れば、「道徳的に見てタバコを吸うだろうか？」と自分で考えて、決断を下すことができる。「タバコを吸うと身体はどうなるだろう？」という喫煙の身体的反応に焦点を当てることもできる。知性で喫煙を調査・研究することもできるし、タバコとニコチンによる自分の感情の変化を探究し、洞察力を駆使して「なぜ自分のまわりに〝煙幕〟が必要なのか？」と心理的な理由を理解する手助けにもなるだろう。自然に生まれてくる羞恥心は、喫煙にたいするほんとうの不安を表に出してくれる。ニコチンに蝕まれ、がんじがらめにされた臆病な依存者ではなく、たくさんの選択肢がある知的で誠実な人間として、自分をしっかりと持つことができるだろう。意識を集中し、自分が望んでいないあらゆる行動——またはあなたの魂の周囲からずっと離れない、すでに価値のないメッセージやレッテル——が含まれる契約書を焼き捨てることができる。あなたは環境、教育、体質にがんじがらめにされた無力な犠牲者ではなく、バランスの取れた人間として前進できるのだ。

◇他人の羞恥心を尊重する

誰かがほんとうに間違ったことをした状況で、私が注目する感情は〝適切な羞恥心〟だ。友人の言動に不快な思いにさせられたとしよう。私がそれを指摘したとき、友人に適切な羞恥心や呵責が浮かんでいるなら、もう終わったことだとしてそれ以上は追及しない。嫌な気持ちを繰り返す必要などないためだ。一方、友人が私の指摘を認めず、謝ることもないのなら、友人には羞恥心についての問題があることがわかる。その場合、私はその友人に注意し、三度までは不快なことをされても許す。だがそれ以上、同じ振る舞いをされるようなら、その場を立ち去ることにしている。境界線を引くというのは、たんなる想像で線を描く方法ではない。尊敬できる人間を周囲に集め、倫理的に振る舞えない人とは縁を切ることが重要である。

適切な羞恥心は、すべての人を助けてくれるものだ。子どもを罰したとき、反省しているとわかったら、叱るのはすぐにやめよう。親が望むのは厳しくしつけることではなく、悪いことをしたら適切な羞恥心が生まれるように育ててあげることだ。子どもが後悔しているのに、ずっと恥ずかしい思いをさせるのは虐待であり、子どもの魂から柔軟性を奪ってしまう。これはまさしく〝恥知らず〟な行為であり、子どもを人間不信にしてしまう。親が恥知らずな行いをすると、子どもは悪いしつけや教えに閉じ込められてしまう。私はすべての人に三度はチャンスを与えると述べた。誰でも子ども時代の傷を乗り越えて成長することができるが、学んで、成長したくない人もいるものだ。そんなときは、静かにそんな人物から立ち去ることにしている。

子育て中の人や、子どもの世話をしている人なら、健全な方法でほんとうの羞恥心を子どもが身につけられるよう、サポートすることが大切だ。そのための素晴らしい方法は、羞恥心が生まれる状況になったとき、子どもたちに自分自身を罰してもらうことだ。私がこの提案をすると、多くの親は笑いだす。子どもたちは、「罰としてアイスクリームをもうひとつ余計に食べる！」などと言いだすというのだ。私の提案を真剣に考えてもらえないのは、子どもはみな〝小さな暴君〟だと考えられているからである。しかし、私が子育てや子どもの指導をしてきた経験から気づいたのは、子どもはまじめに自分の羞恥心と向き合っているということである。ほとんどの子どもは、深く反省し、まるで中世で暮らしているかのように、懺悔さえする。もし、あなたのお子さんがそんな重い罰を自分に課していたのなら、ぜひ罰を軽くしてあげてほしい。（小さな罰として提案されるような）償いの方法を見つけてあげられるだろう。子どもが自分で後悔するようにうながせたなら、（子どもの心に自責の念を与えたりしないかぎり）きちんと自分の羞恥心を感じてもらえるようになるだろう。

◇トラウマ・サバイバーと有害な羞恥心

トラウマ・サバイバーに羞恥心でいたたまれなくなってしまう人が多いのは、自分自身を責めてしまうからである（なぜかトラウマの原因は自分がつくったという「罪の意識」を感じてしまう人がたくさんいる）。しかも虐待する人間（すなわち感情的破綻者）の中にも、被害者が間違った時間に、間違った場所で、自分と出くわしたのがいけないのだとうそぶく連中もいる。多くのトラウマ・サバイバーは、繰り返し救いようのない羞恥心に襲われて、生きる意欲も奪われてしまう。屈辱を忘れてしまおうとしてもそれは無駄な抵抗にすぎず、ますます自分を窮地に追い込んでしまう。この羞恥心の悪循環は、多くの精神衛生の専門家が「有害」に分類してきた。繰り返される激しい羞恥心は、爆発したり、抑制したりすることで、さらに深刻な事態に陥らせる。しかし、この感情と適切に交信すれば、実はまったく毒にはならない。それどころか、この急流のように激しい羞恥心は、トラウマ・サバイバーを神聖な治癒の第三段階へとじかに導いてくれる契機となる。

この激しい羞恥心と交信することは、かならず神聖な状況で行う必要がある。自分のスキルがまだ未熟なら、専門家にサポートを求めよう。多くのセラピストは診察室という聖なる空間を提供してくれるし、たくさん存在しているトラウマ支援グループにも協力してもらうことができる。

エンパシーのスキルは、通過儀礼の最初のふたつの段階に意識的に入っていくのに役立つ。正しい羞恥心はあなたをそこでもまっすぐに立たせてくれる。つまずいたり、恥をかかせたりするあらゆる記憶に立ち向かう手助けとなってくれるのだ。自分を許し、無意識に傷つけてしまった人間に償いをするのに必要な熱量と集中力を与えてもらえるのである――それがあなたに威厳と名誉を回復してくれる。

激しい羞恥心が生まれてきたなら、真剣に魂と取り組むのに必要な集中と強さを手に入れることができる。本物の羞恥心はあなたを罰するためではなく、境界線の輪郭をはっきりと描き、悪循環を止めさせ、かつてつくってしまった恥の意識を取り除き、自分の誠実さを回復し、魂を癒やすために存在している感情なのである。

第15章

憎しみ

――憤り・侮辱・嫌悪を映す鏡の感情

＊憎しみからの贈り物

強烈な知覚、鋭い想像力、突然の進化、シャドーワーク

＊憎しみからの質問

「シャドーに潜んでいるものは何か？　調整しなくてはいけないものは何か？」

＊憎しみによるトラブルの兆候

自覚のない、他人の魂にたいするレーザーのような集中攻撃

＊憎しみのためのエクササイズ

自分が気づいた深刻な欠点をきちんと説明し、憎しみの相手からあなたの影であるものを取り戻そう。失われた自我に別れを告げ、自分の憎しみを境界線の中に注ぎ込み、軽蔑される行動が項目に入っている契約書を焼き払い、再び健全な魂を取り戻すのだ

憎しみを表出することで、人類の歴史はとてつもない苦しみを味わってきた。しかし、憎しみとは実際にはごくふつうの、健全な感情なのである。この激しい感情は、他者からの攻撃ではなく、自分自身に向き合えない、個人的で内面的な危機によって境界線が破壊されたときに生まれてくる。それはレーザー光線のように照射される、いわゆる激怒と憤怒である。たんなる嫌悪ではなく不愉快な気分にもさせられ、あなたが他人と対立するように仕向けてくる。憎しみは恐怖とも違い、他人が自分に脅威を与えようとしていることに、直感的に気づくと生まれてくる。すなわち憎しみは激怒と憤怒の炎であり、境界線の崩壊や魂のバランスのほぼ完全な喪失に対処しているのである。自分の憎しみを理解し、はっきりと意識できるなら、この激しい感情を利用して、自分自身、自分の行動、嫌悪を与える行動について驚くほど多くの発見ができる。実際に、意識の奥深くに埋もれていた問題は、憎しみの持つ猛烈なエネルギーがなければ生まれてはこない。なぜなら、憎しみの持つ歩哨《ほしょう》としての屈強さ、その鋭い知覚や信念、境界線を即座に築き上げる能力がなければ、急激で鋭い覚醒へと飛躍することなど不可能なのだ。

憎しみが湧いてくるのは、境界線が破壊される兆しとなる。しかし、この感情の持つ優れた集中力は素晴らしい副次的な機能も備えている。つまり憎悪は、自分を妨害し、危機にさらしてしまう内面の問題があると、敏感にそれに気づいてくれるのである。繰り返しになるが、憎しみは不愉快な人間と縁を切れば消えてしまう、たんなる嫌悪感とは違う。いや、憎しみは他者（憎しみが人種差別、性的マイノリティ差別、外国人差別へと発展するならその集団）への集中攻撃である。誰かに憎しみを教え込むのは、心理的衛生状態から言えば最悪の行いということになる。憎しみ、そしてその結果としての境界線の破壊を人と共有するのは害にしかならない。憎しみを人と共有するのは楽しいことかもしれないが、それは自分の評価を上げるために、他人をけなして傷つけてしまうことだ。この感情が生まれるとき、あなたは憎しみの対象である人物の心の中に見えている〝何か〟に反応している。それを探れば、あなたの魂のシャドー（影）に埋もれている深刻な問題を知る大きな手掛かりとなるだろう。

◇魂の「シャドー」とは何か？

抑圧されたものは無意識の中に埋め込まれてしまう。しかし、このとらわれ、栄誉を奪われたものは消えてしまうわけではない。消えずに蓄積されて、「シャドー（影）」と呼ばれるものが形成される。心理療法の多くの学派（もっとも有名なのはユング学派）が、シャドーに関心を向けたのは、人間の魂の中でもっとも重要な情報がそこにいくつか含まれているからである。シャドーの役割は、生涯、研究を続けていくだけの価値がある貴重なテーマだが、本書では簡単な説明に留めておこう。

簡単に言ってしまえば、シャドーとは私たちが気づいていない魂の部分のことである。しかし、気づけないのは、神秘的で隠された存在だからではなく、私たちが否定しているからにほかならない。シャドーは抑圧されてきた衝動、気づいていない感情、受け入れられない行動、満たされない夢を飲み込んでいる。多くの人がシャドーには「悪い」部分しか含まれていないと考えているが、実は、それほど単純ではない。どれくらい激しく否定されているかによって、シャドーには芸術的な才能、最高の真実、数学的天才、金儲けの才覚、美しさまで含まれている。人によってシャドーはまったく異なるものなのである。

『A Little Book on the Human Shadow（人間の影に関する小冊子）』という素晴らしい書物の中で、ロバート・ブライは次のように書いている。「ドラマとはこういうことだ。宇宙のはるか彼方からやってきた私たちは、〝栄光のたなびく雲〟の子どもとして生まれてきた。哺乳類の遺伝子で維持してきた食欲、十五万年前の樹上生活で守られてきた自発性、五千年前の部族生活からしっかり保たれてきた怒り――すなわち全面的輝き――を携えていた。この怒りはまた両親への贈り物だったが、歓迎はされなかった。彼らが求めていたのはただの『いい子』にすぎなかったからである」

このドラマは一生涯、続けられる。私たちはまず、両親にたいする愛から輝きと食欲を抑えつけ、次に友人関係や学校生活から、感情、身体的欲求、知性の一部、そして洞察力を抑えるように要求される。結局、元来、自分に備わっていた全面的輝きをほとんど受け継いでいない大人になってしまう。残されたわずかな輝きは、シャドーの中に隠れている。貶《おとし》められていたこれらのものは、私たちが見ていないときに漏れだし、いきなり噴出して表面に現れてくる。シャドーは、その内部に多くの要素が閉じ込められているばかりでなく、大きな力が備わっている。なぜなら、私たちの全体性を抑え込むためには、かなりの力が必要となるからだ。だから抑圧したり無視したり、隠されているのは、シャドーの要素自体が危険だからではなく、意識から消し去るにはひどく骨が折れるから危険になるのだ。

誰もが360度の広範囲に全体を見渡せる魂を持って、この世に生まれている。この魂は勇敢であるが臆病でもあり、聡明であるが愚かでもあり、やさしいこともあれば残忍だったりもする。思いやりもあるが利己的な面もあり、器用だったり不器用だったりする。大人になると、私たちはある部分については抑圧するように教えられる（それは社会の一員になるためのふつうの行為だ）が、ある部分はそれが強調されるようになる。家族、コミュニティ、集団、学校、文化、国家にとって望ましくない一連の才能や行動は抑圧されて無理やりシャドーの中に押し込められ、逆に望ましい一連の才能や行動だけに脚光が浴びせられる。私たちの誰もが抑圧するように教えられた部分を持ち、それらが素晴らしい能力や行動であっても、相変わらずシャドーの中に隠されている。しかし、そのシャドーの存在を思い出させる人間を見ると、心がかき乱される。怒りはひどく悪いことだと考えられている文化の中で、心を動揺させてしまうもの――人種差別、性差別、性的マイノリティ差別、戦争、暴力、虐殺、民俗浄化、偏見など――は、礼儀や人道主義にたいする犯罪とされる。

しかし、これでは憎しみという主題は完全に台無しにされてしまう。憎悪、誹謗中傷、狭量さに気づくことができなければ、魂が傷つく原因はわからなくなってしまうからである。憎しみと意識的に向き合うことができなければ、自分の個性を育てる方法にも気づけないだろう。魂が動かそうとする重要な変化は、完全にストップされてしまう。

憎しみを爆発させてしまえば、嫌悪の対象に打撃を与えることはできるが、自分も返り討ちにあう。嫌悪の悪循環が起きてしまうのである。しかし、仮面をかぶり、憎しみを無理に抑圧すれば、最初に憎しみの原因となった問題を見つけだそうとする意識は失われてしまう。どちらにしても、もっとも重要な作業を行うのに必要な力や敏捷性を獲得できなくなる。あいにく、自己否定によっていくら境界線が破壊されても、憎しみの持つ炎はますます激しさを増していく。

あなたには憎しみを感じる権利がある。あるどころか、実際に強制的な抑圧によって自分を傷つけているかぎり、憎しみを食い止めることはできない。憎しみを抱くのには正当な理由があり、絶対に無視すべきではない。憎しみから逃れるための唯一の方法は、憎しみを受け入れ、そこを通り抜けてみることだ。すなわち、憎しみが生まれてくる理由と人生を効果的に変えるメッセージを受け入れる方法を学ぶことである。手綱を握りながら、憎悪という感情と正しく交信できるなら――自分自身も他人も傷つけることなく――もっとも難しい問題を乗り越え、新しい意識のレベルに到達することができる。憎むことが問題なのではない。エンパシーの力を取り戻せれば、状況はすっかり変わってくる。実際に、エンパシーの能力で憎悪の手綱を握れるのなら、憎しみの内部に潜んでいる残忍さは、あなたを変えてくれる力に変換されるだろう。

◇憎しみが示唆するメッセージ

私は実際に人を憎んでいるとき、なぜ憎しみなど忘れてしまい、自分の夢を実現しようとしないのか、と不思議に思ってきた。なぜ攻撃や誹謗中傷、絶え間ない不平不満で憎しみの対象にかかわり続けてしまうのか？　なぜ黙って縁を切ってしまわないのか？　なぜ私たちはいつまでも、寄生虫のように恨みの対象にしがみついているのか？　セラピストで作家のジョン・ブラッドショーはある講演で、私の質問に対して「憤慨はもっとも強い愛着のしるしだ」と答えてくれた。怒りは愛よりも強烈で、血よりも濃いものなのである（私が憤激や軽蔑を憎しみの領域に入れているのは、よく似た感情だからである――憎しみと同じではないが目的がひじょうに似通っているのだ）。私は憤り、憎しみ、軽蔑を抱いているとき、奇妙な喜びと執着心が芽生えてくることに気づいた。だから対象にかかわり、結びつくことに熱中してしてしまうのだ。憤慨や憎しみの底には激しい愛着心があると気づいたとき、ようやく以前は理解できなかったことが腑に落ちた。

憎しみを表出するとき、人は自分を欺き、憎しみの相手と自分とはまったく無縁の存在だと考える――相手とはなんの関係もなく、自分のほうが絶対に正しいと思い込んでいるのだ。しかし、それがほんとうだとするなら、私たちは適切な境界線を引いて、相手に敬意を払いながら対処する能力を持っているはずだ。忘れてならないのは、魂が健全であれば、憎しみや軽蔑は生まれたりしないということである。心の中のバランスがひどく乱れていて、境界線が損なわれているから、憎しみの感情が生まれる。もしも魂の中にある憎しみと交信できたなら、境界線をすぐに引きなおし、しっかりと意識を集中して、シャドーに閉じ込められた部分を見つけだし、前進していける。しかし、憎しみを表現するとき、私たちは自分自身のシャドーに隠れた怒りや嫌悪を他人の魂に向けているのだ。このような自分が望んでいないものを他者に投げだす――すなわち、自分の魂のバランスの乱れを他人の魂に投影する――のは、結局は災難を招くことになってしまうが、一時的には気分をすっきりさせてもくれる。

憎しみは、抑圧されたものを表に出し、本来の自己感覚が不安定になることが原因で生まれてくる。つまり、健全な魂を取り戻そうと、失われた貪欲、才能、願望、どう猛さ、弱みが圧力鍋から吹きだして元の姿に戻ろうとするとき、発生するのだ。しかし、内面のスキルや敏捷性を備えていれば、このようなひどい混乱を起こす瞬間をうまく切り抜け、思いどおりに動かしていくことができる。憎しみを理解し、その激しい炎を利用することで、絶対に侵入不可能な強固な境界線を引くことができる。

この境界線の内側に、白熱のるつぼをつくって、抑圧と専制で結ばれている契約書を燃やすことができる。しかし、きちんとしたスキルを備えていなければ、噴き上がる憎しみに耐えきれず、ほとんどの場合、敏捷さは失われてしまう。そうなると、私たちのシャドーは、敵を探しだし、破壊する作戦を遂行する。ほとんどの場合、自分が失ったり、踏みにじってきたものを象徴する人物が見つかる（簡単に見つかるのは、誰もが人間の特徴をすべて備えているからだ）。私たちは、心の重荷を軽くするためにその人物を憎み、自分の問題を外部に投影する。現実的な意味で、私たちは自分のシャドーの部分を、手荷物運搬車のように、憎しみの対象へと運んでいくのである——このような投影が問題となるのは、これによって自分の意識を見えなくしてしまうことだ。そうなると、集中したり、境界線を取り戻したり、自身を守ったり、真実の感情を思い出したり、他人を尊敬したりすることはできなくなってしまう。投影を続けていると、人間は誠実さ、栄誉、能力を失っていくのである。

他人に自分の姿を投影するのは、ごく一般的なことである——投影されているものはかならずしもぞっとさせられるものとは限らない。投影は恐ろしいものではなく、人間的なものである。誰もが自分のシャドーに隠されている部分を他人に投影させてしまうのは、正面からシャドーに取り組んでいないからだ（もしきちんと自分で対処していたなら、シャドーと呼ばれることはなかっただろう）。実際に、私たちはシャドーに隠された「悪い」部分と同じくらい、「良い」部分も投影している。例えば、有名人を崇拝するとき、私たちは最高の自分の姿をその人物に投影していることが多い——相手の中に自分の才能、勇気などの優れた面を見ているのである（このような特徴は、醜い特徴と同じくらいシャドーの中に抑圧されている）。これは何かを実現するために必要なプロセスでもある。ほとんどの人は「親は私を科学者にしたがっているが、実は画家になりたい」という願望を面と向かって口にはできないからだ。その代わりに、自分の持つ芸術性を表現するために画家を観察し、崇拝する必要がある。この崇拝という形で知られる投影で（まるで絵画の天才であるかのように）幾人かの画家に愛着を覚えることになるかもしれない。ユングは、投影こそ、自分のシャドーには何が隠れているかに気づくための唯一の方法である、と指摘している。親から独立するためのたったひとつの方法は投影だと断言までしているのだ。他人の才能を崇拝するのは、自分自身の才能を伸ばすための安全な手段なのである。

しかし、この熱烈な崇拝には難点がある。崇拝している人間がごくふつうの人間のように振る舞い、神のごとき存在ではないと気づいてしまうと、夢から醒《さ》めてしまうことだ。投影が消えてしまうのはその瞬間である。そうなってしまえば、崇拝の対象から離れて自分の才能を発揮することになる（自分の境界線の中に戻るのである）。ところがあいにく、ほとんどの人はそのことに気づかず、崇拝する人間に執着し続けてしまう。新しい崇拝の相手を物色して、再び夢に浸ろうと、いっしょにジェットコースターに乗り込んでいくのである。再び投影する対象が見つかると、あらゆることがばら色に見えてくるが、もしうまく投影できなくなると、また一からやり直さなくてはいけない。シーソーのように崇拝と幻滅の間を上下するのは、愛着がひどく不安定な状態だからである。多くの場合、この種類の崇拝は一挙に憎しみに変わってしまう（ストーカーや熱狂的ファンのことを考えれば、おわかりいただけるだろう）。このような熱狂的崇拝の形は、憎しみとはいったい何かを理解する助けになるはずだ。

ほとんどの人が偶像や崇拝の対象者との関係を理解しているが、憎んでいる相手への強い執着については気づかずにいる。そんな話を聞いただけでぞっとしてしまうかもしれないが、次のような事実が存在している。つまり、嫌いな人がいたら歩いて立ち去ることができるし、恐れている人がいれば走り去ることができる。ところが、憎んでいる人を前にすると動かない。憎しみを表すとき、私たちは楽しみながら憎悪の対象に執着しているのである。

実際に、自分が望んでいないもの——利己主義、権力、傲慢、輝き、無知、性欲、頑固さ、優柔不断——を体現している人を見つけると、魂の中ではとんでもないお祭り騒ぎが起きている。「あの下劣なやつを見てよ！　ふつうはできないことをすべてやっている」。まるで催眠術をかけられたように、魅了され、うっとりした気分になる。けっして目をそらすことはできない。自分が無理やり抑圧してきたことを実現する人物を、畏怖の念を抱いて観察している。両親、教師、同僚にとってはあまりに望ましくない、危険な人物なので、口に出すこともはばかられる。私たちはその人物を怒りと不信から眺める。しかし地面が割れて彼らを飲み込むことも、夜が昼に変わることもなく、神はこうした人でも命を奪うことはない。私たちのシャドーの部分は激しく震え始める。抑圧で形成されている自己像が崩れていくと心の中で大地震が起こり、（恐怖やパニックは言うまでもなく）怒りと激怒がどっとこみ上げてくる。このような地震が発生しても、ほとんどの人は自分自身のシャドー、つまり無理に抑圧してきたことに気づくまたとない機会をみすみす逃してしまう。それどころか抵抗し、自分の側面を投影している人物に憎しみを吐きだしていく。それは歌手、俳優、画家に、自分の崇拝の念を打ち明けるのとまったく同じことだ。人を憎むにしろ、崇拝するにせよ、投影の対象となる人物は、私たちにとって自分の身代わりにシャドーを体現する存在なのである。投影している人物に歪んだ愛を抱き、自分の影の部分を自分の代わりに生きてもらう契約を交わしている。すると、私たちの境界線は取り払われ、関心は――相手を憎むにせよ、崇拝するにせよ――自分の外部に注がれ、魂は完全に混乱状態に陥ってしまう。すると、相手の名誉を汚《けが》す行為に走ってしまうのは、相手を人間とは別の生き物として扱っているからである。

この点に気づけたなら、自分の個性を育《はぐく》むための素晴らしい課題に取り組める。誰もが人間的な特徴をすべて兼ね備えていることに気づけた瞬間に、この作業は開始される。人間には貪欲さと寛容、短所と長所、憎しみと善意、やさしさと残酷さなどあらゆる性質が備わっている。あなたもまた、そのひとりなのだ。個性を育むには、自分の持つすべての面を思い出すことである。すべての元素、すべての傾向、すべての能力と意識的に折り合いをつけることなのだ。憎しみが生まれてくるのは、魂からのシグナルだ。「まだ実現できていない場所がある。それは私を迷わせている場所だ」と知らせてくれているのである。

エクササイズ　憎しみを燃やす

激しい怒りと憤怒の炎には、人生を大きく変えてくれるエネルギーが含まれており、それを無駄にしてはいけません。他人に憎しみを爆発させないように、このエクササイズはひとりか、または（憎しみの対象ではない）自分と同じような仲間の助けを借りて行います。憎しみはあなたを荒れ狂う急流に巻き込んでしまうかもしれませんが、そんなときは、「これもまたいずれ過ぎ去る」というマントラを唱えておくといいでしょう。

1．激しい憎しみの力を利用して、境界線をはっきりと引き、魂の中に聖なる空間をつくりだします。
2．グラウンディングして、意識をしっかり集中させ、目の前に大きな紙を置いて、憎しみの相手のイメージをその上に投影させます。
3．この紙に向かって大声で不平を述べましょう。紙が埋まってしまったなら脇に置いて、新しい紙を取りだします。心ゆくまで投影を続けたら、境界線の上に投げ捨てます。もうこの契約書を読まなくてすむように、きつく巻いて焼き捨てます。

最初にやるべきことは、憎しみの対象をあなたの激しい怒りから保護することです。あなたが自分の周囲に境界線を引くことができるなら、憎しみの相手を守りながら、自分の神聖な空間の内部で、素直に感情を抱けるようになります。契約書を燃やしてしまえば、他人を傷つけることもなくなるでしょう。投影をやめた相手とは、話すことはおろか、会うことさえなくなるものです。この聖なる儀式的空間で、あなたは激しい憎しみを手放すことができます。

激しい憎しみの原因となった契約書を二、三枚燃やしたあと、さらに本格的なエクササイズを行っていきましょう。

1. 憎しみの対象が、あなたに代わって何をしているのか理解するために、紙とペンを用意してください。

2. 自分を不愉快にさせる相手の特徴を見つけだせるなら(大きな声で叫ぶことができるなら)、1の質問への答えが驚くほどはっきりと出てくるでしょう。憎しみの対象の欠点を並べ立てれば、自分がシャドーに閉じ込めていたものの正体がわかります。それを紙に書き留めましょう。重要なのは憎しみの対象をとおして、自分が目をそらしてきたものを眺めることです。すべてを洗いざらい書きだして、相手の利己主義や矛盾、残虐さや無知、規律のなさなどをはっきりさせてください。

3. 次に、あなたとの共通点がそこにどれくらいあるか、紙に書きだしたリストを眺めながら考えてみます。「なんてことだ!」と驚くほどたくさんの共通点があるなら、自分のシャドーに隠れたものを見つけだせた証拠です。憎悪の中に潜んでいる強力な知性は、自分の持つある部分がなぜシャドーに追い込まれてしまったのか、なぜずっとそこに留まったままなのか、理解するのに必要な集中力を与えくれます。

4. シャドーとの契約書を点検していきます。「シャドーに閉じ込めたどの部分を魂に補充すればいいのだろう?」と自問し、抑圧されていたものを取り戻しましょう。

5. 正しい道に戻れたことを喜び、楽しいことをするために、外に出掛けてください。

このエクササイズを終えても、人間の誰もが持つ生まれつきの残酷さ、無知、利己性などは変わらず残り続けます。それでもあなたはもはやそれに苦しめられたり、そそのかされたりしません。なぜなら、魂が目覚め、かつて抑圧され封じ込められていた領域に感情の流れを取り戻し、シャドーを白日のもとにさらすことができたからです。シャドーに隠れていた残酷さなどの毒は薄まり、その悪影響も消えていきます。

憎しみに対処し、適切に交信できるようになれば、かつて憎んだり崇拝したりしていた対象を、歪んだ空想で自分がつくり上げた悪人や英雄ではなく、ひとりの人間として見られるようになる。

多くの憎しみの原因となった契約書を焼いてしまえば、嫌悪の悪循環に陥っていたときとはまったく違った場所に立つことができる。多くの人がこのエクササイズを終えたあと、新しく見つけた焦点を維持するために、自分の境界線の内側である聖なる空間に、トーテムの動物――ハヤブサなどの猛禽類、大型のネコ科の動物、クマ、ワニなどの捕食動物――を置いている。もちろん、あなたに想像上の象徴があるなら、それをトーテムにするといい。境界線や行動から目を離さない番人となってくれるだろう。

新しいルールを覚えておこう。エクササイズを終えても嫌いな人間がいるなら、それでも構わない。

パートナーや友人など、誰かの生き方が自分とは合わない場合、その人物を傷つけずに別れられるなら、別れてしまうことだ！　人を楽しませなくても、いっしょにいなくても構わない。誰かといっしょに過ごすか否かは、大人として判断すればいい。しかし、その人物にひどく怒りを感じており、相手の態度を変えるか打ち負かすまでは離れられないというのは、よくないことだ。あなたは相手との関係に巻き込まれてしまっている。たしかに人はみな、憎しみを含めてあらゆる思いを抱く権利がある。しかし、相手に投影する自分のシャドーで、相手の魂を汚す権利まではないのだ。憎しみに満ちた人間関係の中で、シャドーとのかかわりに正直でいられるようにすることが、このエクササイズには含まれている。

憎しみを抑圧したままでいるのに気づかずに、簡単に他人を受け入れたり許したりしてはいけない。自分の意識をしっかりと持った健全な魂をつくりだしてから、不正を正して、世界を救っていこう。憎しみを抑えるのと同様に、怒りを爆発させるのもいけない。しかし相手を完全に許したふりをして、憎しみを無理に消そうとするのも禁物だ。そんなことをすれば、自分自身、そして自分の人間関係、「立派な」行為、そして社会を危機に陥れてしまうだろう。憎しみという感情と適切に交信できれば、自分も自分のまわりの世界もより良い方法で癒やされていく。

◇憎しみで身動きが取れないときやるべきこと

自分の好きなやり方で元気を取り戻すエクササイズをしても、相変わらず憎しみが収まらないようなら、激怒と憤激について復習しよう。あなたの憎しみの原因となっている古い契約書を破棄して、もう一度、流れを取り戻すのだ。それでもまだ効果がないようなら、繰り返される怒りや激怒の根底には抑圧的状況が隠されており、自分をうろうろさせて無駄に時間が費やされていることを思い出してほしい。自分を大切にしよう。憎しみのせいで苦しむようなら、専門家にサポートを求めることだ。

◇他人の憎しみを尊重する

スキルもなく意識も散漫な状態では、他人の憎しみを癒やすために聖なる空間をつくりだすことなど、到底できない。憎しみとは、敬意をもって扱わなければひどい打撃になりかねない、まるで急流のような激しい感情なのである。怒りを正しく扱えない文化では、憎しみに敬意が払われることはない。憎悪に燃えている人間のいる領域に入っていくのは危険極まりない。そのためには、頑丈な境界線を引いておくことが前提条件である。想像できると思うが、あなたが話したり、行動したりするあらゆることが、すぐに彼らの憎しみの標的にされてしまう恐れさえある。だから他人の憎しみを癒やすときは、それだけ慎重に取り組む必要があるのだ。

本来、憎しみとの交信は孤独な作業である（なぜなら、この感情はひじょうに個人的なものだからである）。しかし、憎しみにとらわれた人に不満を漏らせるような状況をつくってあげることで、彼らの憎悪を減らすガス抜きの役割は果たせる。簡単ではないので、自分の境界線をしっかりと引いておかなくてはいけないが、相手に十分話をさせてあげられるなら、多くのことを引きだすチャンスとなるだろう――話すこと自体が癒やしとなるのである。私たちのほとんどが他人の憎しみを踏みつけてしまうのは、この感情がひじょうに危険で、恐ろしいものだからである。誰もが憎しみがどういう結果を招くのか気づいていて、そんな目にあわないように避けている。だからといって他人の憎しみを抑えつけると、相手の魂に重荷を負わせることになる。彼らの心の中で抑圧されていた憎しみはふくらみ、やがて爆発することになるだろう。

（自分が相手に望んでいる状況ではなく）相手の現状と向き合おう。自分の境界線をしっかり保ちながら相手の感情と調和していくことが、互いにとっての癒やしになるだろう。憎しみに満ちた人は自分に仲間がいるのを感じたとき、穏やかな気分になれる。逆に言えば、誰にもわかってもらえない孤立した状況が、苦しみの原因となるのである。

あなたはカウンセラーや賢人になる必要はない。シャドーとして隠されていた部分を進んで受け入れ、それを白日のもとにさらけだしてあげることが肝心なのだ。そうすれば不快感も薄れていくだろう。

◇シャドーと向き合う

陰口の対象となっている人物は、崇拝する人物とまったく同様に、あなたにとってシャドーの要素を持っているはずだ（さもなくば、わざわざ陰口などたたかない）。陰口の対象も、崇拝の対象も、あなたに驚くほど素晴らしい洞察を与えてくれるだろう。

崇拝している人の中に見られるすべての特徴を十分に説明できるなら、自分の魂の中にあるもっとも重要な願望、夢、渇望の鏡像が見えてくる。最初は、そのイメージが信じられないかもしれないが、それが真実なのである。崇拝の対象者との契約書を捨てて、次にこのような愛すべき性質で自分の個人的空間を満たしている場面を想像できれば、人生にその素晴らしい点を取り入れていける。同じように、陰口を言っている人物の中の不快な性質をすべて説明したり、書き留めたりすることができれば、自分が表現したり、実現したくないものの鏡像が見えてくるだろう。こちらの契約書も燃やしてしまおう。自分の個人的空間の中には消えてしまいたい性質も、しっかりと自覚できるようにすることだ。

◇憎しみを怒りで癒やす

他人に危害を加える人間を憎むのは、正当なことだと感じている人は多い。とりわけ殺人、強姦、虐待、児童への性的虐待などの犯罪者には、多くの人が強い憎悪を抱いている。このような犯罪者は、私たち一人ひとりのシャドーに潜む無意識の部分を現しているわけではない。むしろ彼らは、人類全体のシャドーに潜む無意識を体現していると言えるだろう。犯罪者との接触から生き延びた人は、怒り、恐怖、トラウマの記憶ばかりでなく、憎しみという地獄の炎に苦しめられている場合が多い。彼らが憎しみを抱くのは当然のことなのだが、皮肉にも憎しみの炎によって、自分を癒やすのが難しくなっているのである。その理由はふたつあり、ひとつは、私たちの文化では憎しみをどう表現したらいいのかの訓練は、まったく行われていないことだ。すなわち、激しい憎しみの行き場がなくなってしまうと、結局は、それが犯罪行為や自傷行為として噴きだしてしまう。抑圧することで、ひどい情緒障害、依存、双極性障害、不安、自殺衝動にもつながってしまう。

深刻なトラウマの解消を妨げるふたつ目の理由とは、私たちの文化が許しについて誤ったとらえ方をしていることである。多くの人が、憎しみの対極は許しだと誤解しているため、すべてのトラウマ・サバイバーは、その意見に誘導されてしまったり、騙されたり脅されたりして、安易かつ早々に許しを与えてしまうのである（116ページ参照）。建前上は対立する憎しみと許しには強い関連があることを説明したが、（もっとも激しい、直接的な怒りの形である）憎しみの急流の中に飛び込めば、トラウマの影響をしっかりと受け止めることが可能となり、通過儀礼の第三段階へと道が開かれていく。その段階になって初めて、深い許しができるようになるのだ。

繰り返しになるが、ほんとうの許しは他人の恐ろしい行動について弁解したり、自分を苦しめる者を擁護したりすることではない。誰もがかならず最善を尽してくれるという愚かな幻想に頷いたりしてはいけない。激しく傷ついていることを自覚することで、激怒、憤怒、憎悪が生まれ、その力で荒れ果てた境界線を取り戻していきなさい。苦しみという暗黒街を通り抜けるためには、境界線を回復させてくれる怒りが必要なのである。このように、トラウマから癒やされるための祝福すべき第三段階への移行において、怒りと許しはまったく対等なパートナーとなる。

憎しみの感情と交信して、シャドーに隠された感情を取り戻すことに成功したなら、再び本来の自分に戻ることができる。あなたはもはや、（影に迫害されることのない）シャドーの力で屈強になった戦士である。こうして、本来の力から生まれてくる平和、慈悲、誠実さを体現するようになるだろう。さあ、前進だ！

第16章

恐怖

――集中して危機を逃れる感情

＊恐怖からの贈り物
直感、集中力、明晰さ、注意力、身を守る準備、活力

＊恐怖からの質問
「どのような行動を取るべきか？」

＊恐怖によるトラブルの兆候
集中力と明晰さを妨げる絶えざる心配と不安

＊恐怖のためのエクササイズ
恐怖に関心を集中させる。恐怖が与えてくれる飛躍的な集中力で、自ら用意を整え、意識的に行動し、動き、魂に新しい活力を注入する

エンパシーの実践をするとき、自然に流れてくる恐怖はあなたに集中力を与えてくれる。恐怖は感覚を鋭くし、生まれながらの生存スキルに注意を払い、新しく変化する環境への適応力を高めてくれる。恐怖が自然に流れてくると、集中力が生まれ、意識も研ぎ澄まされ、有能で、機敏になっていく。悲しいことに、自然に生まれてくる恐怖と私たちの関係はあまりにも破壊されていて、恐怖とはいったい何かまったく理解されてはいないのが現状だ。ほとんどの人が恐怖についてはわかっていると思いがちだが、それは心配、不安、狼狽《ろうばい》、恐慌、パニックといった気分を経験しているためだ。しかし、このような感情はいずれも恐怖ではない。誰もがほんとうの恐怖を感じてはいるが（恐怖がなければ生き延びることはできない）、不安やパニックのせいですっかり混乱し、恐怖の持つ肝心な能力を確認することはできずにいる。

次にその例をいくつか紹介しておこう。運転中、事故を無意識に避けていたことはなかっただろうか？　または火災のような緊急事態に冷静、沈着に対処したことは――そして危険が去ったあとに不安になったり、ストレスを感じたりしたことは？　誰もが、危険な状況に置かれている最中は恐怖を感じなかった（恐怖はその後に生じた）という経験がある。しかしそれは決定的な誤りだ。危険な状況になると、恐怖は身体、精神、感情を率いて、驚くほど優れた救助チームをつくる。意識を集中し、素晴らしい直感を浮かべ、知恵も湧いてくる。「まったく恐れを感じない」と思っているときが、実は、恐怖が自然に流れている瞬間なのである。

恐怖の領域での課題は実に簡単だ。恐怖が生まれたことを、確認する方法を学びさえすればいい。例えば、運転しながらバックミラーを見て、減速したり加速したりする車に道を開けたり、自分の意思を伝えるため、ほかのドライバーと目を合わせたりする。そのような瞬間、流れてくる恐怖があなたに働きかけているのだ。本能を全開にして、新しいことや危険なことがないか、つねに変わりつつある環境を調べている。恐怖が無事に目的地に到達する確率を高めてくれているのだ。恐怖が全身に流れているときは、集中し、頭がすっきりし、苦もなく環境に順応することができる。万一、仰天させられる出来事や危険に出くわしても、集中力や対応力が働き、自分や周囲の人を守る行動を取ることができる。自由に流れている状態であれば、恐怖は運転のように危険が潜む状況ばかりでなく、つねにあなたの仲間として働いてくれる。

会社で電話をしたり、スケジュールのやり取りをしたり、同時にいくつもの会話に加わったり、資材や業者を探したりするときは、（不安、心配、パニックではなく）自由に流れる恐怖が働いている。あなたは全力で働き、意識を集中している。大量の情報に目を通し、さまざまな要求に対応し、行動に注意を払い、自分独自のやり方で多くの人、機会、ビジネスとかかわっていく。仕事は順調で、資産も増え、変化する市場に健全に反応していける。恐怖が自然に流れていくとき、人生のあらゆる面であなたは有能な存在になれる。直感力に優れた人間のほとんどはこのことには気づいていないが、恐怖の持つ本能からくるエネルギーと直感力は密接に関連している。自然に流れている恐怖は、感情や身体の合図を確認し、選別し、翻訳し、理解したうえで、行動に移せるようにしてくれる。ここには魔法などまったく介在していない（直感とは、はっきりとは意識できない、稲妻のように素早く伝えられる神経学的機能である）。しかし、私たちの社会では、恐怖は悪いものとして拒絶され、直感は神秘的で特別な能力とされてきた。実際は、この直感は恐怖に支えられている、誰もが利用できるスキルなのである。

ここで繰り返しておくが、恐怖は心配や不安とは異なるものである。心配と不安は何かしらの理由で本能が損なわれたとき（または本能が無視されたとき）、あなたをイライラさせたり、悩ませたりする感情だ。恐怖はパニックや驚愕とも違う。なぜなら、このふたつは自分の本能が打ちのめされたときに湧き上がってくる感情だからである。一方、恐怖は、あらゆる危険を避けるために、あなたに直感と機敏さをもたらし、魂のバランスを修復し、安全な状態に戻してくれる。危険を避けて臆病になるのではなく、何があってもその場に合わせて適切な対応ができるようにしてくれる。一般的な能力と直感と集中力が豊かな人は、（たとえ自分は恐れを知らない人間だと思っていても）恐怖の流れと自然に結びついている。さしあたり、恐怖を受け入れ、すべての直感に感謝することだ。恐怖はあなたの敵ではなく最高の友人かもしれない。

では、いったい恐怖に何が起きてしまったのだろう？　恐怖の持つほんとうの性質は、まったくといっていいほど気づかれていないのはなぜか？　このような混乱を招いた三つの問題がある。最初の問題は、恐怖が本来の姿で見られていないことである――本来の意味の恐怖は、受け取った情報に基づいて行動し、反応し、変えていける能力を指す。私たちはそうした感情、つまり恐怖を、間違って良識、感覚的本能、便り、生存スキル、または守護天使という名前で呼んでしまっているのだ。恐怖は本来の意味での「恐怖」だとは受け取られていない。それは一般に恐怖の本質が確認されていないせいなのだ。ふたつ目の問題は最初の問題に関連している。適切に流れているとき、恐怖は身体と精神を統制し、まったく新しい方法で危機を乗りきってくれる。そして危機が過ぎ去り、事態が終息すれば、恐怖は遠ざかり、落ち着きを取り戻してくれる。恐怖が撤退するとき、身体は興奮して大量のアドレナリンを放出し、恐怖と交替するほかの感情が前面に押しだされる。同時に精神は危険にどう対処したか、結果を慎重に点検し、魂を統合し、健全な状態に戻す。ほとんどの人は、こうした恐怖に関する真実を知らないので、恐怖が退くときに起こる一連の混乱と興奮のことを恐怖だと勘違いしているのである。

本来の恐怖の性質に気づき、理解し、対処することで、このふたつの問題は解決できる。まず、恐怖の本質を理解し、問題解決後の余波にすぎない混乱と興奮を理解し、エクササイズをして対処することだ（229ページ参照）。しかし、さらなる問題は第三の領域にも混乱が起きることで、それは恐怖自体ではなく、恐怖と怒りの関係から生まれてくる。この混乱した関係が、ほかの何にも増して、素晴らしい性質を持つ恐怖を正しく認識し、受け入れ、取り組むことを妨げているのである。

◇恐怖・パニック・怒りの関係

健全な怒りは自分の周囲に目を配り、境界線の輪郭をきちんと引き、つねに行動を監視してくれる。しかし、怒りに問題があれば、心理学的境界線、人間関係、個人的空間、自尊心は損なわれてしまう。きちんと敬意を払って、怒りの感情と交信していなければ、心理的衛生面は悪化してしまう。それに伴って恐怖がどんどん前面に出ていくが、それは直感や集中力を高めるためではなく、変化や新しい刺激に対応するために、その場その場の危機を乗り越えるためにすぎない。私はかねてから、社会に蔓延する抑うつ状態（ほかにも原因は多数あるが、うつは境界線が損なわれる兆候である）に興味を抱いてきたが、それは現在、不安という伝染病へと変異してきたように感じている。社会的なレベルにおいても、怒りの問題が恐怖の問題とつながっているように思えてならない。

論点を説明するために、例え話をしよう。怒りが支えている境界線を車と考え、嵐の夜に運転している場面を想定してみよう。あなた（ドライバー）は恐怖を象徴している。車に故障はなく、漏れている箇所もない。タイヤもブレーキも異常なく、窓もきれいに拭いてあり、ワイパーもきちんと動いているなら、長距離運転だったとしても、とくに不安になることはないだろう。車の状態が良好な場合は、ほぼ支障なく、どんな気象条件でも運転できる。万一、路面にくぼみがあったり、動物が道路に飛びだしてきたり、乱暴なドライバーに遭遇したとしても、たぶん素早く危機は回避できるだろう。このように、感情が健全な状態なら怒りと恐怖が一丸となって働き、境界線もしっかりと引かれているので、何事もなく生きていくことができる。一方、ブレーキがきかず、窓も曇っていて、ワイパーも古いオンボロ車なら、ちょっとした嵐でも、かなり用心して運転する必要がある。何かしらトラブルが起きないようにするために重要なのは、車の状態である。きちんと整備しておかなければ、無事にドライブを続けられるかどうか心もとない。感情が健全でなければ、ほぼ間違いなく怒りや恐怖の出番がくる。しかし、怒りが無視されて境界線が破壊されたままでいる場合、恐怖は過剰に警戒心を募らせてしまう。

境界線がなければ、自分の行動を監視したり、他人が適切な行動をしているか確認したりすることはできない（すなわち、人間関係はつねにぎくしゃくしたものになりかねない）。なんの理由もなく誰かに失礼な態度を取ったり、逆に辱められたりして、いつも自分を傷つきやすくしてしまう。このような混乱に陥ると、恐怖との関係はたちまち悪くなり、自分の感情を調整するためのプライバシーも神聖な空間も消えてしまう。なんとか守ってやろうと恐怖が現れてくれるが、境界線が弱くなっているため、皮肉なことに恐怖が過剰になり、あなたを不安定な状態にしてしまう。恐怖は自分自身に意識を集中するように促してくるが、自分の境界線がどこから始まりどこで終わっているのかわからないので、意識を集中できるはずもない。集中しようとしすぎるあまり、不安や被害妄想に陥ってしまう恐れがある。恐怖は脅威に対処しようと、驚くほど多くのエネルギーとアドレナリンを放出してくれるが、あなたが怒りを抑制してしまえば境界線はもろくなり、逆に怒りを爆発させてしまえば、境界線が膨らみすぎてしまう。つまり、このように境界線は不安定になっているため、行き場のないエネルギーは漏れだして、急激に上昇してしまう。すると、自分の近くのあらゆるものを脅威と感じてしまうだろう（車に欠陥があれば、カーブにさしかかるたびに死の危機に瀕してしまうようなものだ）。

変化が起きると、恐怖が大きくなっていくということを思い出してほしい。境界線が消えてしまっていると、部屋の中を歩いたり、家から外に出たり、人や動物に出くわしたり、電話に出たり、郵便物を開封したりといったちょっとしたことでも、不意に不安に襲われてしまう。しっかりした境界線を引いていなければ、得体の知れない不安を抱いてしまうだろう。人を言葉（または身体）で攻撃したり、陰謀論を信じて誰かを批判したり、逆に自分を抑圧して悩みをいっさい口にしなくなり、パニック発作になってしまうかもしれない。なぜなら、魂は弱く、無防備な状態なのに、恐怖が無理やり前面に押しだされてくるからだ。

しかし、しっかりと安定した境界線の内部で、恐怖が適切に流れている状況なら、危機管理、集中、平静、活力の本能的な感覚がきちんと機能する。適切な境界線を引けば、怒っているようには見えなくなるものだ。感情が自由に流れていれば、癒やしの力が与えられる。これはいつも気分を安定させろということではない。大切なのは感情の調和をはかることにある。感情を健全な状態にするのは、まず、怒りを尊重できるかどうかにかかっている。怒りと恐怖の間に適切な関係を築いてほしい。怒りは境界線を引いて自尊心を守り、恐怖は集中力を維持し、不慮の事態にも備えてくれる。このふたつの感情はチームとして機能しているのである。

◇恐怖に隠されたメッセージ

恐怖という感情は、変化や新しい状況に対処せざるを得なくなったとき、エネルギーと集中力をかき立てるために前面に出てくる。そのため、今、やっていることがあっても手を止めて、少なくともペースを落とす必要がある。あいにく、ほとんどの人は、自分の前進を阻止するあらゆる動きに抵抗してしまう。すなわち、人間は恐怖に抵抗してしまうようにできているのである。しかし、これは大きな過ちであり、間違った結果を生んでしまう。恐怖は臆病とは異なるもので、次に何が起きるにせよ、まだ対応する準備が整っていないことを知らせてくれる、内なる防御機構なのである。恐怖はあなたの足を止める――その間、意識を集中し、自分が持てるあらゆる能力をかき集める。恐怖とはこのように、次の瞬間にうまく対処する準備をしてくれるのだ。いわばひと息つくための時間が必要な場合に生まれてくる感情でもある。この感情を信頼し、自分に集中する時間をつくれば、このようなスキルをもたらしてくれるだろう。

「どのような行動を取るべきか？」と尋ねると、恐怖ははっきりした言葉で答えてくれる。「じっとしていろ。走れ。しっかり話せ。黙っていろ。身を伏せろ。すぐに左に移動せよ。ハンドルを切れ。身体を丸めて頭を守れ。子どもを連れて家を出ろ。警察に通報しろ。深呼吸せよ。やり返せ。仕返しするのはやめろ。始める前にしっかり調査せよ」などさまざまな答えが返ってくるはずだ。

自由に流れる恐れが本能と結びついていれば、臨機応変に行動することが可能となる。数多くの選択肢が生まれ、恐怖はそれぞれの状況に合わせて、適切な選択を下す手掛かりを与えてくれる。恐れとは臆病ではなく、警戒することなのだ。恐怖には生存本能が備わっている。そこには、何十万年にも及ぶ偉大な遺産が含まれている。祖先が洪水、火災、戦争、移動、地震、竜巻、待ちぶせ、飢饉、疫病、大航海、暴動、革命、異端審問、大陸横断の旅を生き延びていくのを助けてくれた反応なのだ。恐怖に敬意を払い、きちんと耳を傾けよう。そうすればあなたの内面にある祖先の知恵にアクセスできる。数百万人の人間が病気になり、死んでしまった状況で生き延びて子孫を残してきた祖先の知恵を、あなたは利用しているのだ。恐怖に耳を傾けるなら、自分の内面にあるより多くの専門的な情報、本能、才覚にアクセスできるのである。

しかし、恐怖を無視して猪突猛進したなら――あるいは恐怖を抑圧したり、理由づけして無視しているなら――かろうじて問題をなんとか乗り越えても恐怖が増減する状況が繰り返されていく（ほとんどの人が幼いころ、怒りを爆発させたり、抑えたりしてきた）。恐怖に敬意を払わないことが、現在の「不安障害」の原因となっている。つまり、不安ややみくもな恐れという恐怖が持つ役に立たない側面が、はっきりした理由もなく、時折現れてくるのだ。同時に、意識を集中してくれるという恐怖の有益な面を、必要なときに利用できなくさせている。不安障害は恐怖や不安から生まれるのではない。恐怖の価値を貶《おとし》めたり、拒んだりして、役に立たないものと思い込んでしまった結果、発症するのである（内分泌系のバランスの乱れで発症する可能性もある）。ほかのすべての感情と同様に、恐怖は必要なときに現れてきて、問題に対処し、役割を果たしたら去っていく。勇敢になろうとしたり、恐れ知らずになったり、礼儀正しく振る舞おうとして、恐怖を進んで受け入れようとしなければ、生存のためのスキルは損なわれ、混乱に陥ることになる。

恐怖はあなたに生まれつき備わっている直感力とつながっている。恐怖があらゆる話題に情報やアドバイスを無償で提供してくれるのは、あなたに立ちはだかるほんとうの困難と障害の実態にはっきりと気づいているからだ。未来、キャリア、人間関係など何かしら答えが必要となるときには、自分は何を恐れているのか問いかけてみよう。次のステップのためにはどんなことに集中すべきかという問題に、恐怖はほかのどんな感情より優れたアドバイスを与えてくれるだろう。

恐怖にはもうひとつ重要な機能がある。あなたがほんとうの変化に遭遇している瞬間を教えてくれることだ。新しい仕事、新しい恋、新しい人生の道に取り組もうとしているとき、恐怖が現れてくるかもしれない。恐怖について理解していなければ、新しいことに立ち向かえず凍りついてしまうか、無謀に飛び込んでしまうかのいずれかになってしまう。しかし、どちらを選ぶにしろ、このような極端な態度を取ったところでうまくはいくはずがない。恐怖が現れたら「新しいことを試みようとしている証拠だ」と確認しよう。恐怖を喜んで受け入れるなら、ゆっくりと意識を集中し、安全を点検しながら、本能と直感を頼りに新しい冒険に旅立っていけるだろう。

エクササイズ　集中力と落ち着きを増す

乱暴なドライバーがいることを確認すれば、事故を起こす前に、避けることができます。このように、あなたがまずやらなくてはいけないのは、恐怖がスムーズに流れていけるように、個人的境界線をつくることです。

1. しっかりと自分の境界線を引いて、グラウンディングをしてください。
2. 聖なる場所の内部に意識を集中します。恐怖がスムーズに流れだします。しっかりした境界線に守られていれば、恐怖がもたらしてくれる素晴らしい集中力が得られます。苦しめられる考えや感覚は、グラウンディングして大地に放出してしまいましょう。
3. 恐怖がスムーズに流れだすと、あなたの本能と直感がともに働いていくでしょう。

もうひとつのエクササイズは、「変化を前にして、スローダウンしなさい」とささやく恐怖の声に耳を傾けられるようにする方法です。

1. 胃がキリキリするなど身体が不調だったり、高層階のエレベーターに乗ったときのように突然、耳がキーンと鳴ったり、何かに目が釘付けになったり、「おかしい」と感じたり、何かに絶えずつきまとわれている気がしたり、毎日の習慣にいつもとは違う動きや変化を取り入れたくなったなら、恐怖の兆候です。心当たりはありませんか?

それに当てはまるなら、言葉や身振りで表現しなさい。例えば、「ちょっと待って。どこか変だぞ」と口にしたり、または手を上げて「待て」というしぐさをします。こうすればほんの少し、立ち止まる時間を確保してくれます。

2. 自分の内にある恐怖に、変化に備えて「どんな行動を取るべきか?」と質問します。ほとんどの場合、恐怖は身のまわりのちょっとした変化に対するこの問いに答えをくれます。

3. 恐怖の答え(環境の中のなんらかの変化)に注意を払い、姿勢、動き、行動を変えます。恐怖に感謝します。

いけないことをしようとしたとき、やめようとしていた悪い習慣が再開しそうなときにも、恐怖は環境の変化という〝サイン〟を送ってくれます。その場合も、この簡単なエクササイズは役に立ちます。言葉にしたりしぐさにしたりして「待つ」ことができれば、古いパターンを断ち切り、より健康に生きようとする本能を取り戻せるでしょう。

恐怖が自由に流れるようになれば、実際に危険な状況に陥ったとき、直感や本能が力強く現れてくる。意識を集中して、恐怖に耳を傾ける方法を理解すれば、危機に直面してもまったく傷つくことなく、難関を突破するのに必要な内なる能力をしっかりと使えるようになる。恐怖、直感、本能さえあれば、なんでもできるというわけではない。しかし、それらにしっかりと耳を傾ければ、自分にとって最高の生存スキルが手に入るのだ。

◇他人の恐怖を尊重する

他人の恐怖を尊重するのは難しいことかもしれない。なぜなら私たちの誰もが、自分ばかりか、まわりのすべての人の恐怖を抑えるように教えられてきたからだ。世の中には恐怖に対抗するための決まり文句がたくさんある（恐れるものなど何もない。そんな臆病な人間になってはいけない、など）。注意しなければ、こうした言葉がすぐに口をついて出てくる。恐れを抱く人に敬意を払うための鍵は、彼らを弱くて、何かにつけて過剰に反応する人間と考えたりせず、本能に満ちあふれた直感的人間として扱ってあげることだ。

意識を集中していると、恐怖は適切に働くようになる。恐怖にとらわれている人に対しては、「何を感じていますか？」と最初に聞くことで、自分の感情に集中できるように促してあげなさい。そのうえで、グラウンディングや境界線を引くエクササイズを教えてあげるといい。恐怖の持つエネルギーを感じてもらい、それからあらためて「どのような行動を取ればいいか？」と問いかけよう。このように恐怖を喜んで迎えるなら、お互いに、この感情に飲み込まれずに危険な場所から抜けだすことができるだろう。

重要な注意点としては、恐怖の強いエネルギーをいったん受け入れたあと、冷却期間を置いている人には、あまり近づかないことだ。彼らは体内に分泌される莫大な量のアドレナリンを処理している最中なのである。あなたにぴったりくっつかれたら、彼らの流れは妨げられてしまう（あなたは集中力の邪魔をすることになる）。最低限の接触なら構わないが、抱きしめたりしてはいけない。求められたら握手やハグをしてもよいが、それまではじっとしておきなさい。あなたの役割は、アシスタントである。相手のそばにいて、話ができるような雰囲気をつくってあげればいいのだ。「〇〇すべきだった」といったアドバイスは控え、ただ耳を傾けること。恐怖は権威と結びついているエネルギーなので、その人が自分で自分のリーダーとして振る舞えるように仕向けてあげることだ。

最近、提案されたひとつのテクニックは、恐ろしいトラウマを体験した直後の、脳の認識処理中枢に関連している。オックスフォード大学で行われた研究では、被験者に損傷や事故など不快になってしまう映像を見せたあとで、数人にゲームをやってもらった（対照群の数人はゲームをせずにただ座っていた）。ゲームをやった被験者のフラッシュバックは、座っていただけの被験者よりはるかに減少していた。この結果の仮説としては、脳の処理中枢に複数の作業を加えてやると、トラウマの記憶が固定されにくくなるということだった。これは認知行動療法の一種であり、不安障害の患者の場合には、不安発作が起きそうになると、一〇〇から三つずつ逆算する作業を教えられている。基本的な理論としては、簡単な知的作業には、人間の感情を落ち着かせてくれる効果があるということである。

このほか、脳の注意を別方向へと促すための提案としては、部屋で踊ったり身体を揺さぶったりするような心地よい運動をしたり、バニラ、チョコレート、シナモン、花などいい匂いを嗅いだりすることが挙げられる。

敬意をもって受け入れれば、恐怖は人に危険や新しい事態を知らせ、それに応じた行動ができる態勢を整えてくれる。一つひとつの状況で、もっとも効果のある活動をやり遂げるのに必要なエネルギーが提供され、生き残る確率を高くするデータ――情報、スキル、才能、知識――を注意深く（しかし不安や心配なしに）収集し続けることが可能になるだろう。

◇心配と不安が邪魔をするとき

心配と不安にはまったく異なるふたつのタイプがある。第一のタイプは最初は恐怖を拒絶し、敬意を払わなかったため、状況が行き詰まってしまい、いつも強い不安感、警戒心、緊張感にとらわれてしまう場合だ。自然災害や攻撃、病気、友人や家族の安全、金銭、人生全般について不安を抱いてしまうかもしれない。このような漠然とした不安は、自分に集中を促すための警報ではなく、ただ繰り返し襲ってきて生活や幸福を妨げ、解決策も出てくることはない。これは、現在、不安障害と呼ばれているが、その原因は不安とは違う。恐怖が去ったあとに癒やしの情報をきちんと利用しなかったせいで生じてしまう、よくある身体的反応なのである（しかし、この症状は神経伝達物質やホルモンのバランスの乱れが原因かもしれないので、深刻な状態なら専門家に相談してもらいたい）。

心配と不安の第二のタイプは、未知のものへの恐れにたいする反応である。このタイプはつねに不快感や心の乱れにつきまとわれはするが、その正体をつかむことはできない。何かおかしいという微妙な感覚は、相手の声、車の音、いつもとは違うように思える匂いやイメージといったものだが、それ以上のことはわからないのだ。このような状況に陥ったら、自分に集中し、必要な時間をかけて感覚を整理するのが重要である。なぜなら、あなたの恐怖が、あなたに準備を整えるだけの十分な時間を与えてくれているからである。このような不安は、将来、起こるかもしれない何かを予測し、準備してくれている。「起こるかもしれない」という感覚は、この先の危険を確認し、未然に防ぐことが可能だという意味だ。

あいにく、ほとんどの人は、このような微妙な合図を見過ごしている。その理由は、自分の直感を信じられないからである。また多くの場合、急いでいたり、礼儀正しく振る舞おうとしているからであり、さらに悪いのは、恐れてなどいないふりをしていることだ。恐怖に関するエクササイズを再読し、直感と本能から生まれてくる感情に気づくことが重要である。それが文字通り命を救ってくれることになる。

心配と不安はかならずしも身体的危険に関連しているわけではないが、何か決定的な理由があるから私たちの注意を引こうとしているのである。恐怖が届けてくれる合図に関心を示し、敬意を払いなさい。すべての感情は真実を語っているのだ！

エクササイズ　心配と不安を消す

いつも心配で、不安に駆られているなら、しっかりグラウンディングし、緊張をほぐしましょう。気分を静め、意識を集中し、安心感を得るための最良の方法を紹介します。

1. 不安がなかなか解消されないのは、アドレナリンやコルチゾールなどのバランスの乱れに原因がある場合もある。十分休息し、自然とふれあい、栄養をとりましょう（アドレナリンとホルモンの異常は食物アレルギーや摂食障害の原因となる恐れがあります）。お勧めの運動は、ヨガ、太極拳、自然の中でのウォーキング、水泳など。あなたの魂のバランス回復に役立ちます。

2. コーヒー、お茶、砂糖、チョコレート、マカやガラナのようなハーブ由来のエナジーサプリ、ダイエット薬、過度の運動、過度の性行為など刺激になるものを減らしたり、やめたりすることも重要です。不安が不安を呼ぶような悪循環に陥っているなら、身体のコントロールがきかなくなってしまう「闘争・逃走」行動を引き起こしてしまいます――刺激物をとるのは、傷に塩を塗るのに等しい行為です。

3. 精神療法士（サイコセラピスト）は不安障害を治療するとき、脱感作療法と認知再構成法という知性を治療に取り入れる素晴らしい方法を採用しています。例えば、クモが死ぬほど怖かったとしましょう。サイコセラピストは、心の中で「クモは追いかけてはこない――壁の上で動いているだけだ」とささやいて気持ちを落ち着かせるよう患者を促し、徐々にクモに耐えられるようにしていきます。このプロセスで恐怖がかなり抑えられることが証明されていますし、この療法だけで治ってしまう人もいます。長時間、恐怖が激しい状態のままという場合には、疲れ果てた身体を休めるための薬物療法もあります。

4. 瞑想は役に立ちますが、注意点もあります。ある種の静寂やマインドフルネスなどの瞑想は、人によってはかえって不安を高めてしまうからです。その場合、太極拳や気功のような動きを伴う瞑想に切り替えてみるといいでしょう。身体を使う瞑想は、不安に陥りやすい人にとっては、静寂な瞑想より癒やし効果があるでしょう。

不安という昏睡状態から目を覚ます際には、つねに境界線に注意を払うことです。恐怖の悪循環に陥ってしまったなら、本能がきちんと働かなくなるので、個人的空間は狭くなり、しかも力が弱くなります。怒りの力で再び境界線をしっかり引けたなら、あえて不安を意識し、あなたの個人的空間に注ぎ込みましょう。身体の緊張感が解けて、自然に癒やされていくだけでなく、個人的空間はエネルギーに満たされ、狭くなっていた空間を元通りに回復してくれます。

不安に取り憑《つ》かれてしまうと、困った事態にしかならない。不安と交信できれば、神聖な個人的空間を取り戻し、直感と情報を無限に発揮できるようになる。どうかそのことに気づいて交信してほしい！

あらゆる形の恐怖を進んで受け入れよう。自由に流れてくる本能、直感、集中力として、巧みに危険に対処してくれる護衛、そして差し迫った危険への合図として、心配や不安は現れてくる。恐怖を喜んで受け入れて、感謝しよう。

第17章

混乱
――恐怖を隠す仮面の感情

＊混乱からの贈り物
知識の充実、無邪気さ、柔軟性、小休止

＊混乱からの質問
「自分のほんとうの意図は何か？　どんな行動を取るべきか？」

＊混乱によるトラブルの兆候
決断したり、行動したりできず、自分や自分の決断を信じられない

＊混乱のためのエクササイズ
小休止し、自分の外部に答えを求めるのはやめて心の中に質問をしてみる。自分の本能と決断力を取り戻し、意図的になることで曖昧さを完全に排除する

混乱は恐怖が覆い隠されている状態であり、恐怖を利用できなかったり、利用しようとしなかったりするときに起きてくる。自分の本能を見失ってしまっているのだ。混乱は行動を停止させることで私たちを守ろうとしているが、あまりに混乱ばかりしていると問題が解決できない状態になってしまう。混乱しても構わない。むしろ、混乱が生じている原因に気づくことが大切なのだ。その理由を突き止められたなら、本能と直感が回復し、なぜ決断や正しい行動が起きなかったのかを明らかにすることができる。

混乱してしまうと、意思決定ができず、絶えず心変わりし、意識が散漫になり、落ち着くことができない。混乱は本質的に、あなたが道を見失ったとき、自分という存在を消してしまういわゆる解離の形態なのである。これは無関心《アパシー》とも多少似たところがあるが、違いも存在している。アパシーは退屈することもなければ、輝かしい出来事を渇望することもなく、何もかもに興味を失っている状況だ。一方、混乱は、自分が何を求めているのかわからなくなり、選ぶことも決断することもできずに宙ぶらりんの状態になってしまう。混乱しているときに前進できないのは、間違った方向に向かう恐れがあるからだし、しっかり考えられないのは、情報を適切に解釈し、蓄積し、検索することができないからなのだ。過去の経験から得た知見では、決着がつかない場合が多いため、何度も繰り返し同じ過ちを犯してしまうことになる。混乱し、集中力を失い、感情の渦《うず》に巻き込まれたままの状態になるだろう。身体は本能との接触を失ってしまい、関心は鳥のようにもっと穏やかな止まり木に向かって飛び去っていく。混乱と戦って、無理やり決断を下そうとすれば、再び混乱に陥ってしまうことは免れない（そうでなくても、情け容赦なく自己を批判してしまうことになるだろう）。

混乱のために用意されているエクササイズは、混乱を消すことでもなければ、そこを突破することでもない。時間をかけて魂が錯乱状態になってしまった原因を見つけだすことなのである。混乱は何かしら理由があって、あなたの足を止めているのだ。明晰夢《めいせきむ》（夢であることを自覚しながら見る夢）を見る能力がある私の夫のティノは、夢の中で次のような言葉を耳にして、混乱の完璧な治療法を見つけだした。それは「意志がすべての曖昧さを消してくれる」という言葉だ。私たち夫婦のどちらかが何かについての決断、計画、人間関係で混乱してしまったなら、「自分の意図は何か（自分たちは何を大切にしているのか）？」と互いに尋ね合うことにしている。この質問はすぐに混乱の霧を晴らし、向かってくる困難や葛藤を照らしだしてくれる。混乱が消えると、霧が晴れて、ほんとうの感情が現れてきて、集中力がよみがえり、グラウンディングできるようになる。私たちは一貫して考え続けられるようになり、再びまっすぐに立ち上がっていける。こうして混乱に足止めされたことに感謝できるようになるのだ。私たちはいつも本能、行動、意思の中の何かが原因で、心をかき乱されていることに気づけるからだ。自分の抱いている意図に気づけば、曖昧さをなくすことができる。その逆のことを言っている「曖昧さはあらゆる意図をなくしてしまう」ということわざも同じく真実である。ティノと火の元素である夢の領域に、私は大いに感謝している。このような想像力は信頼のおける門番の役割を果たしている。

エクササイズ　**混乱をときほぐす**

混乱のためのエクササイズは理論的に言えば簡単なものですが、実際に実行するとなると難しい場合があります。具体的にやることは、自分の意図は何かを問うことだけ。どの方向に向かうべきか、何を選択すべきか、どんなことを実行すべきかではなく、自分の意図は何か、何が大切なのかを自問するということです。本能または流れてくる恐怖に従わないと、混乱が起きてしまいます（それが解離の原因です）。自分の意図を尋ねれば、ほとんどの場合、なぜ直感や集中力をなくしてしまったのか、正確に理解できるでしょう。行動と動機が人生で目指す目的と矛盾している場合、混乱が生じます。混乱状態のままで無理に先を急ごうとすると、まず間違いなく道を大きく踏みはずします。このことから、混乱は感情の大きなバリケードとみなせるのです。無理やり前進しようとするなら、失敗しても仕方がありません。しかし、歩みを止めて、自分の動機と意図を進んで問いかけることができるなら、自分の立場を再度確認できます。そうすれば、考えたり、行動したりできなくなった理由がすぐに明らかになるでしょう。自分の意図は何かということに気づくとき、自分をひどく混乱させている理由を知ることができます。

では次にエクササイズを紹介していきましょう。

1．ふたつの仕事のどちらかを選ぶ際、まったく決められずにいたとします。決断を急いで、強引に決めようとすれば、おそらくますます優柔不断になり、結局、深刻な混乱に陥ってしまうでしょう。それでは、なんとか下した決断も誤ったものになるかもしれません（決断をしたというだけになってしまいます）。

2. 足を少し止め、自分の意図は何か質問してみます。十中八九、どちらの仕事も深刻で、克服できない問題を抱えていることに気づくでしょう。もっとも優れた決断は、どちらの仕事も選ばないことですが、生活がかかっている場合はそうは言ってられないでしょう。しかし、意味のある人生を送りたいなら、今月の家賃のために自分の直感を無視して魂を売ってしまうよりも、時間をかけて一から職探しに取り組むことを選ぶはずです。生活のためという理由で愚かな仕事を選び、十年以上ずっと――惨めで、将来のない――同じ職場で働き続けている人に、誰でも心当たりがあるはずです。混乱のせいで足止めをくらっているのです！

3. 意図が何か自問しても、問題の核心に至らないなら、一つひとつの元素に問いかけてみましょう。そうすることで問題は簡単に明らかになります。

かつて私は、クルーズ船で癒やしの方法を教えるという仕事のオファーを受けた。そんな環境で人と接することは気が進まないものの、申し出に応じるべきかどうかで迷い、すっかり混乱してしまった。自分の意志に問いかけ、意識を集中し、自分の心の中の村と連絡を取ったが、混乱は収まらない。

そこで気力を奮い起こし、一つひとつの元素に尋ねてみることにした。火の元素である洞察力に聞いてみると、「人に教えるという仕事に抱いているイメージとこの仕事はかけ離れている」という答え。空気の元素である知性は、「自分の最善の判断に反しているのでは」と、論理的に疑問を呈してきた。つまり、知性もこの仕事を望んではいなかったのだ。水の元素である感情の答えはいたって明快で、「この仕事にまったく興味がない」だった。ところが、地の元素である身体は思ってもみないほど強く「クルーズ船に乗りたい」と望んでいた！　オファーに応じるかどうかで混乱した原因は地の元素にあるのだとわかった。自分の中に深い矛盾が存在していたのである。

次に「身体がなぜクルーズ船に乗りたがっているのか」を、理解しようとした。私は休暇を切実に望んでいることがわかったので、身体の欲求を叶えるために、短い休暇を取り、熱い風呂に入ったり、川に行ったり、マッサージを予約したり、自分の身体を十分に労わるスケジュールを組んだ。私自身も、地の元素以外の知性も、身体をいじめたり、地の元素が訴えていることを無視しなかったというのがポイントだ。その結果、クルーズ船での仕事以外に身体の願望を叶えてくれるはるかに素晴らしい方法が存在していることがわかった。

混乱しているときは、自分の内面（時として心のひじょうに深い層）で、実際に自分のために働いてくれる意識が存在しているのを知ることが大切だ。混乱が生じたとき、足を止めて、自分の立場を再点検することができるなら、その意識とのつながりを取り戻し、このような認識に達することができ、生命の中心に戻るための道を見つけられるだろう。混乱は問題ではない――それはまさしくメッセージにほかならないのだ。足を止めて、混乱の持つメッセージにじっくり耳を傾けよう。それが集中力、洞察力、誠実さを取り戻す助けとなってくれるだろう。

◇他人の混乱を尊重する

他人の混乱に敬意を払うには多少のコツがいる。なぜなら私たちは、自分はあらゆることを知っていて、すべての答えを持っていると勘違いしてしまうからだ。あなたの知恵は重要だが、混乱している人を支えてあげることのほうがはるかに重要だ。なんでも答えてくれる専門家になろうとすれば、混乱している人間をますます優柔不断にしてしまうだけである。混乱している人は、生まれながらに備わっている直感と集中力とのつながりを見失っているだけなのだ。それを思い出し、自分自身で答えを出せるように、やさしく導いてあげることが大切である。混乱している人が自分の意図をはっきり述べられるようになれば、混乱、曖昧さはすぐに取り除ける（難しい場合は、魂の中にある障害物を突き止めるまで、それぞれの元素に質問する方法を教えてあげるといい）。自分が必要としているものに気づけたとき、再び自分の中心に戻る道を見つける手助けができるだろう。混乱は愚かさの証拠ではない。混乱の中には何かが隠されているのであり、一時的に自分の足を巧妙に止めてくれる。ひとときの休憩の手助けをするのが大切なことだと理解できるなら、あなたは他人の本能、決断力、創意を取り戻すサポート役となれるだろう。

第18章

嫉妬と羨望
――貪欲とも関連するレーダーの感情

＊嫉妬と羨望からの贈り物

公平さ、献身、安全、結合、忠誠心

＊嫉妬と羨望からの質問

「何が裏切られたのか？　癒やし、回復してくれるものは何か？」

＊嫉妬と羨望によるトラブルの兆候

有益な気づきを見逃し人間関係を不安にする疑惑の連鎖、論理や栄誉より自分の欲求を重視する過剰な貪欲さ

＊嫉妬と羨望のためのエクササイズ

他人の不誠実や不公平または自尊心や価値観の欠如に対応しているのかどうか、しっかりと見極めること。いずれにしても、まずは自分の境界線を取り戻そう。次に、直感に耳を傾け、嫉妬や羨望に潜んでいる怒りや恐怖の感情を尊重しなさい

嫉妬と羨望は別の感情だが、似たようなメッセージが届けられる。嫉妬は親密な関係の中で不貞や偽りがあった場合に生まれ、羨望は富の配分や評価が不公平である場合に生まれてくる。どちらも怒り（憎しみ）と恐怖の感情が混じっていて、自分の安全や立場に深刻なリスクがあると直感的に判断したあとに、失った境界線を取り戻そうとする。このふたつの感情を批判せずに尊重できるなら、人格や人間関係は安定するだろう。嫉妬心が自由に流れていれば、それほどねたんだり、うらやんだりしているようには見えない。むしろ、自然の直感としっかりした境界線が、信頼できる仲間や友人を本能的に選んでくれるだろう。同じように、羨望の心が自由に流れてくれれば、なんでもうらやましがる貪欲な人間と思われたりはしない。代わりに、富や名声への自分の欲求を無視することなく、またれば、信頼できる仲間でさえ安心できる存在ではなくなり、関係はしっくりいかなくなる。あなた（たとえ不自然な場合でも）他人の富や名声を祝福できるだろう。しかし、嫉妬や羨望を尊重しなければ、（そして周囲のすべての人）の自尊心や安定感を否定し、手に入れられるあらゆるものを素早くつかみ取ろうとすれば、混乱するほかなくなってしまう。

嫉妬と羨望を、私は「社会的感情」と呼んでいる。その理由は、社会生活を理解し、しっかりと維持する助けとなってくれる感情だからだ。しかし、このような見解にうなずいてくれる人はごく少数しかいない。私たちの文化はしばしば複雑な感情を病的だとみなすが、嫉妬と羨望はとりわけその傾向が強い。このふたつの感情を表出する人が褒められることはめったになく、「病的に嫉妬深い」「緑色の目をした怪物」などと揶揄されることが多く、シャドーの中に投げ込まれてしまう。しかし、このような反応はとりわけ直感的、保護的な情報を伝えてくれる感情に関しては、まったくの的外れである。

多くの心理学者でさえ、嫉妬や羨望を現代人というよりネアンデルタール人にふさわしい「原始的」感情に分類している。これは知性と感情を戦わせ、内なる村の安定を破壊してしまうやり方だ。しかし、このふたつの感情を原始的で時代遅れだというのは間違っている。それは、人類の歴史が始まって以来、この感情がずっと多くの人に拒否されてはいないという事実を無視していることになる。もしこのような感情がほんとうに過去の遺物だったとするなら、もうそんな感情などとうに消え去っていたはずである。消滅していないという事実から見て、私たちエンパスがやらなくてはいけないのは、この感情が必要である理由を見つけだすことだ。まずは嫉妬から始めることにしよう。

◇嫉妬が訴えるメッセージ

恋人とパーティーに行ったと想像してみよう。飲み物を取りに行くために席をはずした恋人は、元恋人と出会い、大喜びして微笑んでいる。あなたはその様子を見て、心に鋭い痛みを感じたが、すぐにこの感情を抑えようとした。誰かに自分のうろたえた姿を見られたりしないかと不安になり、青くなった顔にこわばった微笑みを浮かべる。しかしパートナーと元恋人は、関係がまだ続いていると疑わせるほど親しげに抱擁し、キスしている。恋人が飲み物を持って戻ってきたとき、あなたはどんな態度を取るだろう。嫉妬を抑えて、幸せそうな顔をするのか？ もしそうなら、恋人はありがたく思ってくれるかもしれないが、あなたはうかない気持ちになるだろう（知らないうちに、ふてくされたり、気がふさいだりしているはずだ）。あるいは嫉妬心をはっきり顔に出し、恋人の裏切りを非難するだろうか？　もしそうだとするなら、あなたは優位な立場に立てるかもしれないが、恋人のプライドと評判を傷つけてしまうかもしれない（恋人は元恋人に未練などまったくなかったかもしれないのに）。あなたに選択肢がふたつにひとつしかないなら、自分が傷つくか、恋人を非難するかのどちらかになる。嫉妬という感情は、評判通り悪いものだと感じるだろう。しかし、実は選択肢はこれだけではない。嫉妬を抱いた理由（そして嫉妬が及ぼす結果）を理解できたなら、この激しい感情に敬意を払って交信できるようになる。

この例では、自由に流れている嫉妬という感情が、状況を正しく把握し、恋人とその元恋人との間には明らかにまだ強いつながりがあると示唆している。嫉妬とは親密で、大切な人間関係が脅かされたときに生じる直感（恐怖）と自己保存（怒り）とが結びついた感情だ。親密さ、親密な関係を安定させておくことが、私たちの健康と幸福にとってかぎりなく重要なことであり、パートナーに裏切られたと感じると、実際に身体的な脅威を感じてしまう。このような感覚は、配偶者の選択と関係の継続が、厳しい気候の中で生き残るためには、不可欠な条件であった「原始的な」時代の種族にまでさかのぼれることができるのは間違いない。しかし、親密さと生存の重要性は、進化の過程においても薄れることはなかった。なぜなら、現在でもすべての人が依然として健康、安定、幸福への脅威と向き合っており、人間関係が親密で、安定していることは今でも不可欠だからである。信頼できるパートナーは相変わらず社会的、物質的地位を安泰にしてくれる。良きパートナーや信頼できる仲間はあなたの子どもや家族を育て、守り、親密さ、愛、安全、仲間意識、性的関係、友情、保護を提供してくれる。健全で献身的な関係が社会的、感情的な幸福、そして実際にあなたの生存にとってはなくてはならないものなのだ。

パートナーが信頼できなかったり、関心が自分以外に移ってしまう恐れがあるなら、魂は安全と幸福への脅威と向き合うのに役立つメッセージを発するだろう。つまり嫉妬は病的なものではなく、自然で、健全な反応なのだ。しかし、嫉妬に耳を傾けず、敬意を払おうともしないなら、繰り返しひどく不愉快な状況に何度も巻き込まれるという人生の悪循環に陥ってしまう。

一見すると、不快で、危険な意志であふれているようでも、すべての感情は真実であることを忘れてはいけない。正当な理由があるから、嫉妬は生まれてくる。私たちの課題は、もっとも重要な人間関係においては安全性など必要ないというふりなどせず、嫉妬していることを認め、進んでその感情を受け入れることだ。嫉妬は愛や愛情関係の重要な一要素である。それどころか心と魂を開いてくれる真実の愛を、嫉妬が呼び起こしてくれることもある。ほんとうに他人の心を自分に受け入れるとき、境界線はすべて消えてしまう。すなわち、誰かを愛した魂は、今や自分の片割れと言っていい存在との関係を守る必要がある。嫉妬は保護するための戦略となり、重要な役割を果たしているのである。

嫉妬に向き合うための鍵は、あなたが認識するこの正当な危機意識が、パートナーの裏切りに原因があるのか、あるいは自分に価値がないと思ったり、ふたりの関係が不安だったりすることが原因なのか、確認することだ。ほかのすべての複雑な感情とまったく同じように、苦しい状況からの出口はただひとつ、嫉妬と交信する以外にない。

エクササイズ　**嫉妬を怒りで癒やす**

嫉妬には怒りも含まれています。そこで怒りのエネルギーを境界線に注ぎ込み、嫉妬で被った境界線の傷を修復していきましょう。嫉妬は強烈に燃え上がりますが、そのエネルギーで境界線を強化すれば個人的空間が確保され、心を静め、再び意識を集中できます。嫉妬と怒りは効果的に処理され、自分の内側に再び活気がみなぎってきて、衝撃や衰弱にも立ち向かえるようになるのです。嫉妬から生まれる恐怖に基づいた、「本能と直感」という新鮮なエネルギーともつながれるでしょう。

1. 境界線をきちんと引く前に行動を起こそうとすると、怒りを爆発させてしまうか、欠点を克服できないままで終わってしまいます。頑丈な境界線を築きましょう。グラウンディングして安定させることができれば、しっかりした地盤の上で行動できます。

2. 嫉妬からくる怒りに対処する方法は（爆発させてしまうか、抑えるかの二者択一ではなく）数十もあります。もっと慎重に状況を考察してみるといいでしょう（何が裏切られたのか？）。今までのすべての裏切りについて、記憶をたどる方法もあれば（これは嫉妬に潜む直感力の素晴らしい利用法です）、パートナーと率直に話し合う方法もあります。自分の価値観や安心感を調べたり（何を癒やしたり、回復させたりする必要があるのか？）、またはつき合い始めるとき、互いに結んでいた〝契約書〟を思い出すために、契約に関するエクササイズを行ってもいいでしょう。

3．どのような答えが出るにしろ、あなたは犠牲者ではなく、感情という優れた資源を持つ人間として振る舞えるようになります。自分の嫉妬に耳を傾けられるなら、意識を高めることができ、自分とパートナーをもっと尊重できるようになります。

嫉妬を捨てようと抑圧したり、逆に爆発させたりしているなら、相手の不誠実な部分を見つけたり、それに適切に対応する能力は低くなってしまいます。その結果、相性の悪い相手と不安定な関係を結ぶことになるでしょう。自分自身を大切にし、人生にバランスを取り、深刻な問題を解決するのに不可欠な「心の穏やかさ」を失ってしまうのです。しかし、嫉妬のメッセージに込められた素晴らしい情報に敬意を払い、耳を傾ければ、問題の核心を明らかにするための厳しい旅も耐え抜けるようになります。

嫉妬としっかり向き合えば、現在のパートナーに関する情報ばかりでなく、自分や他人の自尊心について抱いている基本的信念、幼いころに家族に教え込まれた愛情や所属感についての意識、両親や保護者（最初の愛情関係）との間で守っていた合意にも気づけるようになる。自分とは合わない、仲良くなれない人間を無意識に選ぶことで自身を守ろうとする巧妙なトリックについて、あなたがこれまで守ってきた信念を発見するかもしれない。

嫉妬の感情に敬意を払うことで、同調圧力、家族との取り決めと矛盾、メディアによる洗脳など、〝親密〟に関して結んできた契約が明らかになる。自分にたいする制約や拘束力となる言葉が記されたその契約書をじっくりと見直せば、人生の障害となっていた関係性や嫉妬を解明できるだろう。この影響を断ち切るために、（想像のうえで）契約書を丸めて投げ捨て、燃やしてしまおう（嫉妬の炎は焼き払うのに役立つはずだ）。

人生のかなりの時間、嫉妬を抑えたり、逆に爆発させたりしてきたなら、嫉妬の背後にある感情――とりわけ怒りと恐怖――が心の深層に閉じ込められていることに気づくはずだ。羞恥、憎悪、憤怒が湧き上がってくるかもしれないし、不安、パニック、混乱に陥るかもしれない。無気力《アパシー》や抑うつ状態になる場合もあるし、悲しみ、絶望、喪失感を味わうことさえあるだろう。しかし、こうした感情を病気と考えてはいけない！　すべての感情は、進んで受け入れ、交信し、そこから素晴らしいメッセージを読み取ろう。そうすれば、いつの間にかそれらの感情は通り過ぎていく。

嫉妬は、人生の中でもっとも重要な人間関係を選び、維持し、監視するのを助けてくれる。だから、嫉妬に感謝することだ。

◇他人の嫉妬を尊重する

その人物が抱いている嫉妬に敬意を払い、きちんと耳を傾けてあげられるなら、相手に素晴らしい癒やしを与えることができるだろう。嫉妬について説教したり、恥入らせてやろうとしたりすれば、相手の本能と境界線を破壊してしまうことにもなりかねない。しかし、嫉妬するのは自然なことであり、きちんとした目的があるから存在している。嫉妬にも意味があることを理解していれば、嫉妬している人を穏やかな気持ちにし、意識を集中させることができる。すなわち、相手が境界線と本能を取り戻す助けとなるのだ。とはいえ、あなたは賢人にもカウンセラーにもなる必要はない。嫉妬の感情それ自体に素晴らしい情報と本能が含まれているので、嫉妬している人にたいして「今、何を感じているのか？」と尋ねてみるだけで十分だ。これだけで相手は、自分の嫉妬に潜んでいる直感力を尊重し、困難な状況を知らせる合図であることに気づける。

親しい人がいつも嫉妬に悩んでいるのなら、その人のために神聖な空間をつくってあげよう。まずは嫉妬とは、幸福やパートナーとの関係が脅かされているときに生まれることを教えてあげよう。もしその人が誠意のないパートナーとの関係に苦しんでいるなら、ただ話を聞いてあげるだけで、状況を確認する手掛かりとなる。問題がパートナーではなく、本人の不安定さ（または間違ったパートナーを選んでいること）にある場合も、同じだ。しかし、嫉妬がずっと消えないのなら、癒やしを妨げている原因を見つけてくれる優れたセラピストを探すのを手伝ってあげよう。嫉妬は激しい感情であり、方法を誤れば、悪循環の渦《うず》に巻き込まれてしまう――すなわち、友人の力ではどうにもならなくなるのだ。

◇羨望が告げるメッセージ

羨望は、境界線を取り戻してくれる怒りや、直感を生みだしてくれる恐怖が底に潜んでいるという点で嫉妬と類似している。このふたつの感情の違いは、羨望は怒りと恐怖を使って、一番親しい関係ではなく、社会集団における自分の地位や安全への危機を確認することである。羨望はあなたの幸福にたいする裏切りや対立に警告を発してくれる。しかし、それはあなたの子孫の存続や仲間としての自分の値打ちとは関係ない。むしろ、社会的な富や認知度の、公平かつ正当な分配が脅かされることへの脅威である。羨望が関連するのは、あなたの社会的な地位や財産であり、金銭、食料、特権、保護、所有物、地位を奪われることへの激しい脅威に反応して生まれてくる。羨望は不正やえこひいきが行われたり、富がむしり取られたりする（またはむしり取られそうに思える）とき、あなたの味方になってくれる。

羨望は嫉妬と同様に、原始的で破壊的な感情だという烙印を押されてきた。しかし、嫉妬とまったく同じように、人類が誕生して以来、羨望の必要性が途絶えることはなかった。私たちは生まれつき社会的な種族である。すなわち、嫉妬も羨望も社会的関係、社会的圧力、社会的位置付けを監視するために生じてくる感情なのである。どちらの感情も、私たちが社会構造の中できちんと機能するために役立っている。もっと原始的な環境で、羨望が生じてくるのは、社会的集団の中での個人の立場が、侵入者、村八分、移り気な権力者によって、深刻な危機にさらされることが原因となっている（何が裏切られてしまったのだろう？）。このような場合、羨望は境界線を引きなおして、（たくさんの選択肢の中から）社会的地位を回復するためにどの行動を取るべきか（何を癒やし、回復すべきか？）、理解するための直感を与えてくれるものだった。もし個人の立場が集団内において不安定になったり、あるいは追放されてしまったなら、羨望の中に潜んでいる力と情報は、生き延びて、新しい集団を探しだすのに必要な能力や直感力を与えてくれるだろう。

現代社会でも、社会的地位や富を獲得することは依然として難しい。それどころか現在、私たちは祖先よりももっと多くの金、資源、物、インフラが必要となっている。すなわち、羨望という感情に秘められている――安全や社会的な支えを得るために結びつき、監視を手助けしてくれる――力は、相変わらず生きていくのに不可欠なのである。重要な課題となるのは、羨望を消してもっと愉快な気持ちになることではない。羨望が持つ直感と境界線を回復する力を理解し、癒やしのために活用できるようにすることだ。羨望には、資源に依存している現代人の生活を保護する機能が備わっている。すなわち、人間がつねに安全に社会構造と結びつき、生きて、繁栄していくために存在しているのである。

次のようなシナリオを想定してみよう。あなたは六年間、同じ会社に勤務している。ゆっくりとだが、出世もしている。今では組織の構造、リスク要因、味方となってくれる人、もめごとを起こす人、うわさ話を広めるのが誰なのかも把握している。上司の気分も読めるようになったし、タイミングを見計らって変化を起こすすべも身につけた。仕事は楽しく、将来の展望も抱いている。しかし、そのためのサポートは期待できず、チャンスは訪れそうもない。転職も考えているが、それによってポジションが下がってしまえば、現在のような収入や福利厚生は望めそうもない。要するに、今の仕事が大きな不満の種というわけではないのだ。

そんなとき、突然、前途有望な若者が入社し、あなたは口をあんぐりさせながら羨望の目で彼を眺めることになった。上司はもちろん会社のトラブルメーカーにさえ、まったく思いもしなかったうまい方法で、接しているのだ。このような羨望にどのように立ち向かえばいいのかわからない。結局は、役に立たないふたつの選択のうちひとつを選ぶことになってしまうだろう。羨望を抑えて何くわぬ顔で振る舞っていれば、良識あるベテランのように見えるかもしれない。しかし、羨望はリアルな脅威に反応して生まれてくる。抑えていても、いずれかならず戻ってくる。抑圧した羨望が知らない間に舞い戻ってくれば、あなたはいつのまにかその若手社員（または上司）のあら探しに精を出し、重要な業務を「おろそかにしてしまい」、とんでもないミスをしでかすかもしれない。羨望を抑圧すると、自分の境界線が消え、直感力が鈍くなり、職場での自分の立場は危うくなるだろう。この若手社員に助けを請うはめになるかもしれないし、ひょっとしたら彼が出世して、自分の上司になるかもしれないのだ！　羨望を抑制すると、集中して状況に対応すべき大事なときに、自分を無力にしてしまう。

ふたつ目の無意味な選択は、自分の羨望を言いわけや妨害といった形で表現することだ。若手社員のあら探しを公然とするかもしれないし、その人物を避けるためにひそかに自分の味方を増やしたり、そっけない態度を取って仲間はずれにしてしまうかもしれない。それが問題となるのは、このような挑発的手段はあなたも若手社員もともに傷つけ、品位を汚《けが》し、職場環境、ひいては企業全体に損害を与えてしまうからである。こうなると、若手社員の場合よりもはるかに陰険なやり方で、あなたの立場は脅かされることになる。上司が「若手社員がいびられている」ことに気づけば、あなたはたちまち面目《めんぼく》を失い、大げさで自分勝手な「潔くない人」へと堕落してしまうだろう。若手社員が社交的スキルに長《た》けているなら、あなたのやり口を見抜いてしまうはずだ（自分を守るためにあなたに逆襲してくるかもしれない）。この戦いでかなりの時間とエネルギーを消耗するなら、仕事の業績は悪化する。

なぜ羨望がこれほどひどい評価を受けているのかがよくわかる例だろう。羨望を抑圧しても爆発させても、他人や自分の地位は低くなり、社会的構造の害にしかならない。

幸いにも、羨望の中に含まれている素晴らしい怒りと恐怖の感情を活用する、第三の癒やしの方法が存在している。自分の羨望に敬意を払い、進んで受け入れれば、内面に力と直感が得られるようになる。この若手社員の登場で感じた脅威のおかげで自分の立場を再評価できる。羨望を抑圧することで自分をダメな人間にしてしまったり、意欲をなくして新人いびりに走ったりしないことだ。逆に羨望を受け入れてその中に潜む活力を利用するなら、この若手社員によって職場に実現された変化に対応するための準備がしっかりとできる。自分の境界線を取り戻し、この神聖な場所の内部から状況を観察すれば、突然、有望な若手社員が出現することで受けたショックにも耐えられるようになる。また、自分自身の行動を冷静に精査することができる。彼を快く受け入れて、優れたコミュニケーション能力について学び、そのスキルを取り入れる（少なくとも評価する）ことで、自分の知識やスキルを高めることも可能となる。

それが受け入れがたいというなら、シャドーに関する重要な作業を実施することにしよう（憎しみに関する第15章を参照）。相手のやり方がひじょうにうまくいっているのに、なぜ自分の戦略はだめなのか、原因を調べることができるだろう。この情報を活用して、自分の仕事とキャリアパスを評価しなおし、今の組織の中で万事うまくいっていると勘違いしていた点は何かも、初めて理解できるようになる。このような点検は愉快なことではないし、自信を失ってしまう場合もある。しかし、そこに羨望が生まれてきた理由もあるのだ――この例の中でも明らかなように、社会的な立場と評価、そして富の分配が脅かされているなら、境界線の輪郭をしっかりと描き、直感を発揮していく必要がある。すぐに考え、行動し、自尊心を回復できるようにしなくてはいけない。もし自分に改める点があるなら、自分の恥を受け入れ、境界線を引いて、ウィンウィンのシナリオを考えよう。羨望はその助けとなるはずだ。

羨望は社会的地位と経済的安定への脅威や変化に対して、効果的に対応するスキルと能力を磨いてくれる。羨望にしっかり取り組むことで、あなたは喧嘩腰になることも、委縮してしまうこともなくなるだろう。そうすれば社会の構造を理解し、その中で活躍できる人間になれる。少なくとも、他人を貶《おとし》めたりせずに自分の評価を高め、成功に近づいていける（他人の評価を下げようとするのは、人づき合いの戦略、さらには社会で生きていくうえでかなりマイナスになってしまう）。

エクササイズ

羨望を境界線で癒やす

羨望の中に含まれている怒りには、強い力が秘められています。羨望を抱いたなら、すぐに境界線を引くべきです。境界線に火をつけて、自分を鍛えるイメージを浮かべましょう（境界線をはっきりさせるのは、羨望の対象となる人物に被害を与えないためでもあります）。あなたの羨望の中にある激しい怒りに敬意を払って身体から吐きだしてしまい、気持ちを静め、意識を集中させます。そうすれば、羨望に備わっている直感力を利用できるようになります。嫉妬と同様に、境界線を取り戻せないうちに行動を起こそうとすると、感情を爆発させたり、逆に抑圧してしまったりするので注意が必要です。

侵入者であれ、反抗したい権威者であれ、あるいは自分を社会環境に合わせられないことへの内面的不安であれ、羨望は実際に現れた脅威に反応して生まれてきます。そして、羨望に含まれている怒りはあなたに力を与え、恐怖は多くの修正や、癒やしの行動を与えてくれるのです。どちらも、自分の状況にとって必要な感情と言えます。

1. 羨望の対象となる人物、上司、所属する会社や組織で、(自分が手に入れたい)地位や肩書きなど、羨望から生まれてくるあらゆるものを書きだしてください。そうすることで、自分の信念や立場についての価値観など、多くのことが明らかになります。それは、子ども時代に親から教え込まれたもので、抑圧していても、実はいまだにあなたの行動に影響を与えているのです。きょうだいや同僚との軋轢《あつれき》が羨望の原因になっているかもしれません。

2. 書きだすことによって、家族や会社などの組織に無理やり自分を合わせずに、独自の道を行くヒントが生まれることもあります。羨望をきちんと受け入れ、交信すれば、現在の行動につきまとう癒やされない問題やトラウマを解明する手掛かりもつかめるでしょう。

3. 境界線、直感、人づき合いの知恵などを回復すれば、羨望のために失敗したり、気持ちを暴発させたりすることはなくなるでしょう。なぜなら、あなたは種々様々な(もっと価値のある)方法で、羨望が呼び起こした恐怖を評価し、そこに向き合えるようになるからです。

4. 羨望と交信している間、恥辱、怒り、激怒、憎悪、アパシー、恐怖、不安、パニックなどの感情、そして混乱が生まれてきたとしても、驚いてはいけません。閉じ込められていたあらゆる感情は、心の領域の中でせき止められています。羨望に流れが戻るまで、しばらくの間は、ほかの感情がどっと前面に押しだされてくるでしょう。これは厳しい体験であることは間違いありません。しかし、感情が大波になったとしても、あなたには流れを通り抜けるのに必要なスキルが備わっているので、乗りきることができます。感情はあなたを癒やすのに必要な情報と集中力を与え、必要なときにあなたを前進させてくれます。

5. あなたと羨望との契約内容を調査します。破棄する場合、意識を再び集中し、グラウンディングして足場をしっかり固め、境界線を明るく照らし、できるだけ早く元気を取り戻します。羨望と交信することで、魂は大きく飛躍するでしょう。

やるべきことは、感情を管理することではなく、水路を構築し、感情のエネルギーが自由に流れるようにすることだ。ある感情が愉快か不愉快か、穏やかか激しいかは重要ではない――大切なのは、スキルを利用して、感情を受け入れ、交信し、そこから出てくる多くの重要な情報を活用することだ。すべての強い感情に対処するための双子のマントラがある。「唯一の出口は通り抜けることである」「この感情もいずれは過ぎていく」というふたつの言葉を覚えておいてほしい。

◇羨望や貪欲にはまったときやるべきこと

羨望と何度か交信したにもかかわらず、まったく効果が出ない場合には、セラピストに助けを求めよう。どうにもならないほど強烈な羨望は、あなたを急流に投げ込みかねない。いつまでもつきまとう強い羨望は、親の矛盾した言動やきょうだい間の競争に原因がある場合が多い。子どものころに不公平な扱いを受けたり、関心を向けてもらえなかったりしていると、自分の正当な権利が脅かされるような脅威を感じてしまう。このように育てられた子どもは境界線に深刻な打撃を与えられているかもしれない。逆にあまりに多くの権利を与えられ、甘やかされて育った子どもは、どれくらいあれば十分か判断できるだけの健全な感覚を持ち合わせていないため、やはり境界線が損なわれている。自分と他人は別の人格だと認識する健全な境界線がわからないと、不安定な行動に走るようになり、社交的スキルはまったく機能しなくなる。

子ども時代に健全な羨望の感情を育てておかなければ、疑ぐり深く、ひどく自己中心的で、貪欲な大人に育ってしまう。人間や企業が「これだけあれば十分」という概念を持たない場合、羨望はガツガツした貪欲さに変身し、人のことなど気にしない、卑しい渇望の底なし沼に落ち込んでしまう——それが結局、すべての人間を地獄へと引きずり込んでしまうのだ。

本書の知見は、羨望を歪め、貪欲に変えてしまった子ども時代のあなたを癒やしてくれるだろう。打ちのめされた状態でいてはいけない。あなたの本能、直感、境界線、健全な恥辱、自尊心を取り戻そう。

◇他人の羨望を尊重する

羨望は社会的な地位、経済的な豊かさ、世間の評価について脅威を感じたときに生まれてくる。それは現実の世界においてばかりでなく、魂の内側でも同じことが言える。羨望が急流のように激しくなってしまうと、コントロールするのが難しくなる。たいていの人は、羨望という扱いにくい感情と交信する方法がわからないために、羨望と同時に恥辱まで生まれることになる。一生、羨望を抑圧して生きていこうとすれば、自分を抑えつけてしまい、その歪みが恥辱として現れるのだ。一方、羨望を喧嘩腰で自己中心的な態度で表現した場合、あとで羞恥心が湧き上がってくる（他人を尊重しないことが恥辱の原因になる）。その結果、多くの人は自分自身が羨望を抱いていることに屈辱を感じてしまうのだ。

羨望に振りまわされている人を助けるには、彼らに敬意を払い、耳を傾け、話をし、これからどうしたいのか自分で探究する雰囲気をつくってあげることである。そうすれば、彼らの脅威がどこから生まれ、そのことについて何をすべきか気づけるようになる。

嫉妬も羨望も、あらゆる形で現れる。時にはあなたの自由な社会学的知性として、裏切りや不公平を識別し、その侵害を回復させ癒やす能力として、そしてあなたの社会的地位・安全にたいする脅威を知らせる警告として登場する。どんな形であれ、受け入れることを忘れないでほしい。嫉妬心も羨望も感謝すべき感情なのだ。

第19章

パニックと驚愕

──トラウマを含む凍りついた感情

＊パニックと驚愕からの贈り物

突然のエネルギー、一定の関心、絶対的静寂、トラウマからの癒やし

＊パニックと驚愕からの質問

「そのとき何が自分を凍りつかせてしまったのか？　どのような癒やしの行動を取るべきか？」

＊パニックと驚愕によるトラブルの兆候

身動きできずに苦しむことが度重なる

＊パニックと驚愕のためのエクササイズ

内面の疑問に意識を集中する。あなたはすでに生き延びてここにいるという事実を忘れない。トラウマと向き合い、生存するための段階から全体性（本来の自分）を取り戻す段階に進む

恐怖に関する章からパニックと驚愕を切り離した理由は、このふたつの感情は生存スキルを発揮してくれるからである。私たちの誰もが、危険を回避するために「闘争・逃走本能」を持っている。これはパニックと驚愕というふたつの感情に基づいた反応で、私たちを被害から守ってくれる。しかし、あまり知られていない——凍結と呼ばれる——もうひとつの危険に対処する反応も存在している。多くの危険に向き合ったがために、トラウマとなってしまう状態では、闘争と逃走がかならずしも最高の選択肢とは言えない。なぜなら、私たちは危険を完全に避けられるほど強くも、すばしっこくもないからだ。健全なパニックや驚愕は、凍りついたり、解離（ショックや麻痺状態）したりして、命さえ危うい危機から逃れる手助けをしてくれるのだ。凍りついてしまうことが、実は多くの状況で効果的な選択となるのは、極度の痛みとなる感覚を鈍くして、激しい刺激から身を守ってくれるからである。あたかも死体になったように、感情を外に示さず、音も立てず、身動きもせずにいると、攻撃者は被害者にたいする興味を失ってしまうかもしれない（これが「死んだふり」戦略だ）。しかし、パニックと驚愕の後遺症で、健全な状態に戻すのは難しい。とくに、驚愕によって身体が凍りついてしまった場合は、臆病さと混同されてしまうために、いっそうそれは困難となる。

あなたがまだ恐怖に関する章を読み終えていないのなら、まずそこに戻って読んでいただきたい。恐怖との歪んだ関係が実際に人生を生きづらくしてしまうが、パニックで苦しむ人生でも人間関係はまずうまくいくことはなく、恐怖を理解しなければ、本能、集中力、直感力を利用できなくなる。すなわち、パニックや驚愕のように、突然、強引に引きずりだされる行動では、前向きに対処する能力は機能しなくなってしまう。恐怖の目的を理解していないと、自分や他人の凍りついた反応を、臆病なことと軽蔑してしまうだろう。つまり、パニックや驚愕を役に立つ武器だとは到底思えなくなる。まず、恐怖が伝えてくるメッセージ（そして怒りとの関係）を時間をかけて理解することだ。

あなたが過酷な経験をしていて、この恐ろしい状況で生き延びられるように、パニックが自分を凍りつかせたり、解離したりするように伝えてきたとしよう。魂はその状況を綿密に調査し、健全な状態に戻すために、トラウマの第一と第二の段階を再現させる必要が出てくるだろう。残念なことに、パニック、凍結、解離という素晴らしい生存スキルをきちんと理解していないなら、凍結はたちまち不健全なものとされ、文字通り身体をすくみ上がらせるパニック障害を発症させてしまうだろう。しかし、突然動けなくなり、意識を失った経験があるとしても、そのことでつらい経験を生き抜いたという事実を確認できれば、パニックが起こる周期もはっきりと意識できるはずである。凍りつくことも、生存のための優れた反応だと考えることができるなら、再び活力と勇気をもって凍りついても、感情の流れを取り戻せる。そうすることで、トラウマを癒やす通過儀礼の第三段階という、素晴らしい領域に意識的に移ることは可能となるのである。

◇パニックと驚愕が叫ぶメッセージ

危機はいたるところに転がっているが、それを防ぐことは不可能だ。問題となるのは、危険でもなければ、危険に反応して経験する解離でもない。危険が去っても、再び日常生活に戻ることができず、健全な魂を取り戻せないことなのである。トラウマとなる出来事のあとで、自分らしさを取り戻せるかどうかが鍵だ。

トラウマが過ぎ去ったあと、パニックも収まっていくが、完全に火が消えているわけではない。恐怖と同様にパニックも、自分を再統合し、全身を震わせ、さまざまな方法でトラウマ再現するために必要なエネルギーを与えるために活性化されたままになる。ここで、この冷却期間を利用しなければ、過剰なエネルギーがパニック障害として現れ、あなたを苦しめる結果となる。このエネルギーは本来、フラッシュバックを克服して、回復するのを助けてもくれるのである。

パニック障害やフラッシュバックは、魂が通過儀礼の第三段階に突入するのを告げる明白な合図なのだ。日常世界と切り離される状況が再生され、驚愕の原因となった刺激が探究される。それは、本能的で、力強い方法を使って、トラウマの記憶を克服する瞬間が訪れたサインなのだ。しかし、パニックと驚愕のせいで心身が凍りついてしまい、解離せざるを得ない場合には、第三段階への移行は困難になってしまう。火の中にいながら、氷に閉じ込められてしまっているように、身動きが取れなくなっているのだ。しかし、心を整えて、感情が流れるようにしておけば、パニックの持つふたつの側面を尊重できるようになる。意識を集中し、じっくり腰を据えて境界線を明るく照らし、しっかりグラウンディングして、パニック状態を身体から引き離していこう。活気に満ち、守られている個人的空間にパニックを解き放てば、それはプラスのエネルギーとして活用することができる。

日常生活で繰り返しパニック症状に苦しめられているのであれば、専門家の力を借りることだ。あるいはグラウンディングして、身体の中に抑え込んでいた活性化されたエネルギーを地下に放出していこう。とくに、身体の副腎付近に溜まっているエネルギーを大地に流すイメージを描くのが効果的だ。トラウマを受けている間、副腎は最大の打撃を受け、酷使されている。副腎を癒やすために、刺激物を制限したり、完全にやめてしまうといい――主な刺激物にはコーヒー、お茶、炭酸飲料、ダイエット薬、ハーブ系のエナジーサプリ、チョコレートなどがあるが、砂糖、ギャンブル、過度な性交や買い物依存といった刺激にももちろん注意が必要だ。これらの刺激が副腎に与える影響は、パニックや驚愕が与えるダメージとかなり似ており、健康ばかりか幸福感までなくしてしまう。注意散漫になり、慢性的な不安や心配に悩むことになる。健康な人はもちろんのこと、パニックに苦しんでいる人はこの点に留意してもらいたい。

エクササイズ　パニックと驚愕に潜むトラウマを癒やす

パニックと驚愕を落ち着かせるためのエクササイズは、恐怖の章の「集中力と落ち着きを増す」エクササイズ（229ページ参照）をベースにしています。意識を集中し、境界線をしっかり引き、トラウマの原因となった出来事を思い描いていきましょう。

1. グラウンディングをして自分を集中させ、トラウマとなった出来事を再現します。ただし、自分を被害者ではなく、虐待を受けている人間を救う救済者としてイメージしてください。私の場合、性的虐待を受けたころはあまりに幼く、恐怖が大きすぎたために、漠然とした記憶しかありませんでしたが、断片的な部分は想像力で補いました。虐待現場のイメージに、私は大人の救済者として登場したのです。

2. 虐待された人間の救助者として、加害者と真剣に戦いましょう。家の中で本気で何度も叫んだり、シャドーボクシングで相手を殴りつけたりします。私の場合、それが功を奏し、数日足らずで身体に蓄積されていた苦痛がよみがえってきました。

3. よみがえってきた苦痛と取り組み、グラウンディングして大地に放出していきます。魂を破壊した忌まわしい記憶、そして自分に蓄積されていた多くの感情がどっと地下に向かって流れだすようにします。

4. 断片的に心に残っていた記憶を整理し、トラウマの原因となった誤った契約を紙に書きだします。書き終えたら丸めて文字を見えないようにして、焼き払います。私の場合は、これで感情が自由に流れだし、トラウマとなった出来事をよりはっきり再現できるようになりました。

5. 数週間、虐待を再現し、救済するこのエクササイズを続けます。すると、すべてのフラッシュバックを勝利の場面で終わらせることができるようになります。私にとってそれは素晴らしい経験でした！　集中力を取り戻し、感情が自分の味方をしてくれます。たとえトラウマの記憶が勝手によみがえっても解離で現実逃避することなく、体内にずっと意識を留めておけます。こうして、自分にはこの問題に取り組めるだけの安心感、敏捷さ、機知があることに気づけるのです。

数十年間、私は虐待の恐ろしい記憶を「幸せでいるために」避けて、封じ込めていた。しかし、この恐ろしい記憶をあえて再現し、その場面に飛び込むことで、力、癒やし、笑い、喜びを感じることができた。

パニックの再現に取り組む際は、身体を動かすことも、癒やしになったり、虐待でバラバラになった自己を再統合したりする助けとなる。ヨガ、気功、太極拳は柔軟性を取り戻すのに役立ち、ダンス、水泳、スポーツは流れ、体力、陽気さを回復してくれる。武術や護身術のクラスを受けると素晴らしいサポートとなるのは、身体をふれあううえで、尊重しなくてはならない規律を教えてくれるからである。モデル・マギング・ワークショップ（訳注：パッド入り防御服を着たインストラクターが強盗役となって襲いかかり、参加者に護身術を教えるメソッド）に参加するのもいいが、インストラクターにはあらかじめパニックやトラウマの克服中だと話しておくこと。襲われて反撃する際、自分のパニック症状のせいで超人的な力を発揮してしまうかもしれないからだ。

このエクササイズでパニックが完全に消えるわけではないが、まずはずっと滞っていた感情が流れてくるようになる。やがて完全に自由な感情の流れが回復すれば、あらゆる恐怖と健全に交信し、逃走・闘争本能や、凍りつき、解離といったものを、必要な生存戦略として理解できるようになる。緊急事態が解除されたなら、パニックという感情の力と、自分の内なる村にある感情の力を合わせて、トラウマの癒やしに取り組もう。

◇二匹の子ネコの物語――トラウマ解決には運動が大切

大切な二匹の迷いネコ、ルーファスとジャックスから、身体の動きが与えてくれる癒やしの側面について教えてもらった。どちらのネコもある種のレーダーを使って私のもとにやってきた。動物を飼おうだなんてまったく考えてもいなかったのだから。ルーファスはオスの灰色のトラネコで、私たちが庭に出るたびに、ウラシマツツジの木の下で身をかがめていて、鳴きながら近づいてきた。私と夫は定期的に餌をやり、少しずつ距離を縮めていった。トラウマがあり、あらゆる騒音に敏感なルーファスは、音がすると逃げていた。そうこうしているうちに、触れられるようになり、食事の前には撫でてくれとせがんでくるまでになった。しかし、ずっとはにかみ屋のままで、知らない人は苦手だったが、安全で愛されるネコに変わっていった。

ジャックスはつやつれした毛並みの若い黒ネコで、野良ネコとして育ったが、すぐに私たち夫婦になついてくれた。私たちはジャックスとルーファスの世間にたいする対応を熱心に観察するようになった。ジャックスはつねに好奇心旺盛でじゃれ合うのが大好きだったが、ルーファスは疑り深くてさわられるのを嫌がり、怯えたり、隠れたりすることも多かった。

この二匹は、新しい刺激にもほとんど正反対の反応を示した。新しい匂い、景色、感覚に出会うと、ジャックスはまるで水を浴びせられたように全身をぶるぶるさせたが、すぐにまた近寄って確認しに行く。一方、ルーファスは新しい刺激には近寄ろうとせず、無理やり触れさせようとすると凍りつくか、叫んで逃げだした。この二匹の違いに私は興味を持ち、人間の行動にも当てはめてみることにしたのである。

まずはトラウマを持つ自分の身体で実験を試みた。厳格に定めていた日常の運動習慣を変え、ダンスやストレッチなど、以前は避けていた、慣れない方法で身体を動かしてみたのである。するとたくさんの古い記憶が意識の中によみがえってきて、多くの埋もれていた痛みがうずきだし、いつもと違う考えが次々と駆けめぐり始めた。私はエンパシーのスキルを利用し、トラウマによってこわばっていた姿勢を解きほぐそうとした。より自由に動くことで、私の背骨と魂を健全な状態に戻せたのは、ジャックスのように動くことを選んだ成果だった。身体まで硬直させ、自分の傷ついた部分を頑なに守っていたのは、自分の怪我やトラウマの記憶を封印し、隠すための方法だったのである。これは幼いころなら優れた対処法だったが、大人になってからは新たな痛みをつくりだしていた。とらわれない自由な動きをすることで、身体的なトラウマの影響を解放し、流れを取り戻せたのである。

私たちはルーファスにも、この癒やしの方法を応用してみることにした。彼にダンスや太極拳を教えるのはもちろん無理だが、さまざまなリズムで撫でてやったのだ。ルーファスの動きはしなやかになり、突然の騒音に怯えることも減っていき、食事の時間ばかりでなく、私たちと目が合ったときにはかならず撫でてくれと甘えるようになった。ルーファスはジャックスのように大はしゃぎすることはなかったが、確実に私との親近感は増した。

私たちはパニックを起こすような危険が去ったあと、素直に震えたり泣いたりすることは許されず、冷静になるように親や社会にしつけられてきた。そのため自然な反応や感情が抑圧され、流れが滞ってしまったのだ。だが、トラウマにあえて立ち返り、パニックや驚愕という感情を自由に流れるようにすれば、ジャックスのような強さと機敏さを取り戻せるのだ。

恐慌や驚愕がどんな形で現れようと、喜んで受け入れるようにしよう。このような感情が生まれるには明らかな理由がある。それは、私たちを生き延びさせようとしているのだ。だから、この激しい感情を利用し、現れてくる危険やトラウマを再び取り上げてみることで、健全な魂を取り戻してもらいたい。

第20章

悲しみ

――解放し、元気を取り戻させる感情

＊悲しみからの贈り物

いらないものを捨て去る、流動性、地に足をつける、くつろぎ、活力の回復

＊悲しみからの質問

「何を解き放たなくてはならないか？　どんな方法で元気を取り戻すべきか？」

＊悲しみによるトラブルの兆候

決意やくつろぎを拒絶する失望

＊悲しみのためのエクササイズ

もはや自分に役立たないことは捨ててしまう。不要なものからほんとうに解き放たれればかならずや元気を取り戻してやすらぎが訪れる

大地に根を張り、グラウンディングして必要ではないものを放出するために、私たちは自由に流れてくる悲しみという感情を利用している。この章では、悲しみの気分に触れることにしよう。

悲しみはあなたの魂に水を注いでくれる。この感情は、乾燥し柔軟性を失ってしまったとき、あなたを元気づけ、流れを取り戻してくれるものだ。ゆったりした気分にさせ、喪失を実感させ、捨てるべきものを手放すように促してくれる――自分を縛りつけている状況から、人生の流れに柔軟に溶け込むためである。悲しみは、時の流れや人間関係という潮の満ち引きのような動きを信頼するようにと促してくる。すると、もう癒やしにならない契約を破棄し、もっと重要で充実した人間関係を築けるようになる。ほんとうの自分になるためには、捨てるべき行動や考えを実際に破棄しなくてはならない。それができれば、悲しみが持つ穏やかな性質が、内面に備えられた知恵（堅苦しい信念やイデオロギーではなく）から生まれる心の平安へとあなたを導いてくれるだろう。

悲しみには重要な生物学的癒やしの要素が備わっている。涙は目と副鼻腔を浄化し、身体から毒素（そして過剰な緊張）を排出してくれる。涙を流すことは、体液によって流動性を取り戻す解毒プロセスなのだ。悲しさや涙を喜んで受け入れ、必要がなくなったものを捨て去れば、自分のあらゆる部分がより自由で軽快になり、意識も集中できるようになる。おそらく悲しみのもっとも重要な役割は、私たちを古い執着から解き放ち、感情の流れを取り戻すことで、癒やし、再生し、エネルギーをよみがえらせることだろう。

◇悲しみがささやくメッセージ

多くの人は怒りと悲しみは正反対の感情であり、怒りの持つ火のような激しい力と、悲しみの水のような柔軟性とはまったく無関係だと考えている。ところが実際には、怒りと悲しみは流れるようなダンスを踊る素晴らしいパートナーなのである。

悲しみの持つ穏やかな解放の流れは、成長した自分にはもう合わなくなったり、本意ではなくなった意図（孤独、哀れみ、責任感、安全や地位への欲求、唯一の選択肢）によって執着してきた考え、状況、人物から自分を切り離してくれる。悲しみはうわべだけの愛着に疑問を呈し、人生の本流に戻してくれる。正直な悲しみを進んで受け入れられるなら、正直な苦痛、正直な悲哀、正直なむなしさ、最終的に偽りのないほんとうの自分と再び素直につながり、元気を取り戻せるだろう。悲しみという素晴らしい感情はあなたの魂を新鮮な状態に戻してくれる。しかし、古びた愛着を捨てて、真実の人生に戻ってみると、何か道に迷ったような気持ちになってしまう。そうすると怒りが現れてくる。しかしこの怒りの感情が（孤独を感じたり、弱気になって後戻りしないように）境界線を回復し、重要な変化を維持できるように手伝ってくれる。健全な怒りが決意を固める力となるのだ。こうなると、あなたをくみしやすい人間としか考えていなかった人たちは、離れていくだろう。しかしこのような変化は素晴らしいことで、それは必然でもある。怒りとは、悲しみと対立する感情であると考えるように訓練されてきた人には違和感があるかもしれないが、これは自然な感情の進化なのだ。

健全な怒りは、不要なものを手放す間、私たちを守るために、悲しみが本格的に生まれる直前に現れてくる。意識的に悲しみの感情に向き合うと――柔らかで、慎重で、ゆったりとした姿勢になると

——怒りがそれに反応して境界線を強化し、繭でくるむように保護していく。悲しみと向き合ったとき、顔や胸がひどく熱くなったことはないだろうか？　激しく泣いていて、あっという間に時間がたってしまったという気分になったことは？　それは怒りという歩哨《ほしょう》が、あなたの悲しみの周囲に、個人的な境界線をつくりだし、守ってくれたおかげだ。心の中に激しい変化が起こっている間、怒りはつねに力と安全を維持してくれる。だから、悲しみの仲間として怒りを歓迎しなさい。怒りという歩哨に護衛してもらっている間、魂の内側では、役に立たなくなった人間関係を手放し、終わりを宣告しているだろう。

怒りという名の屈強な歩哨と、悲しみという名の水の運搬人が一致協力して働くことで、時代遅れの考えや役に立たない人間関係を捨てて、ほんとうの目的を取り戻せるようになる。実際に活力に満ち、賢く、意識的な自分——空っぽでも迷子でもない自分——を感じられるだろう。

怒りと悲しみが魂の中で調和していないなら、危険な行動へと駆り立てられてしまう恐れがある。悲しみを拒絶し、怒りだけに身を任せれば、すでに守る価値がなくなったものを守り、回復しようと動きだしてしまう。悲しみの力がなければ、もう役に立たないものを確認して、捨て去ることはできなくなるのだ。人と激しく議論している最中、突然、思考の流れが途切れ、バランスの乱れを感じたことがあるかもしれない。議論するのがばかげているように思えてきて、気まずくなってしまう。そんなとき、悲しみが静かに前に出て、無意味な議論をやめさせてくれるだろう。このように、悲しみと怒りが適切に結びつかなければ、捨てるべきものさえ、「メンツを保つ」という愚かな理由のために、持ち続けることになってしまうのだ。

同じように、怒りによる守りの支えもなく悲しさだけを利用すると、あまりに多くのことを捨ててしまい、急流の中で大切な自分の一部を見失ってしまうことになる。怒りの持つ確信と決意の要素がなければ、悲しみはあまりに多くのつながりをあっさりと断ち切ってしまう。もしも悲しみや涙へと向かっていくあらゆる動きが危険であると察知したなら——泣き始めてしまうと、もう涙が止められないと感じているなら——おそらく魂の中の健全な怒りが足りなくなっているのを自覚しているのだ。怒りの存在がなければ、悲しみの洪水はあなたを押し流してしまうかもしれない。怒り（そしてその結果としての境界線）が決壊してしまえば、深い悲しみを表明して、古い人間関係を終わらせるばかりでなく、自分の芸術、夢、自尊心も悲しみに反応して締めだしてしまうことにもなりかねない。それは悲しみが急に押し寄せてきたとき、あなたを守る怒りが不在だった明白な証拠なのである。

しかし、スキルを身につけさえすれば、このような混乱を起こさずにすむ。集中力を途切れさせることなく、グラウンディングしてしっかりと地に足をつけていれば、悲しみと怒りに適切に反応できるようになる。すると、素晴らしいダンスが始まる——怒りが安定と保護を与え、悲しみが変化と弱さを支えてくれる。怒りと悲しみが協力すると、明晰性、解放、元気、保護、真実の調和といった健全な魂になるための共通の目標に向かって、力強く、快適に進んでいける。怒りと悲しみがダンスをすれば、悲しみの前に現れてくる怒りに言いがかりをつけたり、争ったりしなくてすむだろう。なぜなら怒りとは、境界線と自己イメージが脅かされ、挑発されたとき、自分をたくましくするために存在している感情だからである（悲しみが生まれてくるなら、まさにそういう状況が現れる）。また、悲しみを批判したり、役に立たないと抑えたりする必要もない。まず怒りでしっかりした境界線を引き、悲しみに向き合うための時間と空間を確保しよう。そのうえで、悲しみの原因となってきたもう役に立たない考え、古くさい行動、態度、人間関係の執着を手放していくのだ。

◇悲しみに主導権を奪われてはいけない

健全な魂の中で、怒りは――境界線を引き、魂の歩哨となる――もっとも重要な感情であるが、悲しみも内面的な流れを取り戻し、グラウンディングして大地とつながり、自分を再統合する役目を果たしている。しかし、多くの人にとってこの関係は逆になり、悲しみが先に出て主導権を握り、怒りは後回しにされるか、無視されてしまう。悲しみと怒りのこの関係は、繊細で従順な人によく見られる。彼らは敏感で流されやすく、他人を気遣ってはいるが、自分を守ったり主張したりできず、周囲の世界との間にしっかりした境界を引くこともできない。意識的に怒りの感情と取り組むのは難しいだろう。心理学の用語で言う「受動的攻撃性」を持つ人々だ。しかし、このように分類してしまうと人間にとってはふつうの行動を病理学的状態にしてしまう。悲しみが主導するかどうかは、状態ではなく、選択によって決まってくる。

悲しみが先に現れてくる人は、暴力的だったり依存症だったりする親に育てられた場合が多い（または子ども時代に虐待を受けたトラウマ・サバイバーかもしれない）。最初に、怒りによる恐怖を体験した子どもは、殺されるのではないかと思ってしまい、怒りを完全に遠ざけ、遮断してしまう。これは弱さではなく、勇敢で死をものともしない決断である。すべての子どもは、怒ることが自分を守る手段であると知っている。しかし、傷つけられた子どもは、家族や自分を苦しめている〝怒れる者〟

とは別の生き方を選択する。そのために、怒りを遠ざけているのだ。この決意は悲しいことに、悲劇的結果になってしまう。境界線を引かないまま、怒りに満ちた暴力的な家庭で（または残酷な環境で）子ども時代を過ごすのはひじょうに勇気がいる。それ以外に生きる道がなかったのかもしれない。なぜなら、乱暴な家族の中では、怒る権利がある人間はひとりだけだからだ。〝怒る権利がある唯一の人間〟がいる家庭で育った子どもは、自分が怒りを顔に出してしまうと、余計に虐待を受けてしまう。そんな思いをするくらいなら、怒りを抑え、生き延びたほうがましとなるのだ。

極端な生存スキル（怒り、無感覚、凍りつくこと、戦い、逃避、怒りの放棄）は、命の危機にある場合は役に立つが、どんな状態でも当然のように、これを使ってしまうことには問題がある。日常生活でこのスキルを使うと、つねに危険に怯え、危機に備えながら生きていくことになり、ふつうの生き方に戻ることはできない。

反復性トラウマ・サバイバーがこのような極端な生存スキルに頼ってしまうのは、緊張を解いて、ほんとうの個性を手に入れるチャンスがほとんどなかったからである。成長段階では、極端な生存スキルを自分の個性として示す傾向すらある。すなわち、自分からサバイバル的な状況や人間関係を引き寄せてしまうのである。悲しみが主導権を握る人は、決まって怒りが原因で問題を起こすパートナー、上司、同僚、友人とかかわってしまう。彼らは情緒障害が広がる社会の中で興味深い役割を演じている。というのは、自分の怒りを表せず、しっかりした境界線もないので、怒りにとらわれた人に注目すべき方法で対処するのである。彼らは怒りやすい人とつき合い、腹立たしい状況（または攻撃的な仕事）に自ら身を置き、自分を守ることもせずに、あらゆる状況を受け入れてしまうのだ。エンパシーの力で攻撃的な混乱を理解し、問題のある人や状況を推し量っているのである。もしも健全な怒りに含まれている保護と決意の性質でバランスを取ることができるなら、これは素晴らしいスキルにもなるが、それはなかなか難しい話だ。

悲しみが主導権を握る人は、身体や感情が不安定になる。抑うつ状態や不安、関係を断ち切りたい人間関係、（人が周囲にいても）深くなる孤独に何度も苦しむことになる。しばらくすると、不安定な人を安定させてあげようとしてつらい人間関係ばかり繰り返すという、悲劇的なサイクルにはまっていることに気づく。自分の子ども時代のトラウマを癒やそうと、通過儀礼の第一段階と第二段階を繰り返してしまい、疲労困憊《こんぱい》してしまう。このような自分を衰退させる悪循環を断ち切って、第三段階という快方に向かっていくには、現状を把握することが鍵となる。極端な生存スキルではなく、本来の感情に従って生きなければ、人生はずっとサバイバル状態のままだ。消極的で、やさしすぎる人がやるべきことは、怒りの力を再認識することに尽きる。親や権威者、パートナー、きょうだいの中で見つけた、堕落し、汚《けが》れた怒りとの契約書を破棄しなければならないのである。

悲しみに主導権を握られてしまうのは、自分がそれを選択したからなのだ。あなたがやさしすぎる人なら、いつも怒っている人や状況を癒やしてあげなくてはならないという割に合わない仕事を割り振られている。その関係から自分を解放し、魂の最前線に、怒りという屈強な歩哨を立たせよう。健全な怒りの力を使って自分を保護し、元気を回復できたら、癒やしの力を持つ悲しみと協力していこう。このタッグチームが、もう役に立たない、迷惑な人間関係、行動、記憶、考えへの愛着を捨て去ってくれる。

エクササイズ　悲しみでいらないものを手放す

悲しみのためのエクササイズはとてもシンプルです。

1. 少し立ち止まり、グラウンディングして、境界線をしっかりと引き、心の中で次の質問をしてください。「何を捨てなくてはいけないのか？」「元気を取り戻さなければならないのは何か？」と。このふたつの質問が重要なのは、ほとんどの人が、悲しみとは喪失の感情だと考えているからです。喪失の部分があるのも確かですが、悲しみが過ぎ去ったあとには、驚くほどのやすらぎと素晴らしい解放感が生まれてきます。もし役に立たなくなった関係に執着すれば、悲しみは怒りに飲み込まれ、表には出せなくなります。これではいつまでたっても元気は回復できず、怒りだけが激しくなっていきます。すると、悲しみがもたらす再生のための感情の流れが消え失せ、悲しみは深刻な失望や抑うつ状態に悪化せざるを得なくなります。

2. ほんとうの悲しみを感じることは、ひじょうに効果的な癒やしとなりますが、それはいとも簡単なことでもあります。しっかりした境界線を引いて、悲しみのための神聖な場所をつくりだすだけでいいのですから。心を穏やかにして、怒りの持つ保護の力を進んで受け入れましょう。怒りを感じている場合は、その怒りを明るく輝く境界線に向けます。それが感じられなければ、境界線を燃える炎の色とイメージしましょう。

3. そのうち静かになり、怒りの熱が境界線を守ってくれているのがわかります。泣きたいなら、好きなだけ涙を流しましょう。こうして、手放すべきものを手放していきます。緊張を解き、再び人生の流れを取り戻すのです。エクササイズはこれで終了です！　悲しみはひとりでに――特別なスキルを使わなくても――古い愛着を捨てて、いらない契約書を破棄してくれます。

もしも絶望や落胆の罠にはまってしまったなら（286～290ページ参照）、多くの契約書を燃やしなさい。それでもまだ悲しみが残っているとしても、不適切な愛着を捨て去るのは難しいことではない。元気を取り戻す必要さえないかもしれない。悲しみにはそれだけ素晴らしい癒やしのエネルギーがある。

悲しみの感情が自由に流れだすと、最初は少し泣きたくなるかもしれない。でも心配はいらない。流れに逆らわずに泣くことで、心を穏やかにする水の元素の影響が、魂にまで広がってゆく。これはバランスを取り戻すための簡単な方法だ。緊張したり、刺激が強すぎたりするなら、涙を流すことで冷静さを取り戻し、落ち着くことができる。涙はまた、厳格で頑固な人の魂にある巨大な石を取り除いてくれる。知的な刺激があまりに強すぎるなら、泣くことが身体を癒やす潤いとなる。厳しい仕事、損失、多忙な状況、自己犠牲のあとに涙をこぼせば、緊張がゆるみ、リラックスして自分を取り戻す助けとなる――必要なときは泣くことだ。涙は魂を癒やす万能の鎮痛剤なのである。

悲しみとよい関係が築けたなら、どれくらい素晴らしい気持ちになれるか意識しよう。つまり、涙や悲しみを避けて楽しいことに注意をそらしていないか、振り返ってほしい。柔軟性に欠け、心が乾き、人生に流れとくつろぎを取り戻したいと感じたとき、悲しみの持つ癒やしの要素から自分がどれくらい遠ざかってしまっているのか、確認しよう。たいていの人は、人生にもっと喜びを獲得したいと思うことで、緊張や停滞に対処しようとする。しかし、それはまったくの逆効果だ。なぜなら、流れやくつろぎは悲しみの領域から生まれてくるもので、喜びの中にはないからだ！　喜びをつくりだすこと、幸せを探すこと、うきうきした気分を求めること――これは癒やしではなく、気晴らしや現実回避にすぎない。深いやすらぎや解放感が必要なときには、悲しみに敬意を払い、しっかりと向き合わなければいけない。そうすることで、喜びは自然に人生によみがえってくる。悲しみが喜びをもたらしてくれるというと、違和感があるかもしれないが、これが真実なのである。

◇他人の悲しみを尊重する

自分の周囲の人が悲しんでいたら、何をしてあげるだろう？　悲しみに向き合うとき、ほとんどの人が最初に行うことは、微笑んで、陽気なふりをすることだ。親身になって耳を傾ける人もなかにはいるかもしれないが、結局、私たちが悲しみと向き合うときには、幸せそうな顔をするのがふつうだ。ほんとうに悲しむための時間を好きなだけ与えてくれる人はめったにいない。泣いている人の涙を拭き、抱きしめたり、冗談を言ったりする。あいにく、これは相手の悲しみを長引かせてしまうことになる。そして悲しみに含まれる回復力の妨げにさえなるのだ。

あなたが感情への取り組み方を知らなければ、他人の悲しみは、緊張して境界線を失ったあなたの魂の中に入り込んでしまう。例えば、あまりにも涙をこらえていると、他人の悲しみに触れたとたん、泣いてしまうだろう。すると――感情を共有する必要などないのに――他人の悲しさを進んで受け入れることになる。しかし、他人と感情を共有しなくても、他人の悲しみを受け入れることはできる。自分の境界線を保ち、心を保護したうえで内側を柔らかな状態に保っていれば、泣いたり、悲しんだりする人に寄り添う余裕ができる。忍耐力と持続力をもって座り、静かに耳を傾けるだけで十分だ。賢者やカウンセラーになる必要などない。神聖なる空間の中で、悲しんでいる人間が話ができるようにしてあげさえすれば、相手の持つ悲しみの力が、必要なあらゆる作業を実行に移していくだろう。この素晴らしい感情を――自分にも、他人にも――信頼してもらうことだ。悲しみは魂を健全な状態に戻してくれる力を宿している。

◇絶望の罠にはまったときやるべきこと

悲しみは特別な問題に反応して生まれてくる。ある状況に遭遇すると、進んで感情を解放し、再生、活力の回復、やすらぎを取り戻していく。しかし、このような自然の成り行きに、任せていられない場合もある。絶望という困った状況に陥ったときだ。絶望するのは、悲しみから回復することができず、負の連鎖に閉じ込められてしまうからである。

悲しみは波のように流れて通り過ぎていくものだが、絶望してしまうと流れが完全に止まってしまう。涙を浮かべたところで、停滞から抜けだせることはない。最終的には解放と再生をもたらすという悲しみの全プロセスを経験せず、喪失感という一部分にしか目を向けられないため、絶望に陥ってしまうのだ。

絶望の罠にはまると、精神と身体は行き詰まり、あらゆる窮地から逃れるために、解離状態になることもある。絶望に監禁されているような状態だ。しかし、なぜ絶望するのか、その目的を理解できれば抜けだすことも可能となる。逆に言うと、ずっと絶望したままで、悲しみを抑圧して解放できずにいるなら、不当な扱いを受け、傷つけられた人間として生きることになる。この事実に、どうか気づいてほしい。絶望に居座り続ければ、あなたは人間ではなく、物と同じ存在になってしまう。絶望感を乗り越え、流れを取り戻したとき、あなたは目を覚まし、息を吹き返していく。犠牲者という檻から脱出し、生きていく者として輝くフィールドに駆けだしていく。グラウンディングして地に足をつけ、かつて絶望と交わしてしまった契約書を焼き払ったとき、あなたは品格ある存在へと成長していけるのだ。

エクササイズ　絶望と交信する

絶望と交信すれば、滞っていた感情が自然な流れを取り戻すことができます。しかし、グラウンディングせず、集中力を欠いたままうかつに絶望と交信すれば、突然流れだした感情の急流で溺れてしまうことにもなりかねません。しっかりとした準備が必要で、場合によってはセラピストに立ち会ってもらいましょう。

1. 失望と適切に交信するには、自分の持っているスキルを総動員することになるでしょう。まずは怒りが支えている境界線を明るく輝やかせ、意識を集中させます。安全を確保することで、あなたは健全な魂を取り戻し、絶望がもたらすあらゆる苦しみと別れる準備が整います。

2. 次にグラウンディングをします。地に足をつけることで、自由に流れてくる健全な悲しみともつながり、感情の流れを取り戻すことができます。封印されてきた傷や喪失にかかわる感情的な記憶、人生の残酷さやつらい経験を思い出させる独り言から自分を解放します。

3. 古い契約書を焼却するエクササイズも重要です。それが絶望に反応して身につけてしまった身の置き方やあらゆる立場や行動のもつれをほぐすための中心的役割を果たします。

4. 基本となるエクササイズ「こっそりと、意識的に不満を言う（141ページ）」も十分に活用してください。そうすれば、勇気や熱意がよみがえってきます。状況について大声で不満を述べられるなら、ずっと失望し続けてはダメだという気持ちが湧き起こってきます。

5. 失望と交信したあとは、多少、疲労を感じるかもしれません。もしそうなら、おめでとうと言いたい！　それはあなたがまじめに取り組んだ成果だからです。閉じ込められてきた膨大な量のエネルギーも使えるようになっているはずです。

6. 最後に、あなたは元気を取り戻さなくてはなりません。最後の仕上げのこのエクササイズが重要である理由は、絶望によってエネルギーと境界線をかなり消耗しているからです。そこで怒りと悲しみの感情を受け入れ、自由に流れるようにすると再活性化を促し、強さとバランスを取り戻せます。こうして境界線と流れは回復し、再び絶望しないための防止にもなります。

何度か絶望のエクササイズを実行したあとでも、まったく動きも変化もないようなら、専門家に相談してください。絶望は深刻な抑うつ状態に進行してしまう恐れがあり、それを防ぐためには外部の助けが必要です。

◇他人の絶望を尊重する

癒やしのスキルがない人が、絶望に備えて神聖な場所をつくろうとしても、ほとんど不可能である。絶望感は健全な悲しみ（まさに魂の流れを取り戻してくれる感情）を閉じ込めているせいで生まれる。そのため絶望の周囲には、いわゆる人生のエネルギーを吸い取る渦《うず》ができてしまう可能性がある。それに気づけずに、他人の絶望に満ちたドラマに引きずり込まれてしまっては、相手の苦悩を軽減してあげることなど不可能だ。ひとつ問題を解決し、ひとつ願望を叶えても、さらに問題が次々に発生していく――絶望している人は自分の困難を克服するための投資などまったくしていない。投資できないのは、今という瞬間を生きていないせいだ。

絶望している人が人間関係で〝危険人物〟になってしまうのは滞った深い悲しみ（あるいは絶望という名の檻）に導かれているからで、そのため怒りが非論理的で無意味な形で漏れだしたり、押し寄せたりしている。無意識に人を傷つけてしまうことも珍しくない。もしスキルのない、つねに絶望している人を助けようとするなら、終わることのない悲劇に巻き込まれてしまうだろう。多くの場合、もっとも愛情に満ちた助けとは、「自分には手に負えない、もっと大きな助けが必要だ」と理解することである。絶望はひどくもつれた状況をつくりだすので、専門家に任せることにしよう。

絶望と向き合うためには、あらゆる悲しみを歓迎することを忘れないでほしい。グラウンディングして大地に根をおろせば、リラックスして古い悲しみを放出できる。悲しみの自由な流れを取り戻したら、涙の力とつながり、自分を再生してもらえる。絶望し、恐ろしい喪失を味わったとしても、深くて速い悲しみの流れが魂を回復させてくれる。絶望したときこそ、悲しみを歓迎し、感謝することだ。

第21章

悲嘆
――魂の深い川に浸る感情

＊悲嘆からの贈り物
魂の川の中にどっぷりと浸かる

＊悲嘆からの質問
「何を悲しんでいるのか？　きっぱりと捨て去らなくてはならないものは何か？」

＊悲嘆によるトラブルの兆候
損失や死、激しい変化を受け入れられないこと

＊悲嘆のためのエクササイズ
いったん足を止めて、すべてを捨てて、内面に問いかける
魂の川に身を委ねるとき、今この瞬間をしっかり生きられるように死んだものを次の世界へ放つ

悲嘆（深い悲しみ）とは、生命の喪失、愛の消滅、信念の崩壊、あるいは協力関係の終了など、大きな喪失に直面したときに現れる、美しくもの憂い、強烈な感情である。悲しみは水のような流れとなって心を浸してくれるが、悲嘆は魂の川の中央にあなたを沈めてしまう。また、手放す以外の選択肢がなくなり、喪失が死と同様に思えるとき、悲嘆は私たちを深淵に沈めてしまう。

健康、強さ、安全、幸せな子ども時代など、当然あるはずのものが失われたときも、夢を諦めたり、裏切られたときも、悲嘆が現れてくる。しかし、このような重大な損失にあっても、すべての生命の根底に流れている深い川に浸ることで、魂は浄化され、新たに生まれ変わることができる。

◇悲嘆が告げるメッセージ

悲嘆のことを魂の深い川と呼ぶ場合、それは身体、すべての感情、複数の知性、そしてあらゆる夢や想像を組み込んで統合されている、豊かな魂のことを指している。悲嘆には大きな力が備わっている。現代社会では、知性や精神が身体や感情よりも優先される。しかし、悲嘆はこれに対抗し、身体と感情を守っている。例えば現代社会では死や喪失を直視しようとしないため、悲嘆の川に深く身を浸すことができず、死を悼み、深く悲しむこともなくなる。私たちの論理的・言語的知能は死や損失について話し、その原因を見つけだして、理路整然と振る舞っているように見せかけているのだ。しかし、それは悲嘆とは正反対の態度である。悲嘆は前に進もうとするあらゆる動きの速度をゆるめたり、いったん停止することで、人を穏やかにし、自分の深い部分を探究しようとする。

知性は感情とは異なり、深く探究する手段を見つけだせず、水の元素を排除してしまう。悲嘆に浸ろうとする前に、水は蒸発しているのだ。一方、身体と感情は死や損失を本能的に理解している。死者に会ったり触れたりすることはもはやできないが、それでもやはり失った恋人の抱擁を感じたり、はるか昔に亡くなった子どもの笑い声がまだ耳に残っているという人もいる。手足を失っても身体は失った部位の痛みを覚えている。私たちの身体と感情は、毎日のように怪我、喪失、別れ、不正、死を体験し、悲嘆とは何かに気づいている。身体と感情というふたつの要素は、私たちのメンターであり指導者なのだ。

数年前、近所の庭に迷い込んで、プールに落ちて溺れてしまった幼い子どもについてのニュースを見た。取材班はすぐに現場と連絡を取り、幼い子どもを失ったアフリカ系アメリカ人の大家族の反応を撮影していた。その家の前庭には、十代の男の子たちも含めて家族全員が集まり、しくしく泣き、抱き合ったり、地面に崩れ落ちたり、神に向かって大声で叫んだりしていた。私はこの悲しみの姿に引きつけられてしまった。私たちは悲嘆にくれる姿を見せないようにする白人文化に毒されてきた。私が参列する葬式では、誰もが厳粛な態度で、ひどくかしこまって、喪服に身をつつみ、不安げな様子で、あたりさわりのない決まり文句を述べていた。知り合いの会葬者は泣いてはいたが、泣いてしまったことを詫びてさえいたのだ。そこにあるものといえば礼儀正しい悲しみと居心地の悪い沈黙だけである。しかし、この黒人家族の悲嘆は誠実そのものだった。私はこの深い悲しみに触れていた。会葬者たちもひどく落ち込んでいる姿をまったく隠そうとはしなかった。

ほとんどの人と同様に、私も人生の大半を、悲嘆の持つ後ろ向きの姿勢を避けて過ごしてきた。子どものころは、死と恐怖に引きつけられていた。多くのトラウマ・サバイバーと同様に、忌まわしい出来事や怖い映画をとおして、自分の解離のスキルを磨こうとしていたのである。子ども時代はずっと、情緒不安定な人と仲間になったり、恐怖映画を見に行ったりして、無意識にトラウマの第二段階に入ろうとしていた。当時は通過儀礼の第三段階についてまだ気づいていなかったので、ＰＴＳＤの哀れで危険を伴うフラッシュバックを繰り返し再現していたものである。不安定な仲間の間でトラブルが起きたり、映画を見て恐怖に浸ったりすると、私は解離し、まるで遠くから眺めているように、その悲惨な場面を観察していた。そうやって解離のスキル――私の唯一の防衛手段――を磨き、利用していたのである。重大な状況が起きるたびに私は解離を繰り返し、悲嘆という癒やしの川に落ちないようにしていた。悲嘆にしっかり浸ることがなかったから、痛み、恐怖、悲しさ、悲嘆に適切に反応するすべも学ぶことはなかった。四人の祖父母はすべて、私が十一歳になる前に亡くなっていた。しかし、祖父母の死について、悲しみもしなければ、悼みもしなかった。自分から解離していて、失ったものをしっかりと感じ取ることはなかったのである。嘆くことも、地面に崩れ落ちることもまったくなく、涙さえ出てこなかった。

十代で、火の元素であるスピリチュアルの研究を開始し、さらに悲嘆から距離を置いた。私は死の存在を否定し、何があっても（肉体的に死んでしまっても）霊魂という形で人間は生きているという考えを身につけてしまい、死の重要性をさらにないがしろにした。当時の私にとっては身体や感情より、スピリチュアルな考えを優先していたのである。十代の後半で、魂を肉体に連れ戻す実験をしたことが、悲嘆とは何かを想像する助けとなったが、実感するまでには至らなかった。私は相変わらず精神世界に没頭していて、人生から距離を置いて生きていたため、深い悲しみにどっぷり浸ることはできなかった。そのため悲嘆を学ぶにはかなりの時間がかかった。

しかし、アフリカで行われるたくさんの悲嘆の儀式を本で読み、何千年も昔から伝わっている英知を学んだことが転機となった。三十代になってようやく、立ち止まって、地面に崩れ落ち、深く悲しむことの重要性を知ったのである。

母が亡くなった週末については序文で述べた。そのときはもう、我慢して悲嘆を感じないようにしていた過去とは決別していた。私の考えも、未来への展望もいずれも重要ではなかった。「私の身体」は母が亡くなってしまったことに気づいていた。「私の霊性」は母が別の世界に旅立ったことを想像できたが、「私の心」がもう母がそばにいることを感じられなくなっていた。必要なのは、ただ母の死を深く悼むことだけだった。悲嘆にはがいじめにされ、私は魂の川に投げ落とされた。そこでは、生きている人間としての重要な役割があった。それこそ、生者として涙を流し、魂の川の水量を増してあげることだ。涙がなければ、川の水量は足りず弱い流れとなり、母を次の世界に送り届けることはできない。

私の人生を振り返ってみると、何十年もの間、泣いたり、悲嘆にくれたりしないようにして過ごしていた。それは死は存在せず、なんらかの形で命は生き続けていくと考えていたからだ。そう考えることで、自分はほかの人より賢くなり、スピリチュアルな世界で進化していけると信じていた。しかし、そうはならなかった。私の魂は、ほんとうの喪失や死を知らない、未熟でバランスを欠いた状態のままだったのである。私は知性や将来性ばかり頭に描いて毎日を過ごしていた。私は死についてもっともらしい話をすることで、死を超越しようとしていたのだ。しかし、心では死を実感できずにいたため、魂の川は干上がろうとしていた。

三十代になり、悲嘆にくれる方法を学んだとき、川に流れが再びよみがえってきた。私の心の中で、祖父母をはじめ、深く悲しむことのできなかったすべての人や動物たちが、ほっと息をつくのを感じることができた。これまで私の魂に閉じ込められていた祖父母たちは、ようやく次の世界への旅を再開できたのである。亡くなった人々は、川の向う側にたどり着き、今はあの世から私を見守ってくれている。

あなたが知的な人で、霊性やあの世の話など、ちんぷんかんぷんに聞こえるようなら、次のように考えてみるといいだろう。死という喪失を嘆き悲しめないなら、亡くなった人は（まるで重要ではないかのように）あなたの意識から消えてしまうか、（まるで人間に取り憑《つ》く幽霊のように）あなたの心の中に留まっていく。どちらにせよ、祖先は尊い存在ではなくなってしまう。重要なのは、故人の人生を尊重し、亡くなった事実を受け入れて、その人の存在を解放してあげることである。そうして、あなたが堅実な生活を送り、もっと成熟した人間に成長していくことだ。けっして取り戻すことができないものを失った場合も、同じことが当てはまる。その経験について考え、知的に開放してあげるのは素晴らしい最初の一歩だ。しかし、人間としての現実的で適切な次なる一手は、深く悲しむことなのである。論理的な知性だけでは、命のより深い部分に触れることができない。生命を深く探るのは、知性の役割ではないのである。

◇「悲しまない」と決めると悲しい結果になる

死や悲嘆から目を背け、理論武装したり、スピリチュアルな考え方に頼ったりして、魂を麻痺させている人が増えている。麻痺は暴力的な文化や娯楽に反映されている。こうして暴力を発散させていれば、実際の暴力が起きないという意見もあるが、私に言わせればまったくナンセンスだ！　バイオレンス映画、本、ゲームで何が行われているかというと、暴力に慣れることなのである。殴る蹴るを繰り返し、銃やナイフを使って殺害したり、強姦したりするシーンを見て、私たちは感覚を麻痺させている。暴力（そして過激な性描写）を描いた娯楽への依存は、いわゆる暴力への衝動にたいするはけ口とはならなかった。もしはけ口になって衝動が抑えられたなら、そうした娯楽の需要は少なくなっているはずだ。ところが、映画、書籍、音楽、テレビでの暴力のレベルは、深く悲しむ力が減少するのと反比例して増え続けている。しかし、愚かな手段でいくら麻痺させたところで、深い悲しみは消えるわけではない。いやむしろ私たちのために、悲嘆を体験してもらうのを待ちかまえているのである。

この麻酔から覚めたとき、健全な魂がよみがえり、最終的にほんとうに悲嘆にくれることができるようになる。従来の錯覚を振り払い、重い鎧を脱ぎ捨てて、悲嘆の水の中に分け入っていくことだ。そうすれば、ようやくほんとうの生き方が実現できる。悲嘆の水に身を沈めれば喪失の痛みを感じられるようになり、やがて魂の中ですべての感情がダンスを始める。

メキシコの文化には「ディア・デ・ムエルトス（死者の日）」という素晴らしい年中行事があり、死者を悼んでいる。私はシカゴ・オヘア国際空港に設置されている「死者の日」のベンチに、次のような言葉が記されているのを見つけた。

「死者は不滅であり、死はあの世に開く窓である（La muerte nunca; la muerte es la ventana al otro mundo)」

◇深い悲しみと儀式の重要性

人間は悲嘆について多くの原始的な知恵を持っている。なぜなら、私たちの脳内では知的な情報より原始からの知恵のほうが優勢だからだ。その多くは、儀式を通して表現されている。

多くの文化には悲嘆、哀悼、葬儀のための神聖な儀式が存在していて、このような儀式のかなりの部分が現代世界に残されている。しかし、残念なことに、ほとんどの場合、感情や神聖な要素は損なわれている。ほんの二、三世代の間に、死や深い喪失などの強い衝撃を祀《まつ》るための精神的で神聖な空間をつくりだす伝統はすたれてきた。私たちは死者を居間から追いだして（伝統的な家屋の居間は実際には通夜のためにつくられていたものだ）、葬儀場に移してしまった。私たちはゆっくりと共同社会の基盤となっていた悲嘆のための儀式とのつながりを失っていったのだ。しかし、誰もが事故があった現場の路傍に祭壇をしつらえているし、地域共同体でも突然の死者が出ると、すぐに夜を徹してロウソクの火を灯し、祈りの儀式を行う。相変わらず悲嘆の儀式にたいする強い潜在的欲求は衰えてはいないのだ。幸いにも、儀式や神聖な空間は個人的意思に応えてくれる。伝統とのつながりが失われても、自分自身や愛する人のために新しい、有意義な悲嘆のための儀式が執り行われているのだ。

儀式とは、人生に必要な（そして苦しみの伴う場合の多い）通過点を乗り越え、生き延びるのを助けるために行われる。儀式が不幸にも行われなくなってしまうと、地域社会や神聖なものばかりでなく、生きて、愛して、感じる能力、きちんと嘆き悲しむ能力まで奪われてしまう。私たちは（たいていはひどく堅苦しい）葬式に参列はするが、死者を来世にきちんと送りだす経験をしていない。なぜなら、深い悲しみを味わうのに必要な時間や空間が与えられないからである。葬式はたいてい数時間で、死者に敬意を払うには十分な時間とは言えず、会葬者が真の共同社会を構築するためには、まったく足りないのである。

私と夫のティノは幸運にも、アフリカのダガラ族の伝統儀式の伝承者、ソボンフ・ソメとともに、西アフリカで古来から行われてきた、多くの悲しみの儀式に参加する機会に恵まれた。この深い悲しみの儀式は丸二日をかけて行われるが、ソボンフの村の場合は三日間続いた。当初は週末のすべてを捧げるほど、儀式でやることがあるのかと疑問に思っていたが、今ではそれ以下の時間ではとても足りないと感じている。深く悲しむことは、儀式に没頭する長く重要なプロセスだからである。とはいえ、自分の関心を身体に集中していけば、すんなりと悲嘆の感情に入っていくことができる。身体を信頼しよう。そうすれば、あなたを悲嘆の川に連れて行き、流れに浸し、安全に連れ戻してくれる。身体は深く悲しむことを知っていて、悲嘆の儀式をしっかりと味わわせてくれるのだ。

エクササイズ　悲嘆のための儀式をする

まず実行してもらいたいのは、すぐに気晴らしや解離に逃げることなく、グラウンディングして、意識を集中することです（身体から意識を解離すれば、悲嘆の能力は失われてしまいます）。ふたつ目の作業は、現生と来世の間の境界線を引くため、死者（または損失）を祀るための祭壇をつくることです。

1. あなたの悲嘆の原因が肉体的な死と関連するなら、祭壇に故人の写真や思い出の品を飾ることになるでしょう。あなたの悲嘆の原因が人間関係、目標、アイデア、健康、信用、理想などの喪失にあるなら、失ったものを象徴する品物を祀ります。喪の期間の始まりと終わりがわかるように、実際に埋めたり焼いたりできるものも置いておきましょう。
2. 悲しみの儀式の邪魔が入らないように、祭壇は家の中のプライベートで静かな場所にしつらえます。家族で行う場合は、集まりやすい場所がいいでしょう。
3. 悲嘆にくれるのに必要なだけ長い期間、この祭壇を維持します。二日、二週間、二カ月など、その期間は重要ではありません（喪の期間は人によっても、文化によっても異なるものです）。大切なのは自分なりの時間で、この悲嘆を乗り越えられるようにすることです。プライベートな空間の中で、自分なりのやり方で失ったものを浄化します。死者を来世に送りだすために、たっぷり涙を流し、悲しみに浸りましょう。

4．悲嘆のプロセスを終えて――祭壇の前で流す涙もなくなり、死者を見送ることができたなら――儀式の終わりを宣言するためにいくつかのものを選んで、儀式的に燃やしたり、埋めたりしましょう。祭壇を完全に取り除き、（写真や品物は残しておいて構わないが、祭壇は空にする）そこに新しいものを置くといいでしょう。音楽をかけ、食事をして儀式を終わらせることが重要なのは、それが癒やしにもなるからです。

悲嘆にくれるとき、自分にとてつもない重みを感じるかもしれない。喪失に打ちのめされ、息苦しさを感じ、解離状態になることもあるだろう。しかし、悲嘆に必要な動きは下へ下へと向かっていくことだ。重みは身体を固定し、悲嘆の重さと深さを実感できるようにしてくれる。魂を健全な状態にしておくことが大切だ。悲嘆に浸るには、身体と感情が干渉し合うことなく、手を携えて取り組まなくてはならない。しかし、これは直感や内なる知性を抑えなさいという意味ではない。知性と霊性のバランスを取り、落ち着いた状態で悲嘆の過程を味わおう。ここで自分に尋ねておかなくてはならないのは、「何を深く悲しむべきなのか？」と「完全に捨て去らなくてはならないものは何か？」というふたつの問いだ。知性が過剰に働いているようなら、「どんな根拠でそう言えるのか？」などと口をはさんでくるかもしれないが、知性をあまりでしゃばらせてはいけない。知性にはおとなしく悲嘆の儀式に参加してもらい、喪失にまつわる思い出や考えを解釈する役を任せておこう。また、火の元素は活性化しすぎると、「この死を乗り越えていくためには何が必要か?」といった口出しをしてくるが、直感的精神にもやはり落ち着いてもらおう。悲嘆にくれているときに、タカのようにまわりの人々を見渡す役を任せることにしよう。悲嘆のための神聖な儀式において、知性や精神の役割は補助的なものとなる。

悲嘆を乗り越えるには痛みも感じるが、押しつぶされることはない。深い悲しみはあなたの心をこじ開けてはくるが、こなごなに砕くことはしない。自分の深い悲しみ——涙、激怒、笑い、沈黙——を魂の祭壇に捧げれば、あなたは命の水が流れる水路となる。こうして、悲嘆の流れがあなたの全身に流れだせば、すべての魂の川の干からびていた湾曲部分にも癒やしの水が溜まり、健やかな流れを取り戻していくだろう。心は空虚にならず、拡大し、愛情の容量が増大し、息をするための空間が広がっていく。

◇悲嘆で動けないときやるべきこと

悲嘆を味わうには時間がかかる。もしこの状況から抜けだせず、窮地に立たされているなら、悲嘆のためのエクササイズを実行してほしい。

悲嘆にはもうひとつの種類があり、脳の依存症に関する領域に関係すると言われている「複雑性悲嘆」である。喪失のあと半年以上も深い悲しみが続いてしまう状態で、それは悲嘆の依存症のようなものだ。泣きやむことができず、不安やうつ状態になっているとするなら、専門家に相談しよう。現在の研究から、複雑性悲嘆は内分泌系、睡眠、ホルモンバランスにも影響を及ぼしていることがわかっているので、放っておいては危険である。

また、気晴らしや解離に逃避してしまうと、長期にわたって悲嘆を味わうことになる。悲嘆から逃れ、あれこれ理屈をつけて感覚を麻痺させたりすると、自分がどのような感情を抱いているのか、確認できなくなる。悲嘆をしっかり味わっていないと、元気を失い、気が滅入って、不安になり、怒ったり、びくびくしたりしてしまう。自殺未遂の恐れさえ出てきてしまうのだ。救いを求めることだ。最終的に、深く悲しめるようにするためには、人とのふれあい、相談、地域社会の助けが不可欠となるだろう。

◇他人の悲嘆を尊重する

誰かに、悲嘆のための神聖な空間をつくってあげる際の第一のルールは、無理やり悲しみの川から引き上げようとしたり、死、過去、未来について説教したり、理屈を述べたりしないことである。自分のことをカウンセラーではなく、悲嘆の儀式をつかさどるための助手と考えるといい。それがあなたにとって最適な役割である。

誰かが悲嘆を味わうのをサポートする際の第二のルールは、距離を置くことだ。怒りの章で説明したとおり、人を助ける前に自分の酸素マスクをしっかりつけておこう。いっしょに悲嘆にくれていては、そこにエネルギーが割かれてしまい、助手としてきちんと儀式を取り仕切ることはできなくなる。

優れた助手になるとは、感情を隠し、平常心でいなくてはならないということではない。しかし、あなた自身と悲嘆にくれる人との間にはっきりした境界線を引き、距離を保つことが大切だ。悲嘆にくれている人間と同じ気持ちになってしまいそうなら、意識的に身体の緊張を解くために、深呼吸し、グラウンディングして、悲しみを地下に放出するといい。そうすることで、助手としての立場を維持しながら、悼む人の悲嘆の感情を解き放つことができる。故人も安全に来世に送ってあげられるだろう。儀式を終えたら、食べたり飲んだりして、元気を取り戻そう。

第22章

抑うつ状態

――癒やしのための「一時停止」を促す感情

＊抑うつ状態からの贈り物

魂から送られる素晴らしい停止信号

＊抑うつ状態からの質問

「自分のエネルギーはどこに行ってしまったのか？　なぜそれが追い払われてしまったのか？」

＊抑うつ状態によるトラブルの兆候

失望、怒り、恥辱、不安、躁状態が繰り返されて、にっちもさっちもいかなくなる

＊抑うつ状態のためのエクササイズ

じっくりと耳を傾けよう。健康、脳内物質、不正、人間関係、仕事、古いトラウマのいずれが原因であれ、魂のエネルギーが空になり、流れがなくなってしまう理由は確実にある。抑うつ状態に備わっている知恵を理解するまで、じっくり事を進めなさい

抑うつ状態は単一の感情ではない。私はそれを「素晴らしい魂の停止信号」と呼んでおり、感情、姿勢、決断、健康問題などで構成されている「感情の集合体」だと考えている。抑うつ状態とは、人間の機能を停止させるために魂の中に備わっている有効な動きなのだ。それは自然な悲しみが妨げられたときに生じる失望とは違い、妨害されたり、誇張されたりした数多くの感情が原因で、周期的に生じてくる（人によってどのような感情の集合体なのかは異なる）。抑うつは魂を不安にさせる外面と内面の対立に反応して現れてくる。その症状はかなり深刻だが、きわめて重要な癒やしになる。

抑うつ状態で苦しんでいるときには、深刻な苦しみの状況、また健康の不安が同時に四つか五つ存在し、身体と感情、精神の機能、想像力を不安定な状態にしてしまう。しかしこの感情を病気として扱うのは適切ではない。なぜなら、抑うつ状態は、自分を落胆させたり、不安定にする刺激にたいする自然の防御反応だからである。抑うつ状態のためのエクササイズは、自分を動揺させる――外部と内部の――原因を理解することを目的としている。そのためにまずやらなくてはいけないことは何か？　それは、抑うつ状態を消すことではない。この症状を「否定的意見」としてではなく、自分が向き合うべき問題を具体的に教えてくれる「素晴らしいメッセージ」だと考えられるようにすることなのである。

あなたが現在、抗うつ剤やハーブを服用しているなら、気分もかなりよくなり、無気力になったり、どん底にたたき落とされたりすることはなくなるだろう。ここで薬の必要性を強調するのは、三十年以上の間、私自身がひどい自殺衝動の原因となる抑うつ状態に苦しんでいたためである。しかし、実を言えば、薬の服用を始めたのは最近のことだ。かつての私は医学にたいする批判的な意見に洗脳されていて、医師の診断を仰ぐことはなかった。それはいい経験にはなったが、ひどく高くつくことにもなってしまった。

抑うつ状態を治療しないままでいれば、脳に障害を及ぼす恐れまである。ぐずぐずしている時間はない。すぐにでも専門家の助けを求めなさい！

さて、このように医学的介入を求めることが前提だが、自分がどんな種類の抑うつ状態になっているのか理解することが大切だ。私は早期の大うつ病にかかっていた（最初に自殺衝動が起きたのは十一歳のときだった）。躁とうつとが交互に繰り返される双極性障害（躁うつ病）は、大うつ病とは違った治療法が必要となる。また、二年以上続いてしまう軽い慢性的なうつ状態は気分変調症と呼ばれていて、軽度の場合は季節性うつ病の人もそこに含まれるかもしれない。これに加え、女性はＰＭＳ（月経前症候群）や産後うつにかかる恐れがある。このような女性ホルモンに関連するうつは全身に影響を及ぼし、脳を抑うつ状態にすることがあり、精神病性うつ病は統合失調症と類似している。また、幻覚症状や幻聴、そして気分変調症もしくは気分循環性障害と呼ばれる軽い双極性障害は、感受性が極度に高くなったり、ふさぎ込んだり、食欲亢進《こうしん》、体重の増加、過剰な睡眠とも関係している。（とくに男性の場合）怒りの周期の連続が、うつ状態をつくりだす根底にある。かなり長い期間、激怒や憤激が続いているなら、かならず医師の判断を仰いでほしい。

こうしたうつ状態と異なり、適応障害はほとんどの人にとって馴染みがあるはずだ。これは、特別な理由がなくても、落ち込んだり、悲しんだり、やる気が出なかったり、涙もろくなったりする症状で、広場恐怖症、不眠、食欲不振にも悩まされる。適応障害に苦しむ人の多くが、特定の薬品、ハーブを服用している。また、精神衛生の研究から、セラピーや瞑想のような薬を使わない治療法も、抗うつ薬と同じように効果を発揮することが証明されると、適応障害の治療にも採用されるようになった。しかし大うつ病、双極性障害、ホルモン関連のうつ病、怒りや不安に関連するうつ状態の場合は、もっと積極的な介入が必要となるかもしれない。

本章の抑うつ状態のためのエクササイズは、適応障害には効果的だが、深刻な種類のうつが疑われる場合はかならず専門家の診断を仰ぎなさい。

◇適応障害からのメッセージ

適応障害は、私たちの文化の中で急流並みの激しい感情となっている。それは反省より行動を重んじ、感情より知性を優遇し、身体と精神を正反対のものとして扱っているためだ。しかし、適応障害の背後には、保護と自尊心を培う力が潜んでいる。魂の中でいくつかの（またはすべての）部分がバランスを崩して、困難に巻き込まれていくとき、抑うつは止血帯のような役目を果たしている。問題は、ほとんどの人は自分の心の中にある村（魂）をきちんと統治していないことが原因で生まれてくる。人間は身体よりも霊性、感情より論理といった、偏った角度からものを眺めている。その結果、四元素と知能は切り離され、魂の大部分をシャドーの中に投げ込んでいる。これこそ、抑うつ状態が生まれる温床なのだ。

適応障害になってしまった多くの人は、自分が無力になっているのに気づき、「自分はおかしくなってしまったのだ」と思い込んでしまう。しかし抑うつ状態とは、私たちを危険にさらす行動や態度から身を守るために存在しているのである。私たちの文化は魂を健全に育成していないため、抑うつ状態を危険なものとして扱うように仕向けられているにすぎない。

数十年間、私たちは魂から抑うつ状態を取り除こうと努力してきた。研究し、追跡し、分析し、治療を行い、薬を投与し、原因を追い詰めてきたが、適応障害はいまだに猛威をふるっている。なぜならそれは、人生における日々の営みで直面する、内面、家族、社会、経済、政治の腐敗にたいする正常な反応だからである。私たちの文化環境――政治システム、若者、高齢者、貧困者、精神的疾患を抱える人たちへの待遇、そして投獄された人々や戦争に巻き込まれる人々――に気づいても何も感じないなら、あなたはどうかしているに違いない。適応障害は問題にたいする適切な反応なのである。

意識を集中し、グラウンディングし、境界線を引くことができれば、抑うつ状態を師として迎え入れるための神聖な空間を、魂の中につくりだすことができる。感情は魂のもっとも深い層から生まれてくる言葉だ。抑うつ状態を魂のメッセンジャーとして敬意をもって扱えば、自分自身、生活様式、人間関係、文化、世界について驚くような素晴らしい真実を学ぶことができるだろう。

私が自分の抑うつ状態に取り組めるようになるまで、二十年の歳月がかかった。輝く境界線の内部でグラウンディングし、いわばなりふり構わない状況で意識を集中させていった。その瞬間、頭に浮かんできたのは、第二次世界大戦中のロンドンの人々が、子どもたちを田舎に疎開させている光景だった。このイメージが伝えてくれたのは、抑うつは私を攻撃しているのではなく、前線で戦闘が行われている間、自分の魂の一部を安全な場所に疎開させているということだった。抑うつ状態の背後では、自分を守ることができず、境界線を取り戻せずにいた怒りの感情をとくに強く感じることができた。

それが自分を苦しめていた原因だったのである。

かつての私は、トラウマ、気晴らし、感情の抑圧、四元素と知能の激しい衝突などで疲れ果てていたが、そうした問題を一時しのぎの決断によって解決しようとし、やがて問題を意識することも少なくなってしまった。安易な決断を下し、ひじょうにてきぱき処理しているつもりでいたのだ。しかし、それで無慈悲な抑うつ状態が解消されることはなかった。

自分のエネルギーが枯渇したように感じていたのは、内面の戦争が終わるまで、抑うつ状態がそのエネルギーを疎開地に避難させてくれていたからだった。私が健全な状態に戻り、意識的に行動が取れるようになるまで、中心を離れ、別の場所にエネルギーを隠しておいたのだ。

この戦争との類似性を理解できれば、自分を病的で、無力で、役に立たない人間だと考えるのではなく――自分を痛めつけるのではなく――自分の努力に共感を寄せ、本気で抑うつ状態に挑み、その背後に潜む論理を見つけだせるようになる。戦場や不安定な場所からは、健全に前進することはできないし、すべきでもないとわかるだろう（あなたのそれぞれの元素が殺し合いをしている状況なら、適切な決断を下したり、効果的な活動をしたりすることなどできない）。抑うつ状態に意味のない戦いを挑んだりせず、敬意を払うことだ。抑うつ状態に波長を合わせれば、この感情の持つ英知に耳を傾けることができる。これが必要な癒やしの手段となる。

ところが、あいにく私たちの文化ではじっくり考えることは奨励されていない。抑うつ状態は冒涜され、病的なものだと考えられている。そのため、内界や外界の不正と取り組む能力は衰えてしまったのである。

抑うつ状態が担っている高貴な使命とは、幸せになることでも、失われたエネルギーを取り戻すことでも、今あるエネルギーを増やすことでもない。抑うつを消すことを前提とする取り組み方では、原因となったバランスの乱れに対処することはできない。短期的に抑うつ状態が消えても、長い目で見れば、スキルや知恵を増やしてはくれない。多少、改善されたにすぎないのである。

魂にとってプラスになるのは、抑うつ状態を消して、歩みを続けることではない。ほんとうにやるべきことは、自分を停滞させている原因を理解し、自分を抑うつ状態と戦う戦士ではなく、抑うつ状態の仲間として、いっしょにこの停滞状況に取り組んでいくことだ。この神聖な作業は、あなたの元素の間で交わされている戦争を終わらせて、瓦礫《がれき》を取り除き、心の中に流れを取り戻し、疎開させていた子どもたちが「帰りたい」と思える家を、魂の中心につくってくれるだろう。

エクササイズ　抑うつ状態から疎開する

抑うつ状態にある場合、グラウンディングし、意識を集中するのは難しくなります。なぜなら、抑うつ状態がすべてのエネルギーを吸い取り、あなたをアパシーの状態に仕向けるためです。しかし、これが問題を解決する「鍵」となります。

1. 抑うつ状態は、深刻な混乱やバランスの乱れが生じていることへの警告です。「電力が危険なまでに急上昇したとき、配線を守ってくれる回路遮断器のようなもの」というイメージを持ちましょう。

2. 最初にやるべきことは、姿勢を変えてみることです。重要なのは、頭を垂れて、抑うつ状態の感情にじっくり耳を傾けることです。

3. 魂の中で激しい戦闘が繰り広げられると、エネルギーは急上昇と急降下を繰り返します。自分がつくりだした急激な変化を尊重し、抑うつ状態が的確に指摘してくれる問題に焦点を当て、困難を乗り越えて再び立ち上がりましょう。そうすれば、健全な活力が自然によみがえってきます。

抑うつ状態にある場合、第10章「エンパシーを開発する」で紹介したあらゆる方法が必要だ。とくに火の元素である想像力と空気の元素である論理のどちらか、もしくは両方が魂を支配してしまっている傾向がある（あなたは頭でっかちか、あまりに空想的か、またはこの両方を併せ持ったタイプだろう）。そのため、地の元素である身体、水の元素である感情が置き去りにされ、あなたの内面の村は混乱状態になってしまう。このような内面の混乱が気晴らし、依存、解離といった不安定な道へと送り込んでしまうのだ。あらゆるものが抑圧的な方向に動いていき、不快な結果を増やしてしまう。この悪循環に巻き込まれてしまうと、あなたの元素や知能の一つひとつが混乱や内輪もめを繰り返すことになる。その場合には第5章で紹介した「四元素のバランスを取る」ことに留意しよう。自分自身の持つあらゆる部分を状況と関連付けられるようになれば、魂の中心に適切な場所が確保され、抑うつ状態に敬意をもって対処できるようになる。神聖な場所で、あなたのどの部分が戦っていて、どの感情が十字砲火を浴びせられているのか確認できるだろう。

グラウンディングして意識の集中ができているか（またはできていないか）調べてみれば、あなたの身体と関心が一体となって働いている（または働いていない）ことに気づけるだろう。あなたはこれまで本書で学んできたあらゆる方法を使って、自分が抱えている困難を研究できるだろう（どこかにかならず不快な矛盾点が存在しているものなのである）。グラウンディングし、境界線を照らして、抑うつの感情に向けて次のように問いかけてほしい。「私のエネルギーはどこに消えてしまったのか？」「なぜエネルギーが追い払われてしまったのか？」。あなたのすべての元素や知能を、抑うつが警告している深刻な問題に向けるとき、自分のエネルギーと魂の子どもたちを「疎開させる理由」を完璧に理解するだろう。疎開は適切な選択であり、誰もが行うべきであると私は思う。

グラウンディングし、魂を統合すれば、抑うつの内面に閉じ込められていた多くの感情を識別できるようになるだろう。例えば、悲しみと失望、悲嘆と厭世観《えんせいかん》、不安と健全な恐怖、無関心《アパシー》と自殺衝動の違いを感じ取れるはずだ。どちらにしても、順番にそれぞれの感情に分け入り、敬意を払ってエクササイズにのぞめるようになるだろう。抑圧による停滞を身体から取り除けば、抑うつ状態によってつくられていた身体、感情、精神の習慣を観察し、改善することが可能となる。不活動か過活動か、過眠か不眠か、運動過剰か運動不足か、ある感情を抑圧しているか爆発させているか、精神活動が活発か混乱しているか、依存しているか解離しているかなどを判断し、対処していくことができるのである。次に、反射的に抑うつ状態にさせる契約を調査し、グラウンディングすることで、停滞していたり、過剰になったりしているものから解放されるだろう。

もちろん、第10章の「自然に触れて元気を取り戻す」という基本エクササイズ（145ページ参照）もきわめて重要だ。この方法は繰り返し、あなたに新しい生命力を吹き込むためのエネルギーを充填してくれる。抑うつ状態から回復しつつある人の中には、数週間続けて、一日二回も元気を取り戻す方法を実践する人もいる。このような習慣の力を利用して抑うつを回復させよう。

「こっそりと、意識的に不満を言う」という基本エクササイズ（141ページ参照）は、抑うつにとって救急箱の役割を果たし、魂に巻きつけられた鎖を解いて、流れを強くしてくれる。このエクササイズは、最初は気が滅入ってしまうだろうが、我慢して続けていけば怒りが戻ってきて、あなたを保護してくれるようになる。意識的に不満を言うことで、抑うつ状態に陥ってしまった原因が明らかになっていく。こうして、破壊された自分の心の中の村を復興していけば、自我がしっかりと活性化され、困難にもうまく対処できる。人生にバランスを取り戻し、世の中に正義を実現するために自分ができることを実行に移せる。「意識的に不満を言う」という方法は、あなたの心身を浄化してエネルギーを取り戻し、魂を癒やしてくれるだろう。

◇抑うつ状態を身体的に癒やす

運動は抑うつ状態で苦しむ身体にとって重要な癒やしとなる方法だ。適度の緊張状態——例えば、ランニング、ダンス、ウエイトリフティング——を行ってから、しっかりと休憩して体力を取り戻せば、負荷や緊張と向き合ったのちに回復するという本能的体験ができる。どんな運動や体操でも、身体にとって素晴らしい癒やしとなる。抑うつ状態に対処するとき、無理やり厳しい運動を習慣にすること（またはまったく運動をやめること）は簡単にできるが、極端なやり方は健全とはとても言えない。抑うつから回復するための鍵は、活動と休養を同じように大切に扱うことである。

瞑想する場合は、超越的なものや、解離を伴うようなものは避けたほうがいい。この手の瞑想は抑うつ状態の原因となる内面の葛藤をさらに激しくさせてしまう恐れがあるからだ。慢性的な抑うつ状態にあるなら、四元素のそれぞれを尊重してくれる瞑想をしよう。それにはダンス、ヨガ、太極拳、自然の中での散歩などが最適だ。運動し、身体に流れを取り戻し、四元素のバランスを整えることが抑うつの悪循環から抜けだすための鍵となる。

睡眠は心と身体の健康にとって不可欠な要素となる。概日《がいじつ》リズムに関する多くの研究から、不規則な睡眠時間（例えば、シフトワーカーや深夜に働く人々）や睡眠不足が、抑うつ状態やホルモンバランスの乱れに大きな影響を及ぼしていることが証明されている。

自分の睡眠パターンがどうなっているか確認してもらいたい。朝には（コーヒー、お茶、砂糖、チョコレート、ハーブのエナジードリンクなどの）刺激物、夜には（アルコール、過食、タバコなどの）鎮静剤が必要なら、何か問題が発生している。人工的な刺激物や鎮静剤は、あなたの体質、ホルモン、睡眠サイクル、エネルギーを破壊してしまうのだ。一日中競争に明け暮れ、夜はばったり倒れ込む際の役には立つが、抑うつ状態が癒えることはないだろう。とりわけ重要なのは、すやすやと眠ることなのである。

感情や抑圧の傾向が亢進してしまう場合、食習慣の見直しが重要である。口にするとほっとした気分になれる食べ物（またはその逆に極端なダイエットや食事療法）を好んでいるだろうか？　食べ物をものとして扱い、気分をよくするためにたくさん食べたり（減らしたり）しているなら、内面のバランスが崩れている恐れがある。このような悪影響に陥ったとしても、姿勢をまっすぐに保ち、過度に気にせず、感情を正直に抱き、食べ物をきちんと味わっていけばいい。チョコレートが好きなら、おいしいのだから遠慮せず、だが控えめに食べるようにしよう。自分に罪悪感を抱くのはよくない。四元素のバランスを取り、感情に敬意を払い、称賛してあげることがなんといっても大切なのである。

激しい感情に向き合っているとき、食生活のバランスを取るためには、感情に名前をつけ、食べ物とともに言葉にしてみよう。「今、気が滅入っているが、お腹がすくのはお昼になってからにする」「私は仕事で落ち込んでいるが、飲むのはトマトジュースにしておこう」といった言葉を選ぶこともできる。このように言葉にすることで、注意散漫や依存状態になっている食事を食い止める助けとなるだろう。なぜなら水の元素である感情と地の元素である空腹のどちらも言葉で表すことで、このふたつが別々のものであり、別々のものとして扱うべきであることに気づけるからである。ある感情にとらわれて悩んでいるときは、食事ではなく感情を尊重して、交信する必要がある！

◇幸福で抑うつ状態は消えるのか？

私たちはみな、無敵で、ずっと幸せで、大成功したいと願っている。いつも適切な選択をし、伝説の英雄のような存在になりたいのである。しかし、私たちはかならずしも英雄ではないし、いつも正しい選択ができるわけではない。幸いなことに、私たちの魂は自分が窮地に陥ったとき、自分を立ち止まらせるための手段を持っている。

抑うつ状態は、厳しいが素晴らしい師である。知性と感情が激しくぶつかり合い、あなたが感情を振りきって論理で打ちのめしてしまおうとしたり、叫びながら論理を手放して自分の一時的な願望だけに従おうとしたりする瞬間に、抑うつ状態が口を出してくる。

抑うつ状態は人を孤立させ、社会的、政治的な力をなくしてしまうと、非難されてしまうことが多い。しかし、実際には「すでに」孤立し、無力な状態になっているときに、あなたをいったん休ませてくれているのだ。無理やり喜びを感じようとすると、（348ページの「高揚感で舞い上がったときやるべきこと」を参照）、自分にもまわりにも害が及んでくる。なぜなら、あなたの行動は（いかに元気に満ちあふれていたとしても）、魂の葛藤から生まれてくるからである。幸福に基づく感情はすべて自然に湧いてこなくてはならない。抑うつ状態は幸福の不足ではない。私たちの文化の中にある急流並みの激しい感情である。だから、次のようなマントラを唱えよう。「唯一の出口はそこを突き抜けていくこと」だ。

◇個人的抑うつ状態と文化的抑うつ状態の相互作用

抑うつ状態になったとき、どの部分が個人から生まれ、どの部分が文化的状況から生まれてきたものかを確認することが重要だ。例えば、食べ物や感情の問題は、あなたとはほとんど関係がなく、脳が甘いものや脂肪を報酬ややすらぎとして欲している点にある。感情のせいで食べすぎてしまうのは、現代人のほぼ全員が軽い摂食障害を抱えているからと言えるだろう。同じように、（元素と知能が衝突している）あなた自身の内部で行われている戦いは、個人的な病ではない。誰もが元素と知能を分類するように、文化が仕向けているのだ。その結果、人間は気晴らし、依存、解離、抑うつ状態に陥りやすくなり、苦しんでしまうのだ。抑うつ状態をつくっている文化的状況に真剣に目を向けて、この状況に関連する契約書を燃やしてしまえば、抑うつ状態に終止符を打つことができる。さらに重要なことは、それが世の中に広がる文化的な病に感染する人間を減らし、もっと目覚めた人間を増やしていくことだ。

四元素間の内輪もめのせいで、抑うつ状態が生まれているとするなら、世界を変えられるとはなかなか信じられないかもしれない。しかし、このような疑いこそが、魂を集中し、効果的な行動を妨げているのである。四元素と知能が衝突していると、自分が抑うつとかかわっていることが理解できる。それに気づけば、バランスを欠き、無力な騒音を立てている現代世界に自分を加えることはなくなるだろう。あなたは楽しく陽気でいたり、抑うつ状態を消したりする必要はない。自分にある抑うつ状態を受け入れて、魂から役に立たなくなった瓦礫を取り除くことである。バランスを取り、意識を集中し、魂を正しい姿勢に保つことができるなら、社会の中でも適切な姿勢が取れるようになり、適切な立場から個人的、社会的、政治的正義を自然に実現できるようになるだろう。

◇抑うつ状態で行き詰まったときやるべきこと

抑うつ状態の治療は一生続くものなので、強烈な文化的影響を絶えず意識しておく必要がある。

抑うつ状態に悩み、安らかな睡眠を手に入れる努力をしていても、まったく改善の余地がないなら、睡眠障害を治療する医師かセラピストの診断を仰ぎなさい。もう一度、バランスの乱れを正し、安定した状態を得たいなら、迷わず助けを求めよう。

◇他人の抑うつ状態を尊重する

感情と交信する方法を知らない人が、抑うつに敬意を払うのは難しいに違いない。なぜなら、抑うつ状態によって封じ込めていた多くの感情や問題を確認し、取り組む能力を持っていないからである。悲しいことに、こんな人の抑うつ状態を癒やしてあげようとしたなら、あなた自身の情緒的健康まで脅かされてしまう。抑うつ状態の人は、ひとつの領域をうまく処理できるようになった瞬間――まるでスケジュールに組み込まれているかのように――別の領域でまた混乱を引き起こしてしまう。ひじょうに短期間のうちに、解決のないドラマの中に巻き込まれてしまうのである。それには重要な理由がある。抑うつ状態は魂を保護するというひじょうに重要な機能を果たしているからだ。再びまっすぐに立ち上がれるようになるまで、絶対に消えることはないのだ。

抑うつ状態があるのは、つねに内面に複雑な問題を抱えている証拠である。この症状がある人と接するときは自分の境界線をしっかり引いておくことが重要だ。助けたいという願いはたしかに貴いことではあるが、それにも限界がある。症状によっては深刻で、命にかかわる場合もあるので、専門家にしか対処できない場合もある。

抑うつはあなたの元素や知能のバランスの乱れ、心の中の村の内部での激しい戦いであることに気づきなさい。抑うつは「巧みに通告してくれる」停滞信号である。理由があるから、あなたに「待った」をかけているのである。この点を踏まえて抑うつをきちんと受け入れ、この停止の合図に感謝しなさい。

第23章

自殺衝動

―夜明け前の闇の感情

＊自殺衝動からの贈り物

確実性、決意、自由、変化、復活

＊自殺衝動からの質問

「今、止めなくてはいけない考えや行動は何か？」

「私の魂の中で、もう許すことができないものとは何か？」

＊自殺衝動によるトラブルの兆候

変化を与えてくれず、目覚めさせてもくれず、自分の身体を脅かしかねない、苦しみを与える感情

＊自殺衝動のためのエクササイズ

感情移入の方法で契約書を燃やし、自分を苦しめるものを癒やすため、神聖な死の儀式を執行する。

自殺衝動の感情に耳を傾けることができれば、失った夢は擁護され、あなたの内にある夢を脅かし

たものは取り除かれる。新しい息吹が与えられ――自分の人生が取り戻せるだろう。しかし、危険な状態に陥っている場合には、すぐに助けを求めなさい

本書を読む際、自殺衝動を抱いていて、真っ先にこの章を開いているとするなら、すぐにページを閉じて、助けを求めなさい。セラピスト、地元の自殺防止ホットラインや人生相談に電話しなくてはいけない。あなたが感じている苦痛や孤独は、命にかかわるほど重大だ。ひじょうに深刻な状況にある。しかし、あなたはけっしてひとりではない。周囲のあらゆるものに助けを求めなさい。とりわけあなたが繊細な人間なら、今ここに存在していることが重要なのだ。助けを求めなさい。三途の川を渡らずに、こちら側で私たちといっしょにいなさい。助けを求めることだ。グラウンディングし、安全な状態ができてから、この章に戻ってきなさい。

ここは急流が轟音《ごうおん》を立てて押し寄せる、危険な場所だ。自殺衝動の領域では、ひじょうに明白な危険が存在しているが、ほかの急流並みの激しい感情とまったく同様に、そこには大きな癒やしの力と素晴らしい英知も潜んでいることを忘れずにいなさい。心の中のあらゆるものが破壊的であると同様に、病を癒やしてくれる力も兼ね備えているのだ。悲しみ、喜び、勝利、大惨事、恐怖、恥辱はあなたの中でそれなりの存在価値を持っている。そのどれもがあなたを絶望的混乱に陥れるのとまったく同じように、必要な情報も提供してくれているのである。自殺衝動はあなたのあらゆる部分を守り、癒やしてもくれるが、ずたずたに引き裂いてしまう恐れもある両刃の剣なのである。

◇自殺衝動が明かすメッセージ

感情と交信する方法を知り、元素と知能のバランスを保った状態にあることが、自殺衝動の領域に踏み込むためには絶対に必要だ。なぜならこの衝動は、「もっとも深い自我」と「気晴らしやトラウマの世界で育った自分」との違いが極端になってしまった場合に起きてくるからだ。トラウマがあまりに激しかったなら、もはや耐えられなくなってしまう。自殺衝動はあなたの魂の破壊された部分——魂が現実的に死の危機に陥っている部分——から送られてくる緊急メッセージである。この衝動が前面に押しだされていき、手に剣を握って、「我に自由を与えよ、さもなくば死を！」と叫び始める。

このような判断を迫られて、持ち上がってくる問題は深刻だ。しかし実際には、自殺衝動は「あなた」を殺すことを願ってはいない。あなたが今、過ごしている人生から解放してもらいたいだけで、命を終わらせようとはしていないのである。死は進化の面から言って非生産的だ。エネルギー、そして感情のすべては、あなたが生き続けるために存在している。生きて仲間をつくり、保護してもらうために、いや、ただ生きるためだけの目的で存在しているのである。心の中のもっとも重要な知能は、あなたが生存することに献身している。自殺願望は肉体的な死にたいする願望ではなく、神話的、神聖な願望として扱うことができるだろう。

自殺衝動は文字通りの死の願望ではなく、苦しんでいる魂がすがりつく最後の手段である。すでにあなたを抹殺しようとしている状況から自分自身を身体的、心理的、霊的に引き離すだけのエネルギーが必要な場合に、起こってくる。この激しい衝動に近い唯一の感情がパニック（恐慌）だ。この感情が生まれるのは、通過儀礼で勝利を収めるための第三段階に素早く進むために必要なエネルギーを与えるためなのである。自分の中のひとつかふたつの元素だけでしかものを考えられない状況なら、(そして感情と取り組むことができないなら)、パニック障害や自殺衝動はひどい混乱を引き起こしてしまうが、感情と交信する方法を身につけたなら、このような激情は癒やしの役割を担うことにもなるのである。

パニックは人を無力な状態にし、ひどい混乱に陥れる。きっと臆病な人間に見られることになってしまうだろう。しかし、その内面に信じられない力と無限の勇気を発見できるはずだ。同じことは自殺衝動にも言える。スキルもなく、魂の中のひとつかふたつの元素にしか目を向けられないなら、自殺衝動には狂気と死しか見いだすことはできない。しかし、明白な意思と共感を込めて神聖な領域に入ることができるなら、自殺衝動はあなたの聖性、魂の真実の道、献身的な人生への愛を再び見つけだしてくれることだろう。

素晴らしい未来が人生に待っていると、とくとくと述べても、自殺衝動を持つ人はまともには取り合わないだろう。自殺衝動にとってそれはまったくの嘘にしか聞こえない。それはこの衝動の発するメッセージの品位を落としたり、無視したりすることにしかならない。美しい子守歌を聞かされても、自殺衝動は眠ってはくれないのである。問題はあまりに深刻で、魂は危険にさらされている。もう残忍な戦士のような立場でしか取り組むことができない。子守歌を歌っている時間ではないのである。

自殺衝動では、あなたを苦しめ、危機に陥れている状況を儀式的に終わらせることはできない。しかし、グラウンディングし、境界線をしっかり引いてからこの衝動に取り組めば、本来の道からはずれてしまった魂を殺害しようとする考え、愛着、態度、行動にたいして儀式を行い、それらに〝神聖な死〟を用意することができる。

「今、何を終わらせなくてはいけないのか？」「私の魂の中でもう耐えられないものは何か？」と祈るように問いかけてみよう。すると、自殺衝動の内面にある力が、今後、経験する中でもっとも重要な魂の作業を助けてくれる。この問いかけから、かならず調和、機能性、そして自由な生き方、生きるための能力を破壊している状況がひとつ以上は挙がってくるはずだ。このように、自殺衝動に真剣に取り組めば、終わらせなくてはいけないものは何か、その答えがはっきりと見えてくる。それは「この行動、あの依存、この考え、この癒やせないトラウマ、この人間関係、この治らない抑うつ状態、この仕事、この言いわけ、このような無感動、この貧困、このような無価値感、このフラッシュバック……」といったことへの解答かもしれない。グラウンディングし、きちんと自殺衝動を受け入れることができるなら、重大な問題を確認し、自分自身の命を救うために必要なエネルギーが獲得できるだろう。そうすれば境界線を引き、大地にしっかりと根をおろして、苦しめられている契約書を大きな炎で焼き尽くせる。こうして自分を解放できるのだ。このような感情移入の方法によって、自殺衝動は収まってくる。

自殺衝動ときちんと交信する方法を身につければ、危機に陥ることはなくなる。自殺したい気分になるのは、残酷なこの世界を逃れて、悲劇を終わらせ、永遠の眠りにつけば自分が慰められると考えることが原因の場合もある。しかし、命を終えてしまいたいという考えはいっときの慰めとなるかもしれないが、現実に自殺してしまっては惨事にしかならない。あとに残された人間は、完膚《かんぷ》なきまでに打ちのめされてしまう。その深い悲しみは長く続くことになるだろう。私がここで理解してもらいたいのは、自殺衝動は深刻な問題だが、実際に必要があって生まれてきたもので、自分なりのやり方でこの問題に取り組むことが求められているということである。自分が行き場のない、無価値な人間ではなく、かけがえのない存在であることを自覚してほしい。自殺衝動を感じる人間が進まなくてはいけない道は決められている。それは魂の戦士になることだ。自分の力と強さを自殺衝動に伝え、交信することで、自らを変え、苦しみを癒やしていくことができる。

自殺衝動の中には凄まじい怒りが含まれている。もし「怒りをグラウンディングする」エクササイズ（166ページ参照）を知らないなら、あなたは怒りを抑圧するか、解離という騒乱（そして依存というゆるやかな自死）に駆り立てられてしまうだろう。しかし、怒りや激怒としっかりと交信する方法を学べば、自分を苦しませるあらゆる行動、考え方、信念、態度が記された不快で役に立たない契約書を、怒りの激しい炎で焼き捨てることができる。自分を傷つけるのはやめ、地獄から魂を取り戻せるようになるのである。

エクササイズ　自殺衝動を収める

自殺衝動は川に例えれば激しい急流であり、準備もせずに中に入ってしまうのは危険です。この衝動が起きている間、水面から頭を出しておきたいのなら、急流下りの名人になること。最初に挑戦している期間は、まるでローラーコースター、ロシア革命、そして初出勤を同時に体験しているかのように、混乱に混乱を重ねる状況が現れてくるでしょう。しかし、この最初の期間を乗り越えれば、もっと楽にエクササイズに取り組めるようになります。忘れずにいてほしいのは、このエクササイズで自殺衝動が消えるわけではないということです。なぜなら、感情を消すことなどできないし、消すべきでもないからです。

ここで紹介するのは、私が講演者兼治癒者として壇上で紹介してきたものです。

1. 自殺衝動に対処する準備をするときは、境界線に火をつけ、しっかりグラウンディングすることが重要です。なぜなら、自殺衝動は激しい衝動を生みだし、閉じ込められていた多くの感情やトラウマの記憶を一斉に伝えてくるので、感情の全領域の状態を把握しておく必要があるからです。

2. 自殺衝動は長い苦しみのあとに生まれてきます。夜明け前の空が一番暗くなるのです。感情移入の方法に習熟し、元素と知能に関するすべての知恵を身につければ、激しい衝動に対処する準備ができます。自殺衝動と向き合う際は、均整の取れた誇るべき身体、健全で充実した知性、洞察力との健全なつながり、しっかりした感覚を持ち、機敏で、機知に富み、多くの感情の流れを迎えられる態勢を整えていきましょう。

3. 準備として、意識的に不満を言ってみましょう。なぜならこの方法は、（自殺衝動を含む）抑圧されている激しい感情を解放する役割を果たしてくれるからです。

4. 大声で不平を言いながら、契約書を燃やしてください。そうすれば心の中の障害物が減っていき、集中力が回復し、自分に罠をかけてくるすべての悪循環を断ち切ることができるでしょう。

5. それでも自殺衝動が収まらないなら、やり場のない感情の泥沼を苦労して進むのではなく、根深い問題に直接立ち向かうことですぐに対処しましょう。つまり、さらに意識的に不満を言うのです！　これが癒やしとなります！　すると専門家に相談したくなっていくはずです。直感に従って、自分が抱いているすべての不安に耳を傾け、自分に必要な支援はすべて求めましょう。

6. こうして準備が完了したなら、境界線を「燃やして」、意識を集中し、しっかりとグラウンディングします。吐き気がしたり、カッとなったりするなら、深呼吸したり、膝をたたいたり、お腹をやさしくさすったりして、身体の緊張をほぐしてください。自殺衝動は実際にはあなたの身体を脅かす恐れがあります。だから自分を励まして、何も自分を傷つけるものはないと身体に伝えてあげなさい。恐怖心が浮かんでくるなら、守られている個人的空間の中にその恐怖を移してしまいましょう。ずっとグラウンディングを続けていると、身体が落ち着いてくるでしょう。

7. 境界線全体を派手な色に変えたいなら、そうしてください。恐怖を喜んで受け入れ、恐怖に気づいていることを告げつつ、身体を動揺させないようにします。現れてくるほかの感情についても同じようにします。

8. まだ打ちのめされているなら、さらにしっかりグラウンディングし、身体を落ち着かせ、明らかになった役立たずの契約書をすべて破棄します。感情が流れている状態をずっと保持してください。

9. もし、感情の流れに耐えられなくなったら、エクササイズを中断します。その際には、身をかがめて、手を床に触れてから立ち上がり、好きなだけ全身を揺らします。元気の出る食べ物があるなら、ゆっくりと味わって食べましょう。何かを飲むか食べるかし、外に出掛けてみましょう。または刺激の少ない、愉快なテレビやビデオを見ます。まず、自分を明るい気持ちにするのが先決です！

10. エクササイズを再度続けられるようになったら、目の前に大きな契約書を置くイメージを浮かべて、「今、何を終わらせなくてはいけないのか？」「私の魂の中でもう耐えられないものとは何か？」と自問してみます。「何を消して、始末しなくてはいけないか？」と尋ねることもできますが、基本的には最初のふたつの質問をしてください。

11. 想像力を駆使して、あなたの魂が契約書の上に何を記述しているか確認します。絵や音、複数の感情、言葉、おぼろげな記憶、動画が浮かんでくるかもしれません。そして、あなたが身につけているもの、年齢、実行していることや感じていること、身体イメージや姿勢が、あなたに何を語りかけているのかも意識します。この中の何かがあなたを危険な状況に置いています。ここでやるべき神聖な任務は、自分が感じている混乱を確認し、その破壊的な影響を自分から切り離してしまうことです。

12. 浮かび上がった感情の激しさがどうであれ、契約書は丸めて境界線の外に投げだし、焼き捨ててしまいましょう。この激しい自殺衝動を利用して契約書を破棄するのです。ギロチン、大砲、火災放射器、戦車で破壊してしまいましょう。自分に正直になり、感情に素直に従えば、あなたを罠にかけて、魂を抹殺しようとしてきた状況、行動、姿勢、健康問題、ものの見方を消滅させることができます。

13. すべての感情と同様に、自殺衝動はやがてはあなたの中を通り過ぎて、立ち去っていきます。

最初の契約書を破棄するとき、あなたの内面に新しい感情が生まれたなら、歓迎し、新しい契約書を作成しよう。新たな契約書についてもエクササイズを行い、やはりひどいものなら焼き捨てる。この作業を繰り返しながら、感情と交信してほしい。

交信することで、あなたは夢や内面の知能と再び結びつけるようになる。それは感謝すべきことだ。自分の元素や知能の中で、力を取り戻すべきものは何か？　全体と統合するには何が必要か、集中しなくてはいけないのはどのスキルか、人生や職業はどの方向に向けるべきか、改めたり、取り戻したい人間関係は？　このように、心と魂の中に、何を手放すべきかに関する新しい情報が集まってくるだろう。この作業を成し遂げることができれば、ほんとうに素晴らしいことだ。

もしも神聖な場所で適切な方法を用いて自殺衝動に取り組むことができるなら、あなたの疲弊した魂は活力を取り戻し、苦しむ肉体は癒やされ、悩む知性はなだめられる。行き詰まった感情は浄化され、かけがえのない人生を救うのに必要なだけのエネルギーが提供されるだろう。

◇自殺衝動で人生に行き詰まったときやるべきこと

人生を終わりにしたいという願望をつねに抱いてしまい、その願望が感情と交信してもなんの反応もないなら、すぐにセラピスト、あるいは地元の自殺防止ホットラインにアクセスし、助けを求めなさい。この地上で必要とされているからあなたは生きているのだ。生きて活動し、不満を口にしたり、もがいたり、笑ったりすることだろう。もっとも重要なことは、今、あなたが息をしているということなのだ。苦しいなら、救いを求めなさい。

◇他人の自殺衝動を尊重する

注意深く相手が抱える自殺の脅威に耳を傾け、緊急事態として扱うこと。人が命を断つ恐れがある場合、けっしてふざけたりしてはいけない。激流に飲み込まれているような状況では、セラピストや自殺防止ホットラインなど専門家の助けが必要だ。

しかし、自殺衝動に苦しむ友人のために、気持ちを打ち明けられる神聖な雰囲気をつくることはできる。かつて私がこの衝動に苦しんでいたときは、自分の思いを他人と共有できないという感覚――

相手を怖がらせたり、不快感を与えたり、巻き込んだりしてしまわないかという心配――が、精神状態をより悪化させた。

あなたがもし、友人と率直に話すことができるなら、心の闇に潜む自殺衝動を引きだしてあげることができる。「今、どんな気持ちなの？」「カウンセラーには話した？」などと具体的な質問をし、協力的な聞き役に徹すれば、友人はほっとして安堵のため息をつくだろう。自殺衝動に駆られて孤立している人を助けるには、この世界に「歓迎の空間」をつくることが重要なのだ。

もっとも重要な癒やしは、友人によくなってもらいたいという心からの願いである。あなたは効果的な支援を見つけ、愛情と友情をもって治癒のプロセスに寄り添うことができる。ただし、友人がよくなりたいと願っていないなら、まずあなた自身を守ることが重要である。友人が深刻な状態に陥っていること、自分の力では対応が難しく援助が必要だということを専門家に知らせるために、あなたにできることをしなさい。

自殺衝動とは、文字通りの死への願望ではなく、内面にある何かが人生を脅かしている兆候として受け入れてほしい。自殺衝動は夜明け前の闇である。神聖な感情移入の方法で処理すれば、人生に活気が戻るだろう。

第24章

幸福

——楽しみと期待に満ちた感情

＊幸福からの贈り物

陽気さ、楽しさ、歓喜、驚き、おふざけ、元気

＊幸福からの言葉

「この陽気な祝福に感謝します！」

＊幸福が滞っている兆候

将来の可能性を信じられなくなる。遊びたくなくなり、幸福を捨ててしまい、より深い感情を抱くことができなくなる

＊幸福のためのエクササイズ

幸福を祝福し、幸福にこだわらない。すべての感情が流れる状況になければ、幸福も自由に流れてこなくなる

老子の『道徳経』は、「幸福は、場合によってはもっとも危険な感情に転じてしまう」と述べている。人間は幸福になるために、自分の魂まで売ってしまう。自分の人生がどうなろうと、幸福の領土を占領したくなってしまうのだ。このような幸福の探究は、私たちを危機に陥らせてしまう。なぜなら、幸福以外のすべての感情に敬意を払わなくなれば、感情は静止状態になってしまい、魂のバランスは崩れ、幸福をさらに求めざるを得なくなるからだ。その結果、感情的な苦しみ、精神的な混乱、身体的な不安、霊的な病に陥ってしまう。幸福を欲するあまり、想像するかぎりもっとも喜びのない人生に転じる結果となるのだ。

最近の研究から、人間は幸せになるものと不幸になるものを予測するのがひどく苦手であることが判明した。『幸福の意外な正体』（きずな出版）の中で、心理学者のダニエル・ネトルは、人間は幸福について無知であることを証明する数多くの研究を行っている。例えば、多くの人はお金が手に入れば幸福になれると確信しているが、宝くじの当選者の研究から、突然、大金を手にすることは衝撃的な出来事で、幸福度にはあまり影響を及ぼさないことが証明された。また、貧しさは健康や幸福にとってよくないことは確かだが、ほんとうに幸せだと口にできるのは、富裕層でも貧困層でもないのである。二〇〇七年のアメリカの調査では、年収五万から六万ドル、つまりあまり困らず生活できる稼ぎに達したあとは、それを超えて稼いでも幸福度との相関関係がなくなっていた。

さて、幸福とは未来への希望である。私たちの文化では、多くの点でそれは子どもが抱く感情である。というのは、大人になると、堅実な生活が求められるようになるからだ。「たしかに音楽を聞くと楽しくなるけど、音楽で食べていけるのか？　芸術やダンスなんて、まともな人間が目指す仕事ではない。それでずっと幸せに暮らせるなんて無理だ。家族を養っていかなくちゃ！」。この幸福の縛りに対処するために、遊び方、やりたい仕事を見つける方法、楽しくお金を引き寄せる方法などを教えてくれる多くの本やセミナーがある。このような本はよく売れてはいるが、そのメッセージはさほど重要ではないように見える。なぜなら大人は、自分たちはまじめで勤勉であり、幸せでいられるのは子ども時代だけであると頑なに信じているからである。

幸福についての議論で欠けている視点のひとつは、子どもは幸せでふざけているばかりではなく、実際にはひじょうにまじめで、勤勉であるということだ。あなたは八歳の子どもと砦をつくって遊んだり、難しい宿題を手伝ったりしたことはないだろうか？　もしあるなら、子どもたちがどんな大人にも負けないほど、倫理感を示してくれることに気づいたはずだ。子どもは難しい問題や計画に素晴らしい集中力を発揮し、けっして弱音を吐いたりしない。それは彼らが幸福で、遊び心に富んでいるからである。笑ったり、おどけたり、ふざけたりするのを許されても、子どもは仕事と遊びのメリハリをきちんとつけている。だからずっと感情の流れを切らすことなく、自分のエネルギーを供給し続けることができるのだ。遊び、喜劇、幸福は、魂の流れと機敏性を養ってくれる。大人は子どもの世界を見下してはいけないのだ。誰でも価値ある成果を成し遂げるためには、誠実さとまじめさのバランスを取り、たくさんの遊びや愚かさの要素も取り入れなければならないのである。

「今という時代の雰囲気の中で、幸福を感じようなどとするのは間違っている」と、あなたが確信しているとしよう。それなら家族の崩壊、社会の激変、感情の混乱、政治の失態といった現在に蔓延する問題は、どこから生まれてくるのだろう？　大人は馬車馬のように働くことを期待され、楽観的で幸せであることが許されていないという事実と、関係してはいないだろうか？　そう自分に問いかけてみよう。未来に目を向ければ、悲惨な死、災害、地球温暖化など——自分にはまったく打つ手なしの——世界的警告ばかりが見えてはこないだろうか？　もしそうだとするなら、あなたが大人になったまさに証拠だ。しかし、もっと楽天的になり、私たちを幸せにする社会へと、大きな危機をがらりと変えていく姿を想像できないだろうか？　社会にもっとも大胆な夢を描くことができないだろうか？あなたはかつて毎日のように、そのような希望に満ちた日々を描いていたはずだ。そのことを思い出せないだろうか？

ほんとうの成功者（夢を実現し、一人ひとりの心を救うことで世界を変えた人たち）は、時間を割いて大人の考えや憂鬱、世の中全体の堕落の実態を把握しながら、それと同じくらい、幸せになることや、陽気に楽しむことに時を費やしている。ほんとうに成功する人間は、深刻な問題を見つけだすと、すべての感情を総動員して、徹底的にそこに取り組むことができるのだ。一方、成功しない人間は遊ぶことも笑うこともせず、絶えず仕事に明け暮れながら、むなしく幸福を追い求めている。今とは違う未来を望みながら、大きな希望を抱くこともない。このような成功に縁のない人は、自分の殻を破れずにいるのだ。その結果として、働き手としてもうまくいかず、夢想家または変化を実現する指導者として活躍することもない。成功する人は、仕事と遊び、まじめさとばからしさ、正直な希望と失望の間に自由な流れをつくり、それらをきちんと調整することができる。すなわち、自分の選ぶすべての課題に全力で取り組み、充実した自己を実現できるのである。彼らの幸福は、すべての感情を抑えることなく魂全体のバランスを取り、健全で充実した生活を送っているために達成されるのである。

◇幸福は伝染する

幸福についての面白い事実を紹介しておこう。ハーバード大学の医療社会学者ニコラス・クリスタキスと政治学者ジェームズ・ファウラーが実施した二〇〇八年の研究から、幸福が社会のネットワーク内で〝伝染〟し、それは不幸よりも〝うつりやすい〟ことが証明された。基本的に、幸せな友人がいる人は自身も幸せになれる確率が高くなる。だから、他人とどのような感情を共有しているかに気づくことが重要なのだ。微笑むこと、笑うこと、ふざけること、仲良くすることなどは、それを感じたときに共有できる行動であり、そのようにして、他者の健康や幸福も増進していけるのである。しかし、ユーモアを利用する場合には、皮肉な要素が含まれていないか、注意しておく必要がある。誰もがネット上で学んできたとおり、皮肉は怒りと同じに受け取られてしまう恐れがある（たいていそういう結果になってしまうのである）。

もっと幸せな人生を送りたいなら、自分自身に向かってどんな言葉で話しかけているか、じっくり観察してみることだ。称賛するにしろ、軽薄的なものだと避けるにしろ、幸福との関係を明確にしておくべきだ。あなたがつくりだした、すべての不幸な話から自分自身や自分の幸福を解放することができる。そうすれば、感情の流れを回復し、自分を癒やすことができるだろう。幸福はあなたの持つ感情のひとつにすぎない。だから、自由に流れる状況にしておこう。幸福とは、自然に（そして愉快に）あなたの感情の流れを取り戻してくれる役割を果たしている。

エクササイズ　幸福を味わいつくす

幸福な気分が自然な流れとして湧いてくる場合、あなたが取り組むべき課題は、笑ったり、ふざけたり、微笑んだり、夢を見たりすることです。そうすれば、適切な感情が適切な課題へと流れ込むよう、自然に引き寄せられていきます。

1. なんとしても幸福を感じようと無理をしたり、幸福をずっと維持しておこうとしてはいけません。そんなことをすれば、あなたの感情全体が崩壊してしまい、結局、抑うつ状態になってしまうでしょう。無理やり陽気になろうとしても、それは無理です。
2. 健全な幸福を育《はぐく》むための鍵は、幸福とは感情全体の中の一時的な通過点であり、最終目的地ではないと考えることです。幸福に自由を与えてあげましょう。幸福が生まれる前後に感じる感情も喜んで受け入れることです。そうすれば、幸せになる瞬間はますます増えていきます。

さまざまな刺激に反応することで、理想的な幸福の姿が見えてくる。鍵となるのは、感情の流れを大切にすることだ！

第25章

満足

——感謝し、自分を認める感情

＊満足からの贈り物

楽しさ、満足、自尊心、更新、充実

＊満足からの言葉

「自分自身にたいする信念を新たにしたことに感謝しなさい」

＊満足が滞っている兆候

自分自身に満足できず、なかなか挑戦したり失敗のリスクを負うことができない

＊満足のためのエクササイズ

あなたの持つすぐれた資質や技術を祝福し、次の挑戦に向かっていく。ほんとうの満足は実際に目標を達成したあとに生まれてくる

幸福は明るい未来を目指すものだが、満足は心に達成感を抱いた瞬間に生まれてくる。満足は自分の期待や内面の道徳律に従うものであり、重要な目標を達成したり、仕事をきちんと果たしたり、明白な課題に向けて具体的に行動し、それを成し遂げたときに湧いてくる感情である。また、難しい感情——とりわけ怒り、憎悪、恥辱——をうまく乗り越えることでも生まれてくる。自分の境界線を取り戻し、他人の境界線に敬意を払い、行動を修正し、改めることができたとき、自分の素晴らしい行動を進んで確認すると、満足感が芽生えてくる。ほんとうの満足は、自分自身や他人を尊敬し、感情にも敬意を払い、それに従って行動した瞬間、抱けるようになる。

◇満足は勝つことではない

満足は自分の内面で確認することで生まれるが、私たちの社会構造はこの確認を外部からの賞金や称賛に置き換えている。これではほんとうの満足を得ることはできない。（優れた成績のしるしとしての）ゴールドスター、賞、新たな特権、特別な関心を受け取ることは悪いことではない。しかし、このようなやり方で与えられた承認は、自分が何かを成し遂げるたびに、誰かにパーティーを開いてもらえなければ、誇りや自尊心を感じられなくしてしまう。また、外部から与えてもらった称賛には、厄介な面が含まれている——競争である。外からの称賛や賞は、他人をあなたのライバルにしてしまう「比較」を生みだす。賞や称賛には価値があるかもしれないが、そのために仲間や同僚から切り離されてしまう。あなたは仲間や競争相手から人気取りをする人物だと思われるようになる。こうなると自然に恥ずかしさが生まれ、勝つことの「楽しみ」に関して疑問を抱いてしまうことが増える。自然に湧いてくる満足には、羞恥心など感じる隙間もない。理由は明白で、ほんとうの満足とは他人に勝ったからではなく、自分自身が優れた判断を下し、それを実現したことから生まれるものだからである。

この自然に生まれてくる満足を味わえないとするなら、権威者、学校、両親などがつくりだした〝近道〟に原因があるかもしれない。この近道は、満足を自分で確認するのではなく、外からの称賛や賞を求めることで手に入れるように仕向けてくる。これは誠実さやほんとうの感受性ではなく、見栄えや人を喜ばせるための方向へと向かっていく。外部が期待する自分と、ありのままの自分をつねに比べ、自分の正直な感情とは違う規則に従い、褒賞を追求し、他人の期待に応えることで自己を評価するようになってしまうのだ。幸い、何が外部から押しつけられた期待や行動かは、すでにわかっているはずだ。契約書を燃やし、もう一度、ほんとうの満足を取り戻しなさい。その後、あなた自身の内面の英知に結びつくことができれば、外からの承認に頼ることなく、自尊心を抱きながら自分で自分を導き、判断し、修正して、自己を確認していけるだろう。

エクササイズ　満足感に感謝する

幸福に基づく感情全般のためのエクササイズはシンプルなものですが、（最初のうちは）とてつもなく難しく感じるかもしれません。ポイントは事実を認め、感情に感謝し、次にその感情にしがみつかないこと。満足（またはそれ以外の幸福に関するすべての形）を無理やり自分のもっとも重要な感情にしてしまうと、一瞬にして道を見失ってしまいます。誠実な満足は、癒やしや敬意のある方法で、あらゆる感情に取り組んでいるとき、自然に生まれてきます。

1. 満足感が生まれてきたなら、両手を開いてその気持ちを受け入れ、感謝し、自分におめでとうと言いましょう（自分自身の信念を新たに確認できたことに感謝します）。
2. 感謝したなら、満足感を忘れます。再び自分を尊敬し、誇りを感じられるような行動ができたとき、自然と満足感がよみがえってきます。

あなたの満足を歓迎し、名誉を与えてあげることを忘れてはいけない。あなたが素晴らしいことを成し遂げたとき、満足が生まれる。おめでとう！　満足に感謝しよう。

第26章

喜び
――人と心で交流するための感情

＊喜びからの贈り物

拡大、親交、インスピレーション、豪華さ、輝き、至福

＊喜びからの言葉

「この輝かしい瞬間に感謝！」

＊喜びが滞っている兆候

自分自身に喜びが感じられず、何かに挑戦する気も起きない

＊喜びのためのエクササイズ

自分の喜びに感謝し、感情が自然に流れるようにしよう。感情が流れるようになれば、喜びのほうから独自のタイミングと方法であなたを探しだしてくれるだろう

喜びは、より深く大きいという点で、幸福とは異なっている。本質的に満足に近い感情と言えるが、何かを達成したあとではなく、自然、愛、美との交流の瞬間——万物と一体となったように感じる瞬間——に生まれてくる。大好きな自然の中で、一日でもっとも美しい時間を過ごしたり、信頼している人や動物といっしょに過ごしたりするとき、広がり、光に満ち、静寂に包まれた瞬間に浸っているなら、それが「喜びの感情を味わう」ということだ。

しかし、喜びは扱い方次第で、おそらくもっとも油断のならない、危険な感情に変わってしまう。喜びはすべての感情の中で女王のような存在であり、あらゆる状況で抱いておかなくてはならない感情だと考えられてきた。すなわち、何がなんでもこの感情を味わうことに、多くの時間を費やさなくてはいけないということだ。喜びは火の元素である精神を磨くための中心的目標にさえなっている。喜びが内面で広がっていく感覚をいちずに追い求め、驚くほどの時間やエネルギーがそこに注がれている。うまくいけば喜びに満たされることで、この世のすべての束縛から解放してもらえると思われている。しかし、ほんとうの喜びは、魂が健全な状況なら自然に浮かんでくるものなのだ。複数の知能を働かせ、感情と霊性のバランスを整え、活気に満ちた魂をつくり上げることで、生まれてくるのである。喜びはマイナスと思われる感情を排除するからではなく、すべての感情や要素が自由に流れ、活動しているときに生まれてくる。

喜びはふつう、長く困難な道のりの終わりに生まれてくる。例えば、あなたは大好きな自然の景色を眺めるために、長い道のりをたどらなくてはならないとする。それは心の友を見つけるまで、多くの苦い人間関係を乗り越えなくてはいけないのとまったく同じことだ。そのため、喜びと満足がひとしお強くなっていく。喜びも満足も、誠実に努力して、何かを成し遂げたときに生まれるものだ。ところが幸福は、ほんとうの喜びを感じる前に、やらなくてはいけないすべての作業を離れ、短い休暇を取ることから生まれてくる。喜びと努力の間にあるこの特別な関係は広く一般に理解されていない。ほとんどの人は喜びを感じると驚いてしまい、それは人間の自然な感情ではなく、宇宙からの神秘的な贈り物だと考えてしまうからである。このような混乱が起こるのには理由がある。私たちは努力はしている。しかし、自分の持ついくつかの感情を否定しようとしているのが原因で、喜びを定期的に味わえずにいる。その結果、ほとんどの人は、喜びをほかの感情から切り離された、ある種の魔法による恩恵として扱っている。しかし、喜びは魔法ではない——感情なのである。実際に元気を取り戻すエクササイズを実施すれば、手に入れることができる。これは驚きだ！　しかし、頑張ったあと、大きな変化が起きたあとに流れてくる喜びに価値がある。私たちは薬物を使っているのではない。自由に浮かんでくる悲しさ、恐怖、怒りを適切に利用するのとまったく同じように、喜びも適切に利用していけるのである。

私たちは文化として、魂と肉体を（そして知性と感情を）切り離すことで、誠実な喜びを感じる能力を妨げてきた。数千年もの間、ひどく絶望的なやり方で喜びを追い求め、やっとつかまえたなら逃すまいと、閉じ込めようとしてきた。結局、健全な人生を追究しているようで、実際は、喜びだけを探しだそうとしてきたのだ。しかし、このような姿勢を改めて、偽りのない感情をすべて受け止めなくてはいけない。そうすれば、喜びはかならず見つけだせる。すべての人は——人工的な刺激、回避行動、死の否定、瞑想の訓練など、あらゆる強制的手段を使わなくても——自然の喜びを味わうことができる。人格者にとって、喜びそれ自体は目的ではない。ほんとうの困難、勝利、試練、損失、努力、愛、笑い、悲しみ、そして全体性などあらゆる感情を受け入れないなら、人生に喜びが生まれることはない。これを理解している人物こそ、ほんとうの人格者なのである。

エクササイズ　喜びで元気を取り戻す

私たちはすでに、自由に流れてくる喜びを手に入れる方法を知っています。喜びを使って元気を取り戻す手段を学ぶことで、喜びという感情境域を解き放つことができるでしょう。

1. 誠実な、骨の折れる仕事を最後までやり遂げましょう。そのとき、喜びは自然に生まれてきます。細かい仕事のほかに、雑用、家事など、ありふれているが面倒な作業も完成したのちには、なんとも言えぬ快感を手に入れることができます。
2. 湧き上がってくる喜びを祝福します。しかし、味わえたあとに喜びにしがみつくのはやめ、再び努力していきましょう。その成果が達成されれば、自然と喜びが湧いてきます（この、まばゆいときめきの瞬間に感謝しましょう！）。

エクササイズを終えたあと、通常の仕事に戻ることができる。その仕事が、喜びに――何度でも――自然と結びつけてくれるだろう。

◇他人の幸福、満足、喜びを尊重する

あなたのまわりの人が幸福、満足、喜びに浸っているとき、あなたがやるべきことはいっしょに楽しむことだ。しかし、喜びについて歪んだ考えを抱いているなら、喜びはなかなか味わうことはできない。他人の感情に本気で敬意を払うためには、まず自分自身が、喜びという感情を理解しなくてはならない。喜びのような幸福に基づく感情を味わい、次に手放して、自由な流れを取り戻していこう。幸福に執着してはいけない。逆に「厳しい人生で幸福を求めるなんて愚かな証拠だ」と無視するのもだめだ。大切なのは、喜びを祝福したら、執着せずに手放してあげる方法を理解することである。

さしあたり、失敗に備えて準備しておきなさい。なぜなら、感情の領域で失敗するのはごくふつうのことだからである。他人が幸福を味わうための、神聖な場所をつくる手助けは簡単にできるものではない。その代わりに、あなたは他人の幸福を非難したり、また逆に、大げさに称賛したりするかもしれない。他人の喜びの分け前を強引に奪い取って、自分も喜びに浸ろうとするかもしれない。幸福に基づく感情について、社会はあまりにもおかしなことしか教えてこなかった。そのため、感情について、人は奇妙な振る舞いをしてしまう。もっと自分にも人にもやさしく接してあげよう。失敗したら起き上がり、やり直すことができるのだ。そんなことは無理だと思うだろうか？　このような間違った、古い価値観が刷り込まれてしまっていては、自分の目を覚ますことはできない。私たちが幸福に

ついて抱いている、おかしな考えが記してある契約書を焼き捨ててしまおう。

◇高揚感で舞い上がったときやるべきこと

これまで、幸福に関する三つの健全な形態について調べてきた。まず「満足」は、心の中で達成感を抱いたあとに湧いてくる、深い癒やしを与えてくれる呼吸のような感情だ。次に「幸福」は、興奮を駆り立てて、あなたを輝く未来に連れて行ってくれる。そして「喜び」は、懸命に働き、美と豊かさが一体になった地点に到達したときに生まれてくる。しかし、もうひとつ、自分をずっと幸福の領域に留めようとすると生まれてくる、熱狂的な感情がある。それが「高揚感」である。

高揚した状態になると、あなたは幸せでも愉快でもなくなって、落ち着きを失い、地に足がつかなくなってしまう。幸福はあなたを、希望に満ちあふれた子どものような気持ちにさせてくれるが、だからといって浮足立ってしまってはいけないのだ。高揚感にあふれると驚くほど活動的になり、まるで一秒でも目を離せば、その幸福が消えてしまうような不安な気持ちになる。高揚感は、ひとつの「幸せな」出来事から次の「幸せな」出来事に絶えず移っていくようにと仕向けてくる――コンフォート・フード（幸福感や安心感を与えてくれる食べ物）をひと口食べたら、すぐにホールケーキに手を出すようなものだ。ひとつ愉快な考えを浮かべたら、次の愉快な考えを浮かべ、刺激的な恋愛や有頂天になる買い物が実現したら、すぐに次の新しい刺激へと移っていく。この気まぐれな行動を止めることができず、ずっと悲しみや後悔とは無縁な生活をしようとやっきになる。高揚感はあなたをあらゆる依存や気晴らしの状態に陥れてしまい、精神も身体もバラバラな状態になり、態度も浮き足立ってくる。感情と知性は対立状態になり、ひとつの感情や考えにとらわれてしまう。高揚感は華々しく豪勢に感じられる感情かもしれないが、神経化学のバランスが乱れているので、この状態に陥ることがないようくれぐれも注意しておく必要がある。

永遠の幸福は世界中で祝福されても、永遠の高揚感は際限のない抑うつ、怒り、恐怖、絶望と同じくらい厄介な事態を招いてしまう。すべての感情は閉じ込められてしまうと問題を起こすが、きちんと交信しておけば、癒やしともなる。高揚感にしても同じだ。しかし高揚感は、ほかの感情に比べて、とりわけ執着すると不快になってしまう。なぜなら、幸福や喜びの流れを止めてしまい、ひたすら明るく、快活で、幸せな人生の側面だけに目を向けようとしてしまうからである。高揚感に依存する人は、悲しみをまったく無視し、恐怖を言葉巧みに言いつくろい、悲嘆を抑圧するので、役に立つあらゆる能力とのつながりを断ち切っている。つまり高揚感は、現実生活から逃避する幻覚剤や興奮剤として利用されているのだ。

どのような感情でも、バランスが乱れてしまうと混乱につながるが、高揚感に依存してしまうと、とりわけひどい悲劇に見舞われる。双極性障害のように活動レベルが極端になって、混乱に陥ってしまい、自分や他人を傷つけたり、異常なまでに勤勉になったりする（勤勉ならさほど危険はないと思われるかもしれないが、高揚した状態が終わると、深刻な抑うつ状態になってしまう）。

高揚感を抱いている人には、多くの取り巻きがいる場合が多い（カルト教団を考えてみるとよい）。なぜなら、ずっと楽しんでいられるというとても魅力的な嘘を体現しているからだ。あいにく、困った状態がかならず起こり、人格も崩壊してしまう。すると、高揚感の依存者たちは共倒れとなる。高揚感以外の感情との取り組み方をまったく知らないからだ。カルト教団のような高揚感だけが支配する集団では、やがて怒りが湧いてきてしまう。しかもそれは受動型攻撃である激怒に変わる傾向がある。正常な恐怖が歪められてしまったなら、不安や被害妄想につながり、誠実な悲しみも手の施しようのない抑うつ状態、睡眠障害、自殺衝動に変わりかねない。

ほんとうの幸福、満足、喜びは、あなたを楽しませてくれる――しかし、それは互いに敬意を払って対処される場合に限られる。ずっと笑顔を絶やさずに、高揚感が消えずに暮らそうとする、この妄想とも言える悪夢にとらえられてしまったなら、自分の持っているあらゆる部分が不安定な状態になってしまうだろう。健全な幸福、満足、喜びは、健全な怒り、悲嘆、恐怖などあらゆる感情と同じように絶え間なく流れてきては、すぐに消え去っていく。ごく限られた世界の中で名声や地位を得ようと、都合の悪い感情の流れをせき止めたり、ある感情ばかりを利用したりするような真似は絶対にしてはいけない。

エクササイズ　高揚感を落ち着かせる

意識を集中し、グラウンディングをしましょう。地に足がついたでしょうか？　高揚感、喜び、至福、どんな名で呼ばれる感情であれ、ずっとその状態を続けようとしていれば、まったく集中力がなくなったり、自分や人の人生を狂わすことになってしまいます。

あなたは自己啓発セミナー、小規模ビジネス、スピリチュアルなど、何かのグループに参加しているでしょうか？　健全な集団がほとんどでも、なかには高揚感に依存しているグループもあります。そんな集団は、自分たちの混乱状態は、自分たちを試すための試練として起こっているのだと互いに言い聞かせています。こんな詐欺に騙されてはいけません！

高揚感が原因となる混乱は、感情のバランスが乱れていることへのごく自然な反応であり、ある感情が多すぎたり、ある感情が抑圧されたりする場合にも起きるもの。あなたが高揚感を求めてあちこち動きまわっているなら、自分の素晴らしい判断力を用いて、絶望、憎悪、抑うつなど、何かひとつの感情に閉じこもっている人をじっくりと観察してみるといいでしょう。そういう人は感情のバランスを崩したことが原因で、騒動を巻き起こしているはずです。高揚感が原因の混乱には、褒められるところは皆無です。次のエクササイズを使って、バランスを調整していきましょう。

高揚感のエクササイズは、抑うつに陥った人のための練習と同じ要領です。

1. 最初にやるべきことは姿勢を変えてみることです。頭を垂れて、高揚感にじっくり耳を傾けましょう。

2. 魂のバランスが崩れたために、魂の内部に激しい対立状態が起きています。エネルギーは急上昇と急降下を繰り返し、休む間がありません。自分がつくりだした急激な変化を尊重し、高揚感に精密に焦点を当てるために、本書を読み返しましょう。こうしてバランスを取り戻せば感情がすみやかに流れるようになります。

高揚感も抑うつも四元素のバランスの乱れ、感情の抑圧、回避行動が原因で生まれる。本書の第一部を読み返し、心の中の村でバランスが崩れている箇所を発見するために、元素と知能を再び点検しておこう。

依存や気晴らしについての第6章（85ページ）を読み、トラウマと感情的抑圧との関係を理解するのもいい。エンパシーを用いた交信を学ぶために、すべての章を再読するのもお勧めだ。身体、霊性を統合して自分自身のために神聖な場所と境界線をつくり、自由に流れてくる感情に敬意を払って適切に活用し、もう一度地に足をつけられるようにしよう。高揚感によって踏みつけられていた感情が再び流れだせば、その一つひとつに取り組むことができる。すべての感情には、良い・悪いなどないことを思い出してほしい。あらゆる感情は自由に流れてくる自然で必要な要素なのだ。幸福、満足、喜び、至福の感情を楽しみなさい――そして、本来あるべき道に従って、前進していきなさい。あなたにはもっと多くのやるべき仕事、感じるべき感情、生きるべき人生が存在しているのである。

◇他人の高揚感を尊重する

高揚感とは、いわば依存や解離の状態である。そのため、高揚した本人が落ち着く準備を整えるまで、この感情を尊重することも、サポートすることもできない。高揚している人が基本的に健康なら、興奮がさめてから、サポートしてあげよう。しかし、双極性障害によって高揚している人とかかわっているなら、優れたセラピストや医師をかならず探してほしい。家族や友人では対処しきれるものではなく、専門の医学的、感情的、心理学的な介入が必要である。そばにいて寄り添い、援助、愛情、祈りを捧げることにしよう。

高揚感を感じる火の元素に執着し、ある種の修行を行っている人物にかかわっているなら、あなた自身の健康や幸福のために、距離を置かなくてはいけない。こう書くのはつらいことだが、高揚感に依存している人は、限界まで恍惚状態になって、カリカリに焦げてしまわないかぎり、目を覚ますことはない。カルト的な集団に入っているなら、すべてを消し去って、一からやり直さなくてはいけなくなる。なぜなら、彼らは厳格に支配され、罠にかけられてしまっているからである。そういう人に愛を注ぎ、「目を覚ましてくれたらいっしょにいてあげられる」と告げてもいいかもしれないが、そうは言ってもそこには限界がある。高揚感に溺れているカルト信者は危険な状態にあり、ふつうの人の力では到底事足りず、多くの援助が必要だ。

元気を回復するたびに、喜びの感情が自由に流れだしていく。共感、ユーモア、熱意、愛情をもって、自分の内面と外面、どちらの世界にも取り組もう。喜びという感情が解放され、流れだす場所を用意しよう。喜びに感謝し、自分自身にも感謝することも忘れずに。あなたがほんとうにやるべきことは、真実の喜びを表現することなのである。

第27章 ストレスと抵抗
——感情の物理学を理解する

次のシナリオを想定してもらいたい。土曜日の朝、起床したが、睡眠不足のためまだうつらうつらしていた。目覚まし時計は暗くて見えず、ベルも鳴っていないことに気づく。停電していたのだ。いったい、今、何時なのだろう？　ベッドから跳ね起き、スマホを手探りで探す。九時十五分。今日は正午に、両親の結婚記念日のパーティーがあり、取り仕切るのは私の役目だ。しっかり意識を集中し、スケジュールの優先順位を決め、大急ぎで準備を始める。すぐにシャワーを浴びたが水しか出ないし、ヘアドライヤーも電気だと気づく——台所用具もすべて電化製品だ。これでは調理はできない。大丈夫だ、まだなんとかなる。惣菜店に行って、チーズやサラダを買ってこよう——完璧とは言えないが、とりあえずしのげるはずだ。濡れた髪のまま急いで服を着て、朝食用のリンゴをつかみ、九時半までに惣菜店に出掛けようとガレージに行く。ところが、シャッターも電気で開閉する仕組みだった。シャッターを持ち上げようとしたが、びくともしない。レンチを見つけて、こじ開けようとした。しかし、これは大失態だった。シャッターに張りついていたススが全身に降りかかってきたのだ。ただ無駄に時間が流れるだけだ。お腹もすいて、汚れた服で車庫に閉じ込められてしまった。このような状況に自分が立たされたら、どんな気分だろう？　ほとんどの人が「イライラする」と答えるはずである。

では、エンパシーの観点から、自分に質問してみよう。「イライラするとは実際にどういう意味か？」。ストレスだと確認したとき、あなたは何を感じるだろう？　怒りか？　恥ずかしさか？　不安か？　混乱か？　怯えか？　憤慨か？　憂うつか？　それともこの七つの感情が一挙に押し寄せてくるだろうか？　泣きたい気持ちになってしまうのか？　ある出来事があなたの決断をすべて妨げようとしているなら、いったい何を感じるだろう？　遅刻したら？　失敗したら、ぎこちなくなったら、無力になったら、どう感じるのか？　家具、道具、車、公共サービスが役に立たなくなったら、どう感じるのか？　あなたを打ちのめすほど、スケジュールが詰まってしまったら？　人生が自分の思いどおりにいかないとき、どう感じるだろう？

「イライラ」は、このような質問のいずれにも適切な解答を与えてくれない。なぜなら、ストレスとは感情ではないからだ。「ストレス」という言葉は、感情の世界から生まれたものではなく、物理学や工学の世界の用語であり、圧力、引力、すなわちあるものに別のものが及ぼした力、外部の力にたいする内部の力の抵抗と定義されている。興味深いことに、もの——動かない事物——についての言葉が、感情の言語にまで潜り込んできた。ストレスを感情的に定義すると、技師の定義とほぼ同じになる。それは生きていて、敏捷性があり、機略に富む有機体ではなく、力の作用だ。それなのに「ストレス」という言葉は、感情を包括する言葉として使われている。今悲しかったり、怒り狂ったり、驚いたり、うきうきしたり、へとへとになったり、落胆したり、恥じたり、悲しみに打ちひしがれたり、びくびくしたり、自殺したくなるほど落ち込んだりしているなら、私たちはそれを「ストレス」というひとつの言葉を使って説明することができる。

さて、前述のストレスの多いシナリオの中で、あなたは状況にどのような対処をするだろう？　一人ひとり手段は違うはずだ。電話で招待客全員に事情を説明したり、料理を手伝ってほしいと頼んだり、別のパーティー会場を探したらどうだろう？　少し時間をとって「このままだとパーティーが台無しだ！」と涙を流し、そのあとすぐに気を取りなおして、パーティーの準備をしてみては？　電力会社に電話して復旧の見込みを聞き、元気とユーモアを取り戻せるよう車庫のシャッターに向かって大声で不満を述べてみるのもいい。いっそ予定を変更して、レストランか公園に会場を移したら？　近所の人にシャッターを開けるのを手伝ってもらったら、惣菜店まで車を出してほしいと頼んだら？「あの人は失敗した」と思われる恐怖を受け入れ、「みんなをがっかりさせてしまう」と思うときの恥ずかしさを素直に受け止めたら？　自分に正直になり、他人も自分も尊重することを考えるのだ。

生きて、呼吸している感情的な存在として、ストレスの多い状況に立ち向かえるなら、あらゆる方法を使って、この状況に対処できる。感情の物理学の中でさまざまな実験を行い、もっとも深い意識、資質、誠実さをもって、一番深刻な問題に対処する力を養っていこう。そうすれば、困難、トラウマ、ストレスを乗り越えられる（ストレスの多い状況では、自分の持つもっとも深刻な問題が浮き彫りにされる）。私たちの課題は、ストレスが皆無の完璧な生活をつくりだすことではない（完璧主義を目指すのは、まさしく流れが失われている証拠だ）。ストレスの要因が明らかになった瞬間に、臨機応変に対処する方法を学ぶことである。

ストレスは命ある有機体であるあなたと、社会が持つ力との間の関係だ。結果がどうなるかを決めるのは力そのものではなく、社会の力が加わったときにあなたがどう対応するかにかかっている。ストレスを受けたからといって、かならずしもへとへとに疲れてしまうわけではない。「ストレス」と呼ばれるもの――アドレナリンの増加、圧迫感、身体の緊張など――への対応にはいくつかあり、変化や予測の難しい状況に備えられている。それは恐怖が行う準備反応にほかならない。しかも、それは正常で、健全な反応なのである。ストレス反応や、その反応によって起こる変化や混乱には、それほど大きな問題は存在していない。深刻な問題は、あなたが敏捷性、流れ、機転、活気を失い、無機質な〝もの〟のような存在になったときに、発生する。

人生で遭遇するたくさんの失望、突然の変化、圧力、衝撃に見舞われたら、人間は感情の流れを用いて臨機応変に対応していく。しかし、流れや機敏さを失ってそれができないとき、私たちはストレスの影に身を隠してしまう。ほんとうの感情を隠して、まわりの人には「ストレスでイライラしている」というひと言でごまかすのである。すなわち、ストレスという言葉を使って、怒り、不安、悲しみに蓋をして、そこから生まれてくる緊迫した行動を説明する手間を省いている。例えば、抑うつや失望を隠して「ストレス解消だ」という言いわけに逃げ、深く検討することもなく爆買いに走ってしまう。パニック、激怒、トラウマも、「ストレス」という言葉で隠してしまえば、依存や気晴らしにとやかく言われることもなく、何より自分がそれに向き合わずにすむ。感情的な悩み、知性の混乱、身体的な極度の疲労、心の病も、ストレスという言葉で隠せば、身体によくない食事や悪い習慣を改める必要はなくなる。「ストレスでへとへとだ」という言葉の背後に真の問題を押し込めてしまえば、まわりの人に説明したり、自分が疑問に思ったりしなくてもすむのである。感情のバランスが崩れたときにもっとも重要なのは、ペースを落として、感情と向き合うことなのに、「イライラするのはストレスのせい」と言ってしまえば、もう責任を負わなくてもすむ。私たちは活力に満ち、探究心に富んだ有機体ではなく、スケジュール、組織、金融機関、病気、気候、トラウマ、人生の犠牲者となっているのだ。

◇根本的にストレスを解決する方法

ストレスを感じてイライラしているときは、自分の足場が危うくなり、流れ、機敏性、ユーモア感覚、本能、境界線が奪われ、魂は健全さを失っている。深呼吸やリラクゼーションのようなストレス解消法は、素晴らしい効果がある（だが、泣くことはさらに効果的だ）。しかし、心の中に分け入って、自分が何を感じているのか問いたださないかぎり、根本的な解決にはならない。グラウンディングし、自分の周囲に安全な境界線を引けば、ストレスによってバランスが乱れた状態に、自分の持てるすべての材料を使って対応できるようになる。

例えば、胃痛、首の痛み、筋肉のこりや筋力低下、過度の食欲などがあるなら、この症状は自分にとってどんな意味があるのか、身体に問いかけてみよう。不快から逃げだしたりせずに、身体に向き合い、感情と交信するのだ。それが怖いのなら、自分は何を感じているのか、どのような行動をすべきか、尋ねてごらんなさい。もし怒っていたり、ひどくイライラしているなら、境界線に火をつけて、大急ぎで（意識的に）不平を述べると効果がある。泣きたいなら、実際に泣いても構わない！　もやもやして、不安や混乱を抱いているなら、自分の意志を問いただして曖昧な点をなくしておこう。絶望感に押しつぶされそうになっているなら、元気を取り戻すために「何を取り除かなくてはいけないのか?」と自問してみよう。気が滅入っているなら、自分のエネルギーがどこに消えしまったのか尋ねることだ。へとへとに疲れているなら、熱い風呂に入ったり、少し寝てみるといいだろう。どんな感情を抱いているにしろ、ストレスが引き金となってできた問題を、感情の力を使って、解決することができる。

自分の考えも観察してみよう。精神状態が乱れていて、困難からなんとか抜けだそうとやっきになっているなら、恐怖心に備わっている直感や本能の力を発揮すれば、内面に秩序や集中が生まれてくる。また、ワシの目のような俯瞰的視点——先見の明や洞察力も視野に収めている——から、状況を全体的に把握することもできる。この能力を現実逃避でなく、問題解決に役立ててほしい。

私たちは世の中の流れを自由に操ることはできないが、自分の魂の中の感情の流れとバランスを調整することはできる。誠実さ、独創性、洞察力、感情の流れは、あらゆる刺激(ストレスまたはそのほかの感情)に反応して、不慮の出来事にも備えていてくれる。

ストレスそれ自体が問題なのではない。それは人生の中でかならず起きる、神聖だとさえ言える要素だ。ストレスがなければ、自分を点検することはできず、均一な人間になってしまう。何かに挑戦することもできなければ、能力を発揮することもできなくなる。「ストレス」という言葉のもうひとつの定義は、何かを力説したり、強調したりすることである。ストレスで疲れているときは、重要な問題にふと気づき、それを強調し、明快にしていける。ストレスの多い時期に鍵となるのは、ストレスのない生活や、何ものにも惑わされない心を目指すことではなく、魂に敬意を払い、ストレス反応に誠実に取り組むことである。ストレスはつねに重要な問題を明るみにしてくれる。そのとき、自分のスキルと機知とを総動員し、問題に全力で取り組むことができれば、魂のもっとも深い領域にまで到達できるのである。ストレスを避けたり、ストレス反応を抑えたりしようとすれば、感情の流れを取り戻すのに必要な敏感性は得られなくなるだろう。

グラウンディングして地に足をつけ、柔軟性を失わずにいられるなら、あなたは変化していく不安定な環境にもきちんと適応していける。精神的に敏感で警戒心があり、順応性に富んでいるなら、あなたの知性や集中力は、あらゆるチャンスや逆境への対応ができているので、うまく切り抜けられるだろう。あなたが感情的に目覚め、機敏性があるなら、水の元素である感情が、多様な感情的エネルギーをあらゆる困難や歓喜につぎ込んでくれるだろう。あなたが霊的に目覚め、構想力、夢、ヴィジョンを素直に受け入れることができるなら、火の元素の持つ力が――素晴らしい喜びや悲しみの瞬間からもっとも日常的な状況に至るまで――広範囲にわたる想像力をあなたの人生のあらゆる部分に伝えてくれるだろう。あなたが持つそれぞれの元素や知能が調和しているなら、あなた自身の知恵と数十万年前の祖先から伝わる知恵がきちんと役立ってくれるだろう。すなわち、あなたがかつて必要としていたよりもはるかに多くの力、知性、感情の輝き、洞察力を利用できるようにしてくれるのである。しっかり準備を整えて、魂のバランスを取れるようにできたなら、「悪いストレス」「良いストレス」に関係なく、ストレスから逃げだす必要はなくなる。それどころか、スキルさえあれば、ストレス反応をもっとも洞察力に優れた指導者として喜んで迎えられるようになるだろう。

このような意識を保つことは、かなり骨が折れると思うかもしれない。しかし実際には、意識的な生活を送るほうがエネルギーもお金も少なくてすむ。逆に、回避、依存、行動の混乱、解離など、ストレスを取り除くあらゆる気晴らしに逃げ込んで、無意識に暮らしていたら大変なことになる。なぜなら気晴らしはつねに、より多く、より大きく、より新しく、より珍しいものを要求してくるからだ。しかし、意識は本来の自分の姿に戻せば、美や慰めを見いだしてくれる。

◇ストレスや抵抗の持つ創造力

ストレス反応で疲労困憊《こんぱい》してしまう原因は、流れに抵抗することにある。私たちは抵抗を病気だととらえ、ストレスから逃れることを学んできたが、この状況の根底にはもっと重大な意味が潜んでいる。辞書を開いて「抵抗（resistance）」という言葉の定義を調べてほしい。この言葉の語源は、物理（そして化学）の世界に由来していて、ある活動またはものに対抗したり、耐えたり、戦ったりする能力のことである。例えば、電気回路の抵抗器は、熱や力に変換するために電気の流れを妨害し、抵抗している。化学的な抵抗器は、（酸のような）腐食の作用に対抗し、腐敗や分解から物質を守る役割を果たしている。物理学や化学では、抵抗器を利用することで変化をつくりだすことができるし、変化を阻止することもできる。抵抗器は対立する能力を使って、あるものを別のものに変える錬金術のような能力がある。そしてこの同じ性質が〝感情の抵抗器〟にも存在しているのである。

哲学者のバルーフ・デ・スピノザの「苦しんでいる感情も、明確に描きだせば苦しみであることをやめる」という素晴らしい格言は、本質を突いている。これはまた、ずっと苦しみ続けることでしか、苦しみは癒やされないと教えてもいるのだ。苦しみに抵抗するとき、私たちは魔法のように苦しみの激流に引き込まれる。ここで敬意をもって苦しみと向き合えば、苦しみが（通過儀礼の第三段階に当たる）洞察や癒やしの道へと導いてくれる。この点を理解すれば、抵抗を神聖なものとして受け入れられるだろう。抵抗は、日常的で些細な出来事であっても、私たちを目覚めさせ、魂を拡大するチャンスに変えてくれる。

抵抗は、問題ではないばかりか、感情の錬金術という贈り物さえ携えている。抵抗（そしてストレス反応）に敬意を払い、意識的に苦しみに向かい合うなら、何事も無難にすませる人には想像もつかないような能力を持つ、有能な人物として振る舞えるようになるだろう。抵抗を消すのではなく受け入れることで、ストレスを感じている理由や苦しみとなった理由を理解しよう。ほんとうの目覚めは、感情を病気と考えて隠したりせず、感情、抵抗、苦しみに触れて理解することだ。実際に混乱してみなければ、目覚めることはできないのである。

抵抗という錬金術を受け入れ、向き合う能力は、私たちの意識を確実に拡大し、さらには私たちの文化全体を癒やす力となっていくだろう。もっと大きな規模で言えば、人類という種の生存に必要な洞察力を得るために、意識的に抵抗し、苦しみと対決しなくてはいけない。課題は数多くある。人種差別、戦争、暴力、無知、性差別、年齢差別、ビジネス至上主義、自然界の搾取、貧困と格差、貪欲な資本主義、環境の悪化、子ども時代や老年期の喪失、性別や社会的地位による分断、生きとし生けるものを犠牲にする企業構造の台頭など、枚挙にいとまがない。抵抗の錬金術を使いこなせるようになれば、魂の深い部分に潜んでいる真の勇者となるだけでなく、社会正義、社会的な癒やしを、未来に向かって実現していく人間の意識の〝通路〟を開けるようになれる。理想の世界が実現しても、あなたは相変わらず魂の勇者でいられるだろう。

第28章

感情こそあなたの母語だ

——よく生きるための人生の芸術

最近の人間の進化に関する研究では、現代人の祖先は約十九万五千年前に出現したとされている。人類が最初に言語を獲得した年代については激しい議論が戦わされているが、現在の推定では、四万年から五万年前の間のどこかであるとされている。この期間に、人間はほかの霊長類から分かれて進化し、言語を生みだして、自分の過去、現実、未来そして純粋な想像力を共有できるようになった。知識、訓練、経験、アイデア、夢そして空想まで、ほかの人間に伝えられるようになったのである——私たちの言語知能は、その後に続くあらゆる人間文化の土台を築き上げることになった。

このような推測で計算するなら、言語が生まれる以前の無言の時代は、現在の言語時代よりも三倍も長かったことに気づくだろう。しかし、それは十四万五千年の間、人間は愚かな存在として過ごしていたということではない。動物といっしょに過ごした経験があるなら、人間が言語を獲得する以前にも、お互いに〝意思疎通〟をしていたのは間違いないことだとわかるはずだ。人間はふれあい、しぐさ、態度、アイコンタクト、演技、声、ユーモア、感情を使って情報を表現することで意思を伝え合っていたのである。

今でも私たちは、この言語のない時代と同じことをしているのである。

人間は信じられないほどエンパシー（感情移入）を活用している生物である。ほとんどの人にとって非言語や言語以前のスキルにたいする信頼度は、話したり、書いたりする言葉よりはるかに高い。触覚芸術、視覚芸術、音楽芸術、自然や官能性にたいする愛情、おどけたしぐさへの愛、動物や赤ちゃんへの愛――これらはすべてエンパシーによる、言語以前のコミュニケーションスキルである。私たちは全員、最初はエンパスだった。本書を読み、これからエンパスの旅を開始するにあたっても、この事実は忘れずにいてもらいたい。感情はあなたにとって最初の言語であり、母語なのである。

あなたはエンパスであり、エンパスとして感情とかかわっている。なぜなら、あなたは感情を明白な、具体的な実体として確認し、受け入れる能力を持っているからである。すなわち、自由に利用できる無限の情報を手にしているのだ。時には感情のせいで打ちのめされそうになることもある。水の元素の領域はすこぶる活発で、感情の海には荒れ狂う場所も存在しているからだ。しかし、栄光とはけっして転ばないことではない。あなたに感情が与えられているのは、転ぶたびに起き上がる活力を使うためなのである。過ちを完全に避けることなどできない。それでも、もっと有能で、能力を持ち、感情と深くつながり、しっかりと働いて、素晴らしく、活力に満ちた、充実した人生を送ることができる。感情の力があなたに流れをもたらし、歩きまわる能力を与えてくれるだろう。見知らぬ場所で道を見失ったり、驚くべき困難な事態に遭遇したりするかもしれないが、どんなことになろうと、率直で、好奇心を失うことがなければ、窮地にも立ち向かえる能力が得られる。

感情とじっくり向き合うのに必要な資質を手に入れた瞬間、感情が急に激しくなったように思えてしまうかもしれない。しかし、実際にはこの瞬間、感情に取り組んだことで、感情を解明するための能力が磨かれているのである——同時に、以前は無視していた身体感覚を確認し、突き止める能力が、まるですぐれた運動プログラムを開始したかのように増加していくだろう。このようなスキルを加えていくと、感情にもっと気づけるようになる。また、感情の領域に曖昧な部分が増えてきたとしたら、自分に感謝しよう。それはあなたの水の元素が健全な証拠だからだ！

生物学を学び、水質調査の経験がある人なら、健全な湖、川、海が完全に透明になることは絶対にないことを知っているだろう。例えば、湖には多くの有機体が含まれている（それが水を濁らせる原因だ）。このような湖には名前さえある。それが大量の養分が含まれた「富栄養湖」である。湖の水が澄みきっていればきれいに見えるかもしれないが、生命を支えていけるだけの栄養分はその水域には存在していない（このような湖は養分の少ない「貧栄養湖」と呼ばれている）。もっとも健全な湖にはこの富栄養と貧栄養のふたつの領域がほどよく混ざっている。なぜなら、あまりに有機体が多すぎて十分な流れがなければ、結局、湖の生物は窒息してしまうからだ。しかし、水がきれいすぎると湖に死が差し迫っている証拠である。これはあなたの魂に流れる水路にも当てはまることだ。

あなたの感情領域は（どろどろしていたとしても）豊かな感情が含まれていなくてはいけない。もし必要なら、怒りや恐怖も表面に出して構わないし、悲しみ、悲嘆、抑うつなども歓迎されなくてはならない。嫉妬や羨望はあなたの中を流れては去っていく。憎悪、恥辱、喜び、満足は人生の中で自由に受け入れるべきである。心の中の流れはすべて育《はぐく》まれ、励まされなくてはならない。再び、健全な富栄養湖について考えてみよう。水が澄んでいる場所もあるが、水が濁った場所では時として藻が繁茂し、魚や昆虫に食物を与え、生態系を支える。（ふつう春と秋に）湖は湧昇《ゆうしょう》（湖水が深層から表層に湧き上がる現象）が起こり、湖の底の泥が湖の上部に湧きだして、湖全体に食物と有機物を広げてくれる。私たちの内面にも、この活発な水の循環が起きている。感情も理由があるから表に現れたり、澄んでいたりする時期がある。この独自の知恵は何十万年も前から存在しているのですべてを把握することは不可能だが、エンパスとして向き合えば、魂が表現してくるすべての感情に取り組み、相互作用を促していける。

エンパスとして生きたとしても、無敵の存在になれるというわけではない。しかし、平均的な人以上に感情、身体、複数の知能、ワシの持つ俯瞰力を身につけ、魂をより充実させていくことができる。この事実を祝福しよう。エンパシーの力をもつことで、この現実世界でさらに価値ある存在になれるのだ。元来、自分に備わっているエンパシーのスキルを利用して、重大な問い、深刻な苦しみ、壮大な冒険、そして生きとし生けるものすべてとの深いつながりに向き合っていこう。

◇感情の聖なる空間を理解する

それぞれの感情領域で、自分や他人の感情を尊重することで、聖なる空間をつくりだすことを学んできた。エンパシーの力を借りて生きていけば、周囲の苦しみにもっと敏感になり、人生の旅で出会う多くの人の、つらい感情にもかかわっていけるだろう。これは重大な変化であり、あなたはまわりの人と、感情の力で世界をより良いものに変えていける。そのためには、あなた自身の感情に敏感でなくてはならない。なぜなら、あなたのまわりには、（神経学的なバランスの乱れ、依存、孤立、解離、トラウマ、体調不良、悪習慣への執着など）いくつもの理由で、どうしようもない感情的混乱を抱えている人がいるかもしれないのだ。感情的な悪循環を何度も繰り返す人を見守っても、自分には助けられないという無力感に陥ってしまうのは、とてもつらいことだ。

　トラウマや混乱の渦中にあっても、助けを求めていない人は、抜き差しならぬ事態に遭遇しているように見えてしまう。しかし、その人は、魂のもっとも深くて暗い領域に、勇気をもって踏み込んでいるのかもしれない。神聖な空間の概念を拡大し、その人の魂の深くて暗い領域を寺院だとみなしてみよう。その人自身は、抵抗や苦しみの中で戦っている、魂の勇者だと考えよう。そうすれば、苦しんでいる人も、神聖な旅の途中にいるのだと思うことができるし、今までとは違う態度で接することが可能となる。このように視点を変えて、困難に直面している人の力や勇気に敬意を払えるなら、打ちひしがれ、混乱した犠牲者として相手を扱うことはなくなる。相手を救うのではなく、旅の重荷を減らし、癒やしへの手助けをしてあげられる。相手が持っている才能や課題を理解し、どのような種類の寺院に住んでいるのか発見するために、際立っている感情を確認することができる。

　例えば、相手が怒りの寺院、すなわち消えない怒り、激怒、憤怒、無関心《アパシー》、恥辱、憎しみと戦っている人なら、境界線、尊厳、自己保護、社会正義という才能と課題を持っている。悲しみの寺院、すなわち癒えない悲しみや絶望と取り組んでいる人なら、解放、再生、亡きものへの尊重という才能と課題を持っている。恐怖の寺院、つまり恐怖、不安、心配、混乱、パニック、驚愕を繰り返す人は、本能、直感、行動、通過儀礼という第三段階への旅への贈り物と課題が与えられている。嫉妬と羨望の寺院では、社会への鋭い問題意識、忠誠心、安全という才能と課題を担っている。それぞれの戦い、トラウマ、感情、苦しみの領域は、課題ばかりでなく才能も秘められているのである。

苦しんでいる人々を、神聖な寺院として、また魂の深い部分の中で戦う勇者として扱うことができれば、その苦闘を神聖なものとして受け止められる。そばにいて心配し、苦しみを終わらせたいと願うのは、見当はずれかもしれない。なぜなら相手は、自分の力、自分のやり方で課題に取り組んでいるかもしれないからだ。苦しみをしっかりと味わい、理解しなければ、苦しみを終わらせることはできない。この事実に気づけば、苦しんでいる人の闘いに敬意を払い、その人が持つ明晰さ、力、機敏さ、深い能力がより高められるように祈ることができる。相手が望むのであれば、手本として、あなたのエンパシーの力を見せるのもいいだろう。

◇自分の感情を大切にする

あなたは――意識、エンパシー、流れを持っている――生きた寺院だ。自分のことを寺院だと想定し、大切にし、バランスや機敏さを自分のあらゆる部分で活用しよう。芸術と音楽、感情と思考、くつろぎと夢想、読書と研究、運動とダンス、官能と快適さ、休息と十分な睡眠、仕事と熱中、多くの笑いと遊びの時間をつくってほしい。自分の複数の知能、身体感覚、洞察力、感情的現実（そして意識的に不満を言う方法！）に敬意を払うことだ。あなたは感情、思考、感覚、想像、夢、天賦の才能をこの世界の中に示していく、かけがえのない生きた寺院であり、エンパス、魂の勇者、貴重な宝物なのである。

私とともに旅をし、本書に熱心に取り組んでくれたこと、そしてあなたという素晴らしい名誉ある存在に感謝する。エンパシー、豊かな感情を持つ人にとって、この世の中をより安全な場所にしてくれたことに感謝する。私がいつも使う別れの言葉は「祝福と平和を」だが、今は、それ以外にもっと多くのことを言いたい気持ちである。だから、本書を次の言葉で締めくくることにしよう。祝福と怒り、祝福と恐怖、祝福と満足、祝福と悲しみ、祝福と高揚、祝福と嫉妬、祝福と喜び、祝福と悲嘆、祝福と適切な恥辱、祝福と巧妙な抑うつ状態、祝福と意味のある苦しみ、そして祝福と大笑いに感謝する。あなたに神の御加護と、健全で、幸せな魂が授かりますように。

謝辞

本の謝辞には一定の型が存在しているように思う。配偶者や家族に対して、最後に（だが心を込めて）感謝の言葉が捧げられる。しかし、このようなやり方に従わなくてはいけないなどという決まりはない。

私の作家としての仕事は、夫でありパートナーであり、編集者でトラウマ・サバイバーの仲間でもあり、いっしょにおどけていられる、親友のティノ・プランクの助けがなければ、日の目を見ることはなかった。ティノは貧困と戦うシングルマザーだった私の中に才能と努力を見いだし、支援と勇気を与えてくれた。心の中で練ってきたアイデアを、実際に文字にしてくれた。さらに、私に運動すること、そしてダガラ族のマリドナとソボンフのソメ夫妻、ロバート・フライとジェームズ・ヒルマン、マイケル・ミードも紹介してくれた。さらにいっしょに詩を読んだり書いたりし、ユングとシャドーについての研究を行い、子ども時代のトラウマを癒やし、出版や教育のキャリアを築いてくれた。彼は私といっしょに魂の勇者となり、ニューエイジ運動との縁も断ち切ってくれた。彼は幾日かの魂の暗く厳しい夜と、幾日かの素晴らしい夜明けの期間、私をずっと愛していてくれた。愛とは感情ではなく、永遠に消えることのないものだということを知ったのは、ティノの存在があったおかげだ。

二〇〇三年、私はニューエイジの仕事をやめるという大きな決断をした。私を支え、評価してくれた（ティノ以外の）人物は次の人たちである。ほんとうにおかしな息子エリ・マクラーレン、私の大親友で、歌のパートナーであるナンシー・フィーハン、社会学の教授で作家のトニー・ウォーターズ、社会学者でカルト研究の専門家で作家のヤーニャ・ラリック、笑う木のオリジナルの考案者で、偉大な人物である故ペニー・オースティン・ウィルソン、落ちこぼれのヨガ修行者ミック・グッドマン、懐疑主義者ロバート・キャロル、懐疑主義者テリー・サンドベックと妻のシャロン・ビリングス、そして私のきょうだい、両親、婚姻で増えた家族たちに感謝する。

本書の執筆においては、サウンズ・トゥルー社のタミ・サイモンに感謝する。一九九九年、彼は私がすでにニューエイジから離れているとわかっていた。私自身はそれを実際に、受け入れるようになるまでに時間がかかったが、タミの考えは正しかった。私のキャリアを取り戻してくれたことに、お礼を言いたい。また、タミの妻ジュリー・クラマーは、教師、社会科学者としての私の使命を明確にしてくれた。

ヘヴン・イヴァーソンはこの膨大な原稿に取り組み、献身的に、しっかり、そして明快な編集をしてくれた。私は新しい目で本に集中し、力を高めることができた。サウンズ・トゥルー社では、仏教オタクのヴィンス・ホーンが、本書のためのオーディオ・ワークショップをプロデュースし、素晴らしい時間を共有してくれた。また、サウンズ・トゥルー社のケリー・ノタラス、ジェーン・シュワルツ、アロン・アーノルド、マット・リカタ、アナ・フリック、マージョリー・ウッダール、アレグラ・ヒューストン、シェリー・ローゼン、彼らすべての支援とユーモアに感謝する。セント・ピンク病院で、毎週一回、集団で歌を歌っている愉快な面々にも感謝する。ジュディー、ジュディス、リンダ、エデン、シェイン、ナンシー、マリー、サンディー、ダニエル、カンダス、ネフェラ、そしてときどき参加するエリ――あなたたちに友だちと呼んでもらえるのをうれしく思っている。
もちろん、本書を読んでいただいたみなさんに感謝したい。書くことは人間関係であり、会話でもある。みなさんが本書のために貴重な時間を使ってくださり、じっくりと考え、手探りしながら前進してくれたことに感謝を捧げる。

訳者あとがき

いつも楽しく幸せに生きていたい。それが、大多数の人の願いであることは間違いない。しかし、このような幸福だけを求めることで果たして、充実した人生が送れるのだろうか？　幸福にばかりこだわりすぎて、魂のバランスを崩してしまい、かえって不本意な人生をつくりだしてしまう結果になりはしないだろうか？

中国には「水清ければ魚棲《す》まず」ということわざがある。あまりに汚染された水では魚は死んでしまうが、それとは真逆に澄みすぎる水だと、栄養が不足してやはり魚は育つことができない。これはあまりに清廉潔白だと人に敬遠されやすくなるという意味だ。そして、このことわざはまさに感情にも当てはまることなのである。

感情に例えれば、澄んでいる水が幸福だとすれば、濁っているのは悲しみ、怒り、嫉妬ということになるだろう。しかし、世間ではマイナスだとみなされている感情がなければ、いったい幸福とは何かがまったくわからなくなってしまうはずだ。幸せは多くの感情が存在するから、味わうことができるものなのであり、いわば多くの感情の中のひとつにすぎない。それどころか、一般に負の要因だと思われている怒りや悲しみには著しいエネルギーが含まれていて、抑圧や暴発ではなく、適切な手段で対処できれば、問題解決や癒やしのための大切なメッセージを届けてくれるのである。

従来の自己啓発書では、楽観主義や許しなど、ポジティブ思考が主流となっていた。しかし実は、怒り、悲しみ、嫉妬などのマイナスだと思われてきた感情にこそ、人生を豊かにしてくれる知恵が隠されているのである。

本書の著者カーラ・マクラーレンは、この「エンパシー」を学問の分野へと切り拓いた人物であり、サンフランシスコ大学、ナロパ大学などで教鞭をとってきた。しかし、彼女が「感情」にたいして関心を抱いた原因には、深刻なトラウマとなる事件があった。三歳のとき、近所に住む変質者によって性的虐待を受けたのである。その日を境に人生は一変し、ADHDおよび発話や読書の困難に苦しむことになった。だが、それが彼女のエンパシー能力を鋭くするきっかけとなったのである。幼児は言葉を身につけるようになるにしたがい、相手を不快にさせないようにするため、感情を隠したり、ごまかしたりすることを学び、互いに真実を述べるのを避けるようになる。しかし言語コミュニケーションに支障をきたした彼女は、そんな束縛とは離れた世界に生きていた。

カーラがトラウマの痛みから逃れるためにまず行ったのが、解離、すなわち身体から自分を切り離して、虐待された忌まわしい感情を取り除くことだった。これは一時的な癒やしを与えてくれた。しかし、このような過去を忘却する手段では、いつまでたってもフラッシュバックが起こり、根本的な解決策にはならなかった。この事実に気づかされることによって、彼女が開拓していったのが、感情に分け入り、そこに隠されている真実のメッセージを受け取って、解決に利用するエンパシー能力を活用する方法だったのである。本書はまさに、長年にわたって探究してきた「感情を解釈する方法」の成果なのである。

トラウマを癒やすための独自のエンパシー研究は、さらに広まっていった。現代社会では嫌なことや強いストレスから逃れるために、大多数の人が気晴らしや依存に頼っている。しかしカーラは、それが自分らしさを忘却させている原因であることを発見した。そしてこの一時的快楽の手段を断ち切り、ほんとうの自分の希望を見つけだす方法を紹介している。

本書を読むことで、今までとは違い、怒りが自分や他人を守るための境界線を築く役割を果たしてくれること、悲しみがもう必要のなくなったものから自分を解放し、ほんとうの喜びを与える力になってくれることに気づけるだろう。

スピノザは「苦しんでいる感情も、明確に描きだせば、苦しむことをやめる」と書いている。本書は、まさにそのための具体的方法を説明してくれる名著なのだ。

最後になりますが、本書の翻訳に当たり、パンローリング株式会社の庄司佳世様、そして多くの示唆をいただいたフリー編集者の青木由美子様に心から感謝いたします。

住友　進

二〇二三年九月

◇脳と神経科学
アントニオ・R・ダマシオ著『生存する脳』（講談社、2000）
ジョナ・レーラー著『一流のプロは「感情脳」で決断する』（アスペクト、2009）
トーマス・ギロビッチ著『人間この信じやすきもの』（新曜社、1993）
ゲアリー・マーカス著『脳はあり合わせの材料から生まれた』（早川書房、2009）
キャロル・タヴリス、エリオット・アロンソン著『なぜあの人はあやまちを認めないのか』（河出書房新社、2009）
ジル・ボルト・テイラー著『奇跡の脳』（新潮社、2009）
ロバート・A・バートン著『確信する脳』（河出書房新社、2010）
V.S.ラマチャンドラン、サンドラ・ブレイクスリー著『脳のなかの幽霊』（角川書店、1999）
ダン・アリエリー著『予想どおりに不合理』（早川書房、2008）
サンドラ・ブレイクスリー著『脳の中の身体地図』（インターシフト、2008）
Why We Believe What We Believe: Uncovering Our Biological Need for Meaning, Spirituality, and Truth. (2006). Andrew Newberg. New York: Free Press.

◇シャドー・神話学・部族の知恵
アンソニー・ストー著『エセンシャル・ユング』（創元社、2020）
ジェイムズ・ヒルマン著『魂のコード』（朝日新聞出版、2021）
A Little Book on the Human Shadow. (1988). Robert Bly. San Francisco: HarperSanFrancisco.
Meeting Your Shadow. The Hidden Power of the Dark Side of Human Nature. (1991). Edited by Connie Zweig and Jeremiah Abrams. New York: Tarcher/Putnam.
Owning Your Own Shadow. (1993). Robert Johnson. San Francisco: HarperSanFrancisco.
Ritual: Power, Healing, and Community. (1993). Malidoma Somé. Portland,OR: Swan Raven.
The Essential Rumi. (1995). Coleman Barks. San Francisco: HarperSanFrancisco.
The Healing Wisdom of Africa. (1999). Malidoma Somé. New York: Viking.
The Rag and Bone Shop of the Heart: Poems for Men. (1992). Edited by Robert Bly, James Hillman, and Michale Meade. New York: HarperCollins.
The Water of Life: Initiation and Tempering of the Soul. (2006). Michael Meade. Seattle: GreenFire Press.
Welcoming Spirit Home. (1999). Sobonfu Somé. Novato, CA: New World Library.

◇その他
メアリー・ローチ著『セックスと科学のイケない関係』（日本放送出版協会、2008）
シャーウィン・B・ヌーランド著『人間らしい死にかた』（河出書房新社、1995）
サラ・C・メドニック著『「ちょっと寝」があなたの人生を変える!』（サンマーク出版、2008）
ウィリアム・C・デメント著『ヒトはなぜ人生の3分の1も眠るのか?』（講談社、2002）
ニール・シュービン著『ヒトのなかの魚、魚のなかのヒト』（早川書房、2008）
Faith, Madness, and Spontaneous Human Combustion: What Immunology Can Teach Us About Self-Perception. (2003). Gerald Callahan. New York: Berkley Books.

参考文献

◇感情とエンパシー

テンプル・グランディン著『動物感覚』（NHK出版、2006）
アントニオ・R・ダマシオ著『生存する脳』（講談社、2000）
ダニエル・ゴールドマン著『EQ こころの知能指数』（講談社、1996）
ダニエル・ネトル著『目からウロコの幸福学』（オープンナレッジ、2006）
マルコ・イアコボーニ著『ミラーニューロンの発見』（早川書房、2009）
スタンレー・ミルグラム著『服従の心理』（河出書房新社、1980）
アーヴィング・ゴッフマン著『スティグマの社会学』（せりか書房、1980）
デュルケーム著『自殺論』（中央公論社、1985）
デヴィッド・M・バス著『一度なら許してしまう女 一度でも許せない男』（PHP研究所、2001）
フィリップ・ジンバルドー著『ルシファー・エフェクト』（海と月社、2015）
A.R.ホックシールド著『管理される心』（世界思想社、2000）
Emotion: The Science of Sentiment. (2002). Dylan Evans. New York: Oxford University Press.
Wishcraft: How to Get What You Really Want. (2003). Barbara Sher and Annie Gottleib. New York: Ballantine.

◇トラウマと癒やし

ピーター・リヴァイン著『子どものトラウマ・セラピー』（雲母書房、2010）
ピーター・リヴァイン著『心と身体をつなぐトラウマ・セラピー』（雲母書房、2008）
ギャヴィン・ディー・ベッカー著『暴力を知らせる直感の力』（パンローリング、2017）
Healing Trauma. (1999). Peter Levine. Audiotapes. Boulder, CO: SoundsTrue.
Take Back Your Life: Recovering from Cults and Abusive Relationships. (2006). Janja Lalich & Madeleine Tobias. Berkeley, CA: Bay Tree Publishing.

◇社会科学

マルコム・グラッドウェル著『天才！』（講談社、2009）
アン・ファディマン著『精霊に捕まって倒れる』（みすず書房、2021）
Bounded Choice: True Believers and Charismatic Cults. (2004). Janja Lalich. Berkeley, CA: University of California Press.
Context Is Everything: The Nature of Memory. (2000). Susan Engel. New York: W.H. Freeman.
Family: The Making of an Idea, and Institution, and a Controversy in American Culture. (1999). Betty Farrell. Boulder, CO: Westview Press.
Inside Social Life: Readings in Sociological Psychology and Microsociology. (2004). Spencer Cahill, Ed. Los Angeles, CA: Roxbury.
Opinions and Social Pressure. (1955). Solomon Asch. New York: Freeman

■著者紹介

カーラ・マクラーレン（Karla McLaren, M.Ed.）

作家、社会科学研究者、教育者。幅広い研究を通じて共感能力を生かす独自のメソッドを構築。エンパシー・アカデミーの創設者であり、感情を尊重するマインドフルネスの実践を身につけるライセンスプログラムDynamic Emotional Integration®の開発者でもある。サンフランシスコ大学、エサレン・インスティテュート、ナロパ大学、クリパル・センター、人間性心理学会などで教鞭をとるかたわら、ウィリアム・ジェームズ財団の芸術指導者として、歌、ドラム、演劇を活用し、刑務所の受刑者が抱えるトラウマを癒やす活動も行っている。また、公認人事アドミニストレーター、公認キャリア開発ファシリテーターとして、職場での不必要な対立や燃え尽き、生産性の低下の防止に尽力。エンパシーの専門家として多くの分野で活躍している。

著書に『The Art of Empathy: A Complete Guide Life's Most Essential Skill』（2013）、マルチメディア・オンラインコースの『Emotional Flow』（2012）、ヤーニャ・ラリック博士との共著『Escaping Utopia』（2017）がある。

ウェブサイト　https://karlamclaren.com/

■訳者紹介

住友　進（すみとも・すすむ）

翻訳家。早稲田大学第一文学部卒業。訳書に、ダレン・ハーディ『複利効果の生活習慣 ── 健康・収入・地位から、自由を得る』（パンローリング）、デイヴィッド・デステノ『なぜ「やる気」は長続きしないのか ── 心理学が教える感情と成功の意外な関係』（白揚社）、プリア・チャタジー『アメリカ超一流大学完全入試マニュアル』（講談社）、マシュー・ホワイト『殺戮の世界史 ── 人類が犯した100の大罪』（早川書房）など多数。

2023年12月３日　初版第１刷発行

フェニックスシリーズ⑭⑨

感情《かんじょう》の天才《てんさい》

――直感力を鍛えるエンパス・エクササイズ

著　者　　カーラ・マクラーレン
訳　者　　住友　進
発行者　　後藤康徳
発行所　　パンローリング株式会社
〒160-0023　東京都新宿区西新宿7-9-18　6階
TEL 03-5386-7391　FAX 03-5386-7393
http://www.panrolling.com/
E-mail　info@panrolling.com
装　丁　　パンローリング装丁室
印刷・製本　株式会社シナノ

ISBN978-4-7759-4290-1